NERI POZZA
I NARRATORI DELLE TAVOLE

Titolo originale:
The Spirit Engineer

ISBN 978-88-545-2904-5

www.neripozza.it

A.J. WEST

LA MECCANICA DEGLI SPIRITI

traduzione dall'inglese di
Irene Abigail Piccinini

NERI POZZA EDITORE

A William, Kathleen ed Elizabeth.
Sarò per sempre perseguitato dalla vostra storia

PRIMA PARTE
FINE

1.

Bangor, Irlanda del Nord, 30 luglio 1920

Un'onda si schianta sulle rocce. Mi ritraggo, le scarpe raschiano sulla pietra umida.

Prendilo, William. Bevilo in fretta.

Pesco con due dita una busta di carta dalla tasca, faccio scendere con qualche colpetto i cristalli di cianuro di potassio in una bottiglia di whisky, agito la miscela finché il veleno affoga e si dissolve.

Uno spirito per creare uno spirito.

Gemo, affondando la faccia tra le ginocchia. Ho paura, sí. Paura della morte dopo cosí tanti anni a comunicare con i morti. L'acqua sussurra dalle pozze tra le rocce, sbatte tra spuntoni di pietra aguzza. Tendo l'orecchio in cerca di voci, ma c'è solo il mare. Che disgrazia, studiare la vita ultraterrena per cosí tanti anni per poi finire qui, attanagliato da una presa di coscienza piú orrenda di qualunque oltretomba.

Sono un fallito, un impostore. Ho viaggiato fin qui per arrivare in nessun posto; per diventare niente.

Quindi, e sia.

Scruto l'orizzonte, rivolgo una smorfia al mare dove le onde d'ardesia sommergono e rotolano e ricordano quelle parole promettenti: *la morte è un inizio.*

Laggiú, all'estremità remota del mondo, non riesco a immaginare niente di niente.

Annuso il whisky. Mandorla. Tremante, poso gli occhiali accanto alla giacca. Mi si stringe la gola. Scorgo la mia pipa. Scatto in piedi. Scaglio quel maledetto oggetto nell'oblio. Perduto per sempre. Non cosí perduto quanto me. Un gabbiano sta sulla ghiaia con le ali aperte, la testa eretta. Sbadiglia, guardandomi con un occhio giallo.

«È ora?» chiedo alla creatura, disgustato dal suono della mia stessa voce traditrice. «L'esperimento finale sta per cominciare?»

Afferro la bottiglia. Brezza fredda sul collo. *Devo proprio fare questa cosa orrenda?* Nel fragore di vento e acqua, oltre alla marea che avanza, sfrego il pollice sull'imboccatura della bottiglia, do tre colpetti.

Toc. Toc. Toc.

Dunque, ho finito. Non c'è scampo ormai. In un attimo, ascolterò impotente la mia stessa voce gridare in agonia.

Come dev'essere.

2.

Belfast, 1914

Dal piano superiore della nostra piccola casa veniva un baccano enorme. Sospirai, cercando la mia stramaledetta pipa. Era in corso una discussione; qualcosa che riguardava alcune uova dipinte di mia figlia andate distrutte. Fino a poco tempo fa sarebbe stata Hazel, la cameriera, ad acquietare i bisticci dei bambini, ma se n'era andata senza preavviso, accidenti a lei! Feci correre il dito sulla mensola del camino, infastidito dalla lanugine grigiazzurra che mi si raccoglieva intorno all'unghia e sospirai. «Che mancanza di riguardo!» borbottai tra me, prima di perlustrare il pavimento. La mia pipa quasi sicuramente a un certo punto era stata nella tasca della mia giacca; l'avevo tirata fuori nello studio. Era fra le peculiarità della famiglia Crawford che gli oggetti inanimati andassero a spasso per poi saltare fuori nei posti piú strambi.

«William?» chiamò Elizabeth dal pianerottolo. «Puoi venire di sopra, immediatamente?»

Aveva un tono teso e spazientito, irritante per i miei nervi già sensibili. *Immediatamente, sul serio?* Era stata scostante fin dalla colazione, fredda e grumosa e sulla quale avrei fatto meglio a non fare proprio commenti, non fosse che ero a mia volta stanco morto e con la prospettiva di dover affrontare le pressioni della giornata, che mi veniva incontro come un amico funesto nelle ore cupe di un'alba piovigginosa e poco promettente. Feci un lungo respiro e riflettei sulla situazione di mia moglie: tre figli da crescere, una casa da gestire, il cibo da cucinare e un marito deludente. Da quando Hazel se n'era andata, era diventata sempre piú nervosa e due borse scure le si erano formate sotto gli occhi. Mi accovacciai, cercando sotto la poltrona, tastando alla cieca sul tappeto. Avrebbe dovuto pensare ai preparativi per accogliere la nostra ospite, spazzare, spolverare, mettere in ordine, e invece tra i bambini e i suoi sforzi con i sandwich aveva completamente perso la cognizione del tempo. Chiusi gli occhi, poi mi diressi alle scale, fermamente deciso a mantenere la calma. «Arrivo, amore mio».

Sulla porta della camera dei bambini, esaminai le prove del misfatto tirandomi i baffi. «Ebbene, che succede, Elizabeth, qual è il problema? Sono molto occupato».

«Oh, eccoti» disse lei. «Ma insomma, guarda cos'ha combinato!»

Cercai il bambino tra le macerie dei giocattoli abbandonati, facendo del mio meglio per sembrare un padre preoccupato. «È diventato trasparente, oltre che ostinato?»

«Oh, smettila, William» disse Elizabeth, sfregandosi le mani in modo convulso. «Non ho ancora fatto niente per prepararmi; niente di niente, e tu dov'eri?»

Io mi dondolai sui talloni e mi morsi la lingua. Dov'ero, io? Nello studio, ecco dove, a lavorare al mio libro e a preoccuparmi dei conti, oltre che a tirare via polvere dalla mensola del camino in salotto. Margaret, la mia figlia maggiore, era nell'angolo con le mani sui fianchi, preoccupata e con un'espressione concreta. Assomigliava molto a suo padre, aveva i miei stessi ricci scuri e gli occhi intelligenti, mentre la piccola Helen, a sette anni, era tutta sua madre: delicata, fantasiosa e afflitta da un'incorreggibile propensione al melodramma. Mi guardava, seminascosta dietro le gonne di Elizabeth. Mia moglie le sfregava i polsi.

«William, per piacere, usa maniere piú forti con Robert, lo fa apposta e tu sei troppo indulgente con lui».

Esaminai meditabondo la stanza color verde menta, tappezzata dei disegni dei bambini, ingombra di costruzioni, utensili da cucina in miniatura, automobiline di latta e cavalli sparpagliati sul pavimento sporco. Il corpo decapitato di una bambola stava accanto al camino, con la gonna spiegazzata sollevata sopra la vita. Storsi il naso.

«Elizabeth» dissi. «Io mi rendo conto che in casa manca la cameriera, ma questi giocattoli non si metteranno in ordine da soli». Lei mi lanciò un'occhiata che scelsi di ignorare e io mi rivolsi a Margaret, mentre mi frugavo nelle tasche con un gran desiderio di tabacco. «Bimba, hai visto la pipa di tuo padre?»

«No, papà» disse lei, sfiorando la bambola senza testa con la punta della scarpa.

Annuii. «E questa sarebbe la vittima di Robert, immagino?»

«Oh, no, papà, la bambola ha perso la testa la settimana scorsa».

Lanciai un'occhiata a Elizabeth. «Non è l'unica».

«William, faccio del mio meglio» rispose Elizabeth, girandosi verso di me con l'inconfondibile espressione di chi sta per cedere all'emotività. «Ma questa volta il piccolo Robert si è superato, e io ti avevo chiesto espressamente di controllarmelo».

«Lo stavo controllando dallo studio, mia cara».

«Non stavi facendo niente del genere, stavi scarabocchiando sul tuo libro».

Mi morsi la lingua, esaminando la stanza in cerca di indizi, ma non trovai segni di scompiglio finché Margaret si spostò di lato per rivelare un atto di vandalismo: quattro uova putride spiaccicate a creare una macchia a zigzag sulla parete. Mi grattai il naso. «Jack lo Squartatore si è fatto un'omelette?»

«Oh, non buttarla sul ridere, per favore» protestò Elizabeth, torcendosi le maniche.

«No, papà, non è per niente divertente» concordò Margaret. «Helen ci ha messo ore a dipingere quelle uova ed erano proprio stupende, non è vero, Helen?»

Helen fece per rispondere, ma si gettò contro le gonne di Elizabeth con un guaito; l'opportunità di una sceneggiata era una tentazione troppo forte.

«Oh, basta» dissi, sfregandomi le tempie. «Le galline non hanno smesso di deporre, giusto? Puoi dipingerne altre. Adesso ditemi, dov'è il malandrino?»

Margaret indicò la porta, da dove provenne un piagnucolio smozzicato, seguito dallo strascicare di una piccola scarpa.

«Oh, santo cielo» dissi a Margaret facendole l'occhiolino. «Dov'è Robert? È andato alle corse?»

Margaret sogghignò. «No, papà».

«È andato al Parlamento, forse?»

Scosse la testa.

«Che peccato, accidenti» dissi. «Se la caverebbe proprio bene».

Helen si asciugò il naso, con gli occhi arrossati, e io ricordai il giorno in cui era nata, lo sguardo della mia cara Elizabeth grondante di sollievo quando la rumorosa ordalia si era conclusa. La piccola Helen era un affarino cosí male in arnese, allora, mentre Elizabeth aveva sofferto qualche incidente femminile che era sempre rimasto un mistero per me, tale era il freddo torpore dei nostri rapporti coniugali.

Elizabeth andò alla finestra. «È dietro la porta» disse. «Francamente, non so dove sbattere la testa. Zia Adelia sarà qui tra un'ora, o l'hai dimenticato?»

Alzai un sopracciglio. «Magari».

Si girò verso di me, guardandomi torva. «Comportati come si deve» disse. «Non dimenticarti di chi paga il carbone».

«Credo di essere io a pagare il carbone».

«Sí, William, quando non ci sono tubature da aggiustare o tegole che ci cadono in testa o soldi da spendere in tabacco».

«A proposito di tabacco, hai visto la mia pipa?» La casa scricchiolò e noi guardammo tutti in su, aspettandoci che il soffitto intervenisse a dire la sua. Sorrisi. «Cara, preparerò io i sandwich al posto tuo».

«Non farai niente del genere».

Feci un lungo sospiro, rassegnato alle sue reazioni irrazionali, e spalancai la porta della camera scoprendo il mio caro figliuolo, che aveva solo cinque anni ed era comunque piccino per la sua età. Teneva la faccia affondata tra le ginocchia, la sua copertina con le fragole gli copriva la testa come una cappa.

«Robert» dissi severo. «Cos'è questa storia delle uova, eh?»

«Nun hu fattu gnente» singhiozzò.

Helen si fece avanti, braccia incrociate, piedi che battevano sul pavimento. «Sí che sei stato tu, Robert, brutto cattivo che non sei altro. Sei stato tu per forza, e chi se no?»

Robert alzò la testa dalla sua coperta e fece, stridulo: «Io non le ho toccate, quelle stramaledette uova!» Balzò su, raschiando con i piedi le assi del pavimento, poi si mise a girare in cerchio per la stanza su un'automobile immaginaria, facendo forti rumori spernacchianti.

«Robert, non si parla cosí!» esclamò Elizabeth girando dietro di lui come un domatore. «Non hai ascoltato la predica del pastore, stamattina? Bisogna sempre usare parole garbate, con un pizzico di senno. Chi ti ha insegnato quella parola?»

«Papo la dice» disse Robert, strombazzando con un clacson invisibile, sbattendo contro le pareti imbrattate di uova.

Mi esaminai le unghie. «La gola del ragazzo è un sepolcro spalancato» dissi. «Trama inganni con la sua lingua».

«Non ho fatto gnente di gnente alle tue brutte uova puzzolenti!» urlò Robert, parcheggiando dietro la casa delle bambole, con la coperta avvolta intorno alla faccia. Sentivo che mi stava venendo mal di testa. Helen ricominciò a piagnucolare e io fui sul punto di perdere le staffe.

«Basta» dissi, battendo le mani. «Robert, ragazzo mio, chiedi scusa a tua madre per avere rotto le stupide uova di Helen».

«Te l'ho detto, non sono stato io» protestò lui. «Sul serio, papo, non sono stato io».

Mi sfregai il naso, sorridendo mio malgrado. «E allora chi diavolo è stato?»

«Non lo so, papo» disse. «Si sono rotte di notte, le ho sentite. *Bang, bang, bang!*»

Mi grattai il mento, studiando il soffitto, quando cominciò a sentirsi un picchiettio, come di ghiaia sull'assito. «Ci sono dei buffi rumori in casa, ultimamente» dissi. «Pipistrelli in solaio, mi sa».

A quel punto, Robert cominciò a svolazzare intorno alle sorelle, mordicchiandole alle braccia, Helen lanciava urletti, Margaret osservava distaccata come un arbitro di tennis. Elizabeth si coprí le orecchie. «Basta, finiamola per piacere» disse. «Io vado in cucina con le bambine, tu puoi dare un ceffone a tuo figlio».

«Un ceffone, Elizabeth?»

«Sí, William, un ceffone». Guardò Robert. «Quantomeno un bello scapaccione sul sedere. Puoi usare uno dei tuoi preziosi libri».

Helen tirò su con il naso. «Zia Adelia dice che anche tu ti meriti un ceffone sul sedere, papà, perché non ti occupi meglio di noi».

Io feci per protestare, quando vidi Elizabeth dissimulare un sorrisetto. «Oh, non fare tanto lo scontroso» disse. «Sei peggio di Robert. Zia Adelia non ce l'ha con te». Mentre mi passava accanto insieme alle ragazze per imboccare il corridoio, mi sfiorò la mano. «Morditi la lingua quando arriva».

Dopo averle guardate andare via, mi girai di nuovo verso mio figlio, che stava indietreggiando nell'angolo della stanza, le mani dietro la schiena, quella stupida copertina sotto i piedi. Mi accovacciai di fronte al piccolo bricconcello, un dolore acuto mi martellava nella testa. Avevo tanto sperato in una vita famigliare tranquilla nella nostra nuova casa al numero 1 di Park Avenue, invece lo spazio in piú era servito solo ad amplificare il rumore. La nostra dimora precedente era afflitta da porte bloccate e da strani rumori ma, per fortuna, l'aumento di stipendio all'Istituto ci aveva consentito di salire di un gradino nella scala sociale, ancorché un gradino fatiscente e sgangherato, e io ero solleticato dall'emozione che prova chiunque si affacci, dopo anni di dura fatica, sull'orlo del successo. Presto il mio manuale sarebbe stato pubblicato e non avremmo piú avuto bisogno della beneficenza di zia Adelia.

«Ora» dissi, alzando il mento di Robert. «Chi ha rotto le uova di Helen, eh? I folletti in giardino?»

I suoi occhi fissavano un punto al di là della mia spalla, il dito teso. «È stata la signora con il vestito bianco».

Io lo presi in giro, girandomi verso il corridoio, aspettandomi di vedere mia moglie lí, ma era vuoto. «Vuoi dire che è stata tua madre a rompere le uova?»

Il bimbo mi lanciò un'occhiata storta, mordicchiando la sua coperta. «Sciocco papone».

Io lo studiai per un secondo, chiedendomi a che cosa stesse pensando, quel buffo animaletto, poi scossi la testa. «Sarebbe di gran lunga piú facile dire la verità» dissi. «Perché tormentare la tua povera madre?» Mi tirai su, le ginocchia scrocchiarono, e andai alla finestra della stanza dei bambini a lanciare un'occhiata alla strada.

«Che pasticci facciamo noi uomini» dissi, spazientito tra me e me all'orrenda prospettiva di un pomeriggio sprecato. Robert mi venne vicino mentre di sotto una donna con un enorme cappello piumato marciava risoluta verso la casa. Diedi uno scappellotto al bambino, poi gli arruffai i capelli. «Ecco, hai avuto la tua punizione; la mia, ahimè, sta per suonare il campanello».

3.

Tamburellai sui braccioli della poltrona, i minuti interminabili che passavano con una tale indolenza che il giorno del Giudizio forse sarebbe arrivato prima dei sandwich. Tutti i miei pensieri erano rivolti al tabacco e al fumo. La mensola del caminetto era stata finalmente spolverata, anche se Helen aveva fatto un lavoro piuttosto sciatto: lanugini pendevano dalla collezione di statuine sparpagliate di Elizabeth.

«Grazie di essere venuta a trovarci» dissi, con il sorriso migliore di cui ero capace.

Lady Adelia Carter annuí. «Il piacere è mio». Vidi che faceva una smorfia e si muoveva a disagio sulla poltrona. «Questi mobili che avete qui... sono di seconda mano?»

«Certo che no. Il tuo cappello è di seconda mano?»

Mi guardò accigliata, dondolando inquieta come una gallina in cova, poi infilò la mano tra il bracciolo della poltrona e le sue gonne e tirò fuori la mia pipa.

«Aha!» esclamai, agguantandogliela dalle dita con un balzo. «Ti sono molto obbligato».

Cominciai all'istante a pigiare tabacco nel caro oggetto con le dita tremanti, sorvegliato dallo sguardo pungente di Lady Adelia Carter. Presi una boccata profonda, scoppiettante, avviluppando la mia ospite in una densa nuvola di fumo azzurrino.

«Proprio una casa deliziosa» disse, tossendo e sistemandosi le ampie sottane. «Il defunto Lord Carter fumava la pipa».

«Davvero?» dissi. «Si direbbe uno che se ne intendeva, zia Adelia». Quel nome sulla mia lingua aveva sapore di cenere amara. Non era sul serio nostra zia; era piú una vecchia cornacchia invadente che, in seguito a gravose circostanze, era diventata la benefattrice della nostra famiglia.

Lei drizzò la testa, pensierosa, storcendo il naso. «Io non approvavo che fumasse, per via dell'odore e della polvere». Lanciò un'occhiata alle statuine sulla mensola del camino. «Credo che sia stato quello a ucciderlo».

A parte il ticchettio dell'orologio, la stanza sprofondò nel silenzio. Non vedevo l'ora che tornasse Elizabeth. Dov'erano quegli stramaledetti sandwich? Dov'era il tè, accidenti? Adelia tossí di nuovo, tutta compiaciuta. «La vostra cameriera vi ha abbandonato, a quanto ho saputo».

«Se n'è andata la scorsa settimana». Annuii. «Senza preavviso, ma le donne della famiglia si destreggiano in modo ammirevole».

Un grido attenuato arrivò dalla cucina, seguito da un tintinnio di porcellana. Adelia si lisciò le piume del cappello. «Mi fa un gran piacere sentirlo. E dimmi, come si trova il mio caro Albie all'Istituto?»

Il giovane Albert Blithe si era unito a noi il semestre precedente, dopo essersi laureato a St Andrews con una lode sospetta. D'altronde, esistono migliori requisiti, per una carriera nella matematica avanzata, di parenti ben introdotti?

Sospirai, toccandomi il ginocchio. «Se la cava egregiamente, a dire di tutti. Anche se gli studenti hanno scarso rispetto per lui».

«È infantile a insistere con tutte quelle sue battute ridicole. D'altra parte, fammi vedere un uomo che non sia infantile. Credo che Lord Carter sia stato l'ultimo degli uomini adulti».

Io guardai la sua fede nuziale, cercando di immaginarmi lo sconcertante individuo che era stato cosí stolto da infilarla al dito ossuto di quella vecchiaccia. Fuori stava cominciando a cadere una pioggerella sottile, il cielo tuonava, promettendo un temporale. «Che tempo orrendo, per essere giugno» dissi.

Adelia ridacchiò. «Siamo a Belfast, non a Dunedin, William. Immagino che crescere nelle colonie ti abbia fuorviato, dandoti una prospettiva da straniero verso il nostro clima».

«Ho lasciato la Nuova Zelanda piú di dieci anni fa, e il tempo non è tanto diverso».

Adelia prese l'espressione indulgente di una governante a cui si chiede di credere alle fate, ma la sua replica si perse grazie all'arrivo provvidenziale di Elizabeth, proprio in quel momento, con una grossa teiera, seguita dalle mie figlie che reggevano piatti di sandwich striminziti come paggi a un matrimonio di poveri. Posarono il triste rinfresco su un tavolino, e a me si strinse il cuore mentre la mia povera moglie prendeva posto con un sorriso tirato. Scusandosi prese ad affannarsi con i piattini, lasciando intravedere la pelle piagata dei polsi.

Mi accorsi che Adelia li fissava torva, poi spostò gli occhi di scatto su di me, pronta a qualche assurda accusa. Ero preparato a tenerle testa, quando uno sparo risuonò per strada, in lontananza, facendoci sobbalzare sulle nostre poltrone per la sorpresa, prima di paralizzarci, raggelati, con le orecchie tese in attesa di qualche grido o boato. Episodi di violenza stavano scoppiando sempre piú frequentemente con il passare dei giorni, Belfast stava diventando pericolosa: come se, nel nascondere la propria stessa follia, la città potesse mettersi a urlare in qualunque momento. L'Ulster Volunteer Force adesso era armata, naturalmente. Girava voce che si fossero procurati circa venticinquemila fucili e perlomeno tre milioni di proiettili dai tedeschi.

Diedi un salutare tiro di pipa per calmarmi i nervi, poi mi accostai alla finestra a guardare al di là delle gru nere e degli scheletri di navi, seguendo i contorni delle colline lontane che si profilavano scure oltre i sobborghi violenti della città. Ebbi il presentimento che l'Ulster si sarebbe presto messo a fabbricare piú fantasmi che rivetti. Quanto sarebbe apparsa insignificante, a quel punto, la perdita del *Titanic*, con la sua triste sorte. Stavo per esprimere quel pensiero quando un secondo sparo deflagrò sopra i tetti e, proprio in quel momento, le nuvole gonfie si squarciarono come se il cielo stesso fosse stato trafitto.

«Questi spari» disse Adelia, scuotendo la testa. «Spero che il primo ministro li ignori. Se Londra insiste a farci tornare a essere irlandesi, mi trasferirò in America». Fece un respiro profondo, osservando Elizabeth. «Ho degli amici laggiú, secondo i quali è l'unico posto per i soldi, di questi tempi; anche se – come tu comprenderai meglio di chiunque, Elizabeth – le navi mi preoccupano».

Elizabeth chiuse gli occhi, lisciando i capelli di Helen, mentre Adelia continuava a guardarla facendo sfoggio di partecipazione, tamponandosi l'occhio asciutto con un fazzolettino di pizzo. «Continuo a ripensare a quei poveretti che ballonzolano sull'Atlantico. Due anni sono passati e io non riesco proprio a dimenticarli in nessun modo».

Elizabeth guardò la pioggia, gli occhi che le si gonfiavano di lacrime mentre si tormentava le maniche. A nessuno di noi Crawford riusciva facile pronunciare il nome del transatlantico. L'imponente leviatano della città si era rivelato un pessimo nuotatore. Che vergogna avevamo provato; che imbarazzo. Lavoro perduto, orgoglio perduto e, nel caso di Elizabeth, un fratello annegato. Lei era una delle molte persone che vivevano con lo spettro di un parente deceduto; nessun cadavere da seppellire, nessuna pace. Arthur era rimasto intrappolato nei ponti inferiori del transatlantico, o cosí ci aveva informato una lettera superficiale della White Star Line qualche settimana dopo la tragedia. Intrappolato o imprigionato, mi ero chiesto in privato, perché io avevo allertato in segreto la nave dei suoi vari illeciti con un telegramma, quand'erano partiti da Queenstown. Era un furfante, per cui non provavo rimorso e, nella sua innocenza, Elizabeth sembrava contenta di immaginare che il ragazzo avesse sacrificato la propria vita per la salvezza di donne e bambini. Tale è la consolante mitologia dei defunti. Sfiorai la spalla di Elizabeth e lei alzò lo sguardo, gli occhi scintillanti, la luce che le segnava il contorno della guancia. Che cosa ci faceva con un uomo tanto ordinario e sbadato come me?

«Preziosa agli occhi del Signore è la morte dei suoi santi» disse, baciandomi le dita.

«La morte non è una fine, Lillie» disse Adelia con uno sguardo eloquente. Sfiorò il ginocchio di Elizabeth. «Ricordati quello che ci hanno detto ai nostri incontri in chiesa, bambina. La morte... è un *inizio*».

Soffiai sugli occhiali per togliere la polvere dalle lenti. Che assurdità si sentivano propinare adesso agli incontri della chiesa presbiteriana? Adelia mi lanciò un'occhiata pericolosa, come se mi avesse letto nel pensiero, poi sospirò. «Quelle povere anime ammassate nelle scialuppe, gente di ogni classe tutta mischiata, non lo sapremo mai. Ho sperimentato qualcosa del genere all'opera martedí scorso, anche se perlomeno eravamo all'asciutto. Povero signor Ismay; ho sentito dire che piange anche solo a vedere un cubetto di ghiaccio».

«Quell'uomo è un codardo» dissi con un grugnito, fermo accanto alla lunga tenda che separava la sala da pranzo, con il suo motivo di peonie e felci sbiadite, soffuse dei ricordi di tante candele, cene e polvere. Desideravo ardentemente che quella donnaccia della malora se ne andasse e ci lasciasse in pace, prima che Elizabeth sprofondasse in uno dei suoi malumori nervosi.

Adelia mi rivolse un sorrisino tirato. «Solo i poveri sono coraggiosi, William; i ricchi non ne hanno bisogno. Ah, che belle porcellane». Si allungò verso i sandwich come fossero scorpioni, facendo mormorii di approvazione. «Ditemi, è bone china?»

«Oh» disse Elizabeth, tornando tra noi con uno sbattere di ciglia. «No, zia Adelia, è porcellana inglese. È un servizio che abbiamo comprato a Bangor per la casa nuova, lo scorso Natale. Pensavamo fosse cinese ma ci sbagliavamo, vero, William? È fatto a Plymouth».

«Plymouth!» disse Adelia. «Non sono mai stata a

Plymouth. Assomigliano molto a quelle cinesi, lí sulla costa meridionale?» Prese un sandwich triangolare, mordicchiandone l'angolo, poi lo rimise ossequiosa sul piattino. «E dimmi, cara Lillie, andiamo al nostro incontro serale questa settimana? Mi parrebbe una cosa saggia, visto come stai».

«Oh, sí» replicò mia moglie dalla sua poltrona, alzando gli occhi speranzosa verso di me. «Mi piacerebbe moltissimo. Vale a dire... William, pensi che te la caverai da solo con i bambini?»

Io le feci l'occhiolino. «Lo spero bene, tortorella mia. Sono un insegnante, in fin dei conti».

Negli ultimi tempi Elizabeth aveva cominciato a frequentare gli incontri della chiesa con regolarità sempre maggiore, anche se avevo l'impressione che servissero piú ad amplificare le sue inquietudini che a placarle. «Zia Adelia, posso chiederti dove si tengono questi incontri della chiesa? Magari una sera potrei unirmi a voi?»

Di colpo arrivò un forte tonfo da qualche parte al piano di sopra, seguito da un gemito afflitto. Mi precipitai nel corridoio, con le ragazze subito dietro; ma prima che potessi indagare oltre, Elizabeth stava già salendo le scale, chiamando: «Robert, Robert, cos'è successo, ti sei fatto male?»

Spazientito, tornai in salotto, le mani intrecciate dietro la schiena, la nostra ospite che mi studiava con occhio diffidente. Poco dopo si alzò dalla poltrona, riassettandosi le gonne, il corpo chino, appesantito da tanti assurdi strati di stoffa. Mi parlò a bassa voce, avvicinandosi al punto da farmi sentire il profumo di sapone della sua pelle raggrinzita.

«William, io spero proprio che tu lo capisca...» S'interruppe, i suoi occhi scrutavano i miei. «Voglio dire, è gentile da parte tua permettere a Elizabeth di frequentare da sola gli incontri della chiesa, specie tenendo conto della mia generosità. Dopotutto, se sei in grado di trascurare la scrittura per accompagnarci ai nostri incontri, forse i

Crawford non hanno piú bisogno della mia assistenza finanziaria...»

«Tutt'altro, zia Adelia, non è questo il caso. Il tuo sostegno è piú che benvenuto».

«Aha» disse lei, dandomi un buffetto sulla guancia con la mano guantata. «Tutto bene, quindi. Dovresti saperlo, le donne hanno bisogno di spazio per piangere il loro dolore, William, non di mariti. Per piacere, chiedi a Elizabeth di aspettare mie notizie».

E a quel punto s'increspò in un ondeggiare di pieghe, alzando la voce rivolta alle ragazze: «Allora, signorine, glielo date un bacio alla zia Adelia? Credo sia ora che io vada».

Io inarcai un sopracciglio, frugandomi in tasca in cerca della pipa. «Che peccato».

4.

Il crepuscolo giunse in fretta quella sera, gravato da una fitta coltre di pioggia battente che arrivava dalle colline e picchiava sul tetto come uno scroscio di piombini. La finestra dello studio sbatteva e, quando ci appoggiai sopra la mano, sentii il freddo passare attraverso il vetro.

Spinsi gli occhiali sulla fronte e guardai fosco il manoscritto del mio nuovo libro, *Calcoli sul diagramma entropia-temperatura*. Era ormai quasi terminato, ma non riuscivo in nessuna maniera a scrivere l'introduzione. Mi sfregai gli occhi, troppo stanco per provare a fare l'ennesimo tentativo. Eravamo quasi alla fine del semestre, anche se ero senz'altro piú esausto io dei miei studenti.

Buttai giú qualche abbozzo iniziale su una pagina, poi mi alzai per provare il cappello a cilindro, prendendo il bastone da passeggio dal guardaroba. Esaminai meditabondo il mio riflesso alla finestra, mettendomi di fianco, alzando il mento, ruotando lentamente verso la faccia del mio io riflesso come se stessi salutando un vecchio amico al club. Nel congedarmi dall'amico immaginario, assunsi una posa da furfante della malavita londinese, snudando i denti. Eccolo lí, nel vetro nero stava l'illustre professore William Jackson Crawford, leggendario scienziato e ingegnere. Che sguardo sofisticato, che fronte perspicace. Guardatelo, gli zigomi aggraziati, il profilo netto del mento, il contegno garbato. Mi sbottonai la giacca. Altri uomini alla mia età sembravano gonfiarsi come uova in salamoia, mentre io diventavo magro e snello.

Sentivo i muscoli flettersi e contrarsi sotto la cintola allentata dei pantaloni. Stavamo tutti diventando scattanti a casa Crawford, persino Robert stava perdendo in fretta la ciccetta infantile e gli si vedevano le costole.

Proprio in quel momento un'immagine mi balenò nella mente: Elizabeth sdraiata su un campo, d'estate, con i capelli sciolti, che rideva e m'invitava a sdraiarmi con lei, le gonne tirate su. Io seguivo la sottogonna tra le gambe, poi alzavo gli occhi e al posto della faccia di mia moglie scoprivo il sorriso di Adelia: «William, le donne hanno bisogno di spazio per piangere il loro dolore, non di mariti».

Gettai via il cappello disgustato e tirai le tende, buttandomi sulla sedia. Maledetta donna, lei e la sua influenza sulla mia Elizabeth. Oh, ma davvero, che importanza aveva una vecchia vedova in fin dei conti? Che si facessero i loro incontri in chiesa. Lí c'ero io, un giovane uomo di successo con una prospettiva di prosperità davanti e nient'altro. Sí, prosperità. Mi appoggiai all'indietro e mi accesi la pipa, consolato a quel pensiero. Forse un giorno il preside Forth mi avrebbe invitato al tavolo d'onore al galà annuale. Un quadretto incantevole mi si disegnò nella mente: io in piedi di fronte a un salone pieno di colleghi ammirati che applaudivano, con i calici alzati ad acclamare la mia ultima prodezza ingegneristica. Un dirigibile magari, con un albergo attaccato al ventre rivestito d'acciaio.

Il galà del 1914 era programmato all'Istituto per la settimana successiva e mi ripromisi di fare con noncuranza qualche osservazione al preside Forth. Il mese prima era rimasto colpito dalla mia posizione, solitaria ma giustificata, sulle guarnizioni in gomma per pompe idrauliche con trasmissione a cinghia. Sí, l'avrei guardato dritto negli occhi e gli avrei parlato dei dirigibili. Se solo quell'uomo non si fosse rivolto a me come a come un cane da riporto in fase di addestramento. Minava notevolmente la mia fiducia in me stesso.

Mi accesi la pipa pensando ai miei figli, le loro teste

addormentate sui cuscini mentre Elizabeth suonava qualche inno incerto al pianoforte al piano di sotto. Le condutture sbatacchiavano contro i muri esterni e da sopra venne uno scricchiolio mentre un colpo di vento soffiò attraverso i vetri arrivandomi in faccia. Un'altra promozione all'Istituto avrebbe contribuito a far vivere ai Crawford una vita piú comoda, oltre che piú indipendente. Strinsi i denti al pensiero di quella donna. Zia Adelia, il veleno nell'orecchio di mia moglie.

Una nuova cameriera sarebbe stata proprio un ottimo inizio. Erano quattro giorni che Hazel era scomparsa. Perché se n'era andata in tutta fretta? Era sempre stata una domestica affidabile e non aveva mai avuto remore a manifestare le sue esigenze in fatto di nuovi strumenti di pulizia o articoli per la casa. Anzi, appena il mese prima si era lamentata di un dolore all'anca provocato da una molla rotta del materasso e io mi ero immediatamente attivato per sostituirlo.

Mi grattai la testa, perplesso. Perché chiedere un materasso nuovo, un costo non piccolo per una casa con un bilancio stiracchiato, quando aveva già deciso di andare via? Trovavo l'intera faccenda oltremodo bizzarra. Robert l'aveva morsa di nuovo? Elizabeth aveva sostenuto di essere completamente all'oscuro di tutto ma poi, riflettendo sulla possibilità di un'aggressione del genere, di colpo aveva stabilito che in fin dei conti fosse una spiegazione plausibile. Cercai gli occhiali, strattonando i cassetti e poi sbattendoli di nuovo, spazientito, guardando la scrivania di sopra e di sotto in cerca dello scintillio di una lente nel buio. Maledizione. Scossi la testa, per allontanare il cerchio che la attanagliava, mi concentrai meglio che potevo per mettere a fuoco la mia visione indistinta e feci guizzare la penna.

Cercasi

per famiglia di professionista, non lontano dal centro di Belfast, in quartiere elegante, brava DOMESTICA TUTTOFARE protestante. Mansioni previste: cura di stoviglie e bicchieri, servi-

zio a tavola, cura e istruzione di tre bambini, cucina, bucato di abiti e biancheria. Sette stanze da riscaldare con stufe o camini. Cercasi giovane donna di ottima reputazione e AFFIDABILE, di preferenza presbiteriana. L'uniforme non è fornita. Per nome e indirizzo rivolgersi agli uffici di questo giornale.

Lo rilessi un paio di volte, borbottando le parole come mi capita spesso di fare, poi lo riposi in un cassetto fino al mattino dopo. Il dolore sordo di una giornata estenuante mi scendeva dagli stinchi fino ai piedi mentre mi avviavo al pianerottolo e alzavo lo sguardo, sfocato come se fossi sott'acqua, verso la stanza della cameriera in cima alla scala nuda che portava al sottotetto. Era cosí che vedeva Arthur mentre la nave colava a picco sul fondo dell'oceano? Mi venne in mente che non avevo esaminato la stanza dopo la partenza di Hazel.

Disperatamente stanco, salii i gradini bui, uno dopo l'altro, con la pioggia che continuava a martellare rabbiosa sopra la mia testa. Fischiettando tra me girai la maniglia, ma con mia sorpresa la trovai bloccata. Riprovai, spingendo con la spalla, ma la porta non si mosse proprio. Sentii del movimento e, guardando in giú, vidi la sagoma indistinta di Elizabeth ai piedi delle scale, la faccia in ombra, illuminata dalla lampada dietro di lei. «Questa stramaledetta porta è bloccata» dissi, dandole un'altra spinta forte con l'anca.

La sua voce quasi si perse nel rumore della pioggia. «Non è bloccata, William. È chiusa a chiave».

Mi frugai addosso in cerca degli occhiali, le dita affondate nelle tasche dei pantaloni, ammirando il bagliore morbido dei suoi capelli, il corpo che s'intravedeva dentro la camicetta abbottonata fino al collo.

«Chiusa a chiave?» dissi. «Assurdo, come fa a essere chiusa a chiave?»

«Oh, sinceramente, sono mesi che quella porta ha una serratura; se avessi esaminato il tetto come ti avevo chiesto lo sapresti».

Stentavo a crederci. «Stai dicendo che la nostra cameriera chiudeva a chiave la stanza dove dormiva senza averci informato?»

«No, certo che no. Ho fatto venire un uomo quando Hazel me l'ha chiesto».

«Un uomo?» Mi girai intorno, agitando i pugni nella mia maledetta giacca. «Non c'è un uomo in questa casa? Non si sarebbe dovuto fare...»

«Si doveva fare».

Fissai incredulo mia moglie. «Sono un ingegnere, Elizabeth. Non sono capace di montare una accidenti di serratura senza bisogno di pagare un fabbro?» Lei si rigirò le mani sui polsi senza replicare. «Allora dov'è la chiave?» domandai.

«Non lo so» disse. «È andata persa quando Hazel è partita».

«Oh, come sei sbadata».

«Gli occhiali ce li hai sulla testa, William».

«Lo so!»

Feci un profondo respiro, sfregandomi il dorso del naso, tremendamente stanco. La misi a fuoco, i suoi occhi segnati dalle occhiaie scure. Sorrisi. «Amore mio» dissi, scendendo le scale. «Non preoccuparti. Troveremo la chiave e apriremo prestissimo la porta». La baciai sulla testa.

«Grazie» disse lei, soffocando uno sbadiglio, scostando il suo corpo caldo. «Sono proprio stanchissima e devo dire le preghiere prima di dormire». Scivolò via dalle mie braccia e s'infilò nella sua stanza, girandosi sulla porta. «Buonanotte, papà caro».

Sorrisi. «Buonanotte, moglie preziosa. Sogni d'oro».

Chiuse la porta. Rimasi lí, solo soletto sul pianerottolo. Mi chiesi se bussare con delicatezza alla sua camera, chiedendole se avesse freddo e bisogno di compagnia... no, l'avrei fatta preoccupare o, peggio ancora, ridere. A parte il fatto che aveva già incominciato a pregare...

«Concedimi di mantenermi cosí casta e pura, non meno nella mente che nel corpo, e al sicuro da tutti i pericoli...» La sua voce era insistente. Qualunque estraneo avrebbe creduto che stesse pregando per la sua stessa vita. «... dall'oscurità della notte, sicché qualunque cosa di peccaminoso in me giaccia sepolta nella tua misericordia».

Nessuna donna viveva con partecipazione tanto profonda per il bene della sua famiglia, riflettei. Nessuna donna a Belfast era cosí vigile e cosí attraente. Era una dote ammirevole, in particolare considerato il cordoglio per Arthur, per quanto quel ragazzo sconsiderato non se lo meritasse. Lo spirito puro di Elizabeth era una qualità che suo marito doveva proteggere. Mi diressi alla mia camera, mi cambiai per la notte e mi arrampicai sul letto, stuzzicato da una brama assillante, peccaminosa. Nella camera accanto, al di là di pareti sottili e tubature lamentose, la sua preghiera terminò con un'ultima supplica implorante. Io imitai i suoi movimenti alla luce della luna, le braccia bloccate lungo i fianchi, determinato a un sonno solitario, senza peccato.

«Ascoltami, Signore» arrivò la sua voce. «Padre e custode, per tramite di Gesú Cristo tuo Figlio. Amen».

5.

Passò una settimana e poi un'altra, la questione della serratura messa in secondo piano dalle condutture del gas corrose e dalle infiltrazioni d'acqua dai telai delle finestre. Fu cosí che, oppresso da una serie di incombenze incompiute, mi svegliai in un lunedí insignificante in uno stato d'animo agitato, salutato dal mal di testa, irrequieto prim'ancora di aprire gli occhi, come se fossi afferrato alle caviglie da qualche sogno semidimenticato. C'era una voce, o no? E facce familiari di estranei. Qualcosa si avvicinava, qualcosa di sgradito.

Mi passai il rasoio sul collo, la lama smussata mi grattava la pelle, poi mi spruzzai la faccia con l'acqua fredda. Drizzandomi, incrociai i miei occhi che mi fissavano nello specchio incrinato sopra il lavandino, infossati e iniettati di sangue. Ho l'aria di un uomo in grande sofferenza, pensai, mentre piccole goccioline di sangue mi sbocciavano intorno al pomo d'Adamo. Premendomi le dita sugli zigomi, feci smorfie e facce buffe per liberarmi dalle pastoie dell'incubo, mi vestii e scesi al piano di sotto, ispezionando le truppe mentre prendevo posto al tavolo della colazione.

«Buongiorno a tutti».

«Buongiorno, papà».

Le ragazze avevano i capelli pieni di nodi e, dove non c'erano nodi, c'erano grovigli. Com'erano sgualciti i loro vestiti. Stavo per fare un commento quando posai gli occhi su Elizabeth all'altro capo del tavolo, le dita screpolate che si tormentavano i polsini. Sembrava persino piú miserabile di me, con i capelli sciolti, le labbra secche, la pelle e gli occhi punteggiati di venuzze rotte. Dormiremmo meglio, pensai, se dividessimo il letto coniugale. Ma era passato troppo tempo tra di noi, il nostro allontanamento si era irrigidito e calcificato con l'arrivo di Robert e lei era ormai un'estranea al mio tocco. Avevo dimenticato il suo odore, avevo perso la sensazione della sua pelle. Si stava imbruttendo, notai, afflitta da tutto il carico domestico. Se la nuova cameriera fosse arrivata subito sarebbe stato comunque troppo tardi, e nessuna si era fatta avanti per rispondere al mio annuncio sul giornale.

Elizabeth ci scongiurò di recitare una preghiera smozzicata prima di cominciare a piluccare i nostri mucchietti grigi di porridge. Margaret ascoltò con attenzione mentre offrivo qualche aggiornamento sull'Istituto, mentre Helen versava un poco di porridge freddo nella tazza. Robert succhiava la sua copertina, ricoprendola di bava lattiginosa. Allungai la mano e gliela tirai via dalla bocca.

«Robert, sei davvero troppo grande per questa stupida coperta. Non sei piú un bambino; sei un Crawford».

«Oh, papà» disse Elizabeth, coprendosi la bocca per sbadigliare. «Non esagitarlo, per piacere, è stanco». Posò il cucchiaio, sbattendo le palpebre. «Siamo tutti stanchi».

Helen parlò rivolta al proprio grembo. «La signora stava di nuovo piangendo sulle scale, mamma. L'ho sentita. Sembra molto dispiaciuta».

Sondai mia moglie con lo sguardo. «Devi smetterla di leggergli storie della buonanotte tanto sciocche. Tutti questi coniglietti smaniosi e queste fatine avventate non fanno che incoraggiarli. Davvero, Helen, che cosa ti prende per trasformare i tubi che cigolano in bianche signore?»

«Io l'ho sentita» disse Margaret a braccia conserte. «Devi averla sentita anche tu per forza».

Battei sul tavolo. «Oh, santo cielo, non ti ci metterai anche tu? Mamma, vuoi essere cosí gentile da dire qualcosa ai nostri figli? Questo è davvero troppo».

Elizabeth sbadigliò. «Si mettono paura con le storie di fantasmi».

«Mamma, non è vero!» protestarono Margaret, Helen e Robert, scattando su dalle sedie all'unisono.

Mi girai verso Robert, che stringeva ancora le manine sulla coperta in un tiro alla fune. «Sarà meglio che la smetti di strillare e di frignare o ti darò qualcosa per cui frignare sul serio». Il bambino si morse i pollici. «Meglio» dissi. «Dovrei proprio portare questa stramaledetta coperta in giardino e bruciarla seduta stante».

Gliela strappai a forza, facendo volare un cucchiaio pieno di sbobba che finí sulla camicetta di Elizabeth con uno schiocco umido. Lei contemplò il disastro scivolarle giú dal petto, poi lo tolse via con le dita, scrollandolo nella tazza, prima di dirigersi in silenzio in cucina, la bocca stretta in una piega indurita. Robert guardò la coperta in mano mia con un orrore che sfociò in una crisi isterica, e si mise a strillare finché fui costretto a ridargli quel dannato affare. La poltiglia di porridge mi aveva macchiato le maniche della giacca. Accidenti!

Terminai debitamente la mia colazione trangugiando tre cucchiaiate una dopo l'altra, prima di precipitarmi al piano di sopra per portare a termine una segreta incombenza mentre il resto della famiglia era distratto a riassettare. Dopo dieci minuti stavo di nuovo scendendo le scale per prendere soprabito, cappello e ombrello e uscire dalla porta con un eloquente colpo secco, lasciandomi le grida del manicomio alle spalle.

Scesi compiaciuto i gradini d'ingresso, mi godetti un respiro profondo e mi avviai per i pochi passi fino alla fermata del tram, giusto in tempo per prendere il 653, verso il Municipio. Arrivò nella luce splendente dell'alba, scintillante e vuoto. Diedi al bigliettaio il centesimo e mezzo della corsa e non feci in tempo ad accavallare le gambe che le ruote del tram già sferragliavano giú dalla collina verso il fiume. Mentre scendevamo verso il Lagan, le luci elettriche ronzavano e una tensione inquieta mi montava nello stomaco. La mia coscienza forse... oppure il porridge solidificato. Forse ero stato un po' duro, dopo avere passato una notte agitata, assillato dai miei desideri e disturbato dai miei sogni. Sapevo qual era il motivo del mio pessimo umore. Che razza d'uomo pensava che fossi, Elizabeth, incapace di installare un accidenti di serratura? Sospirai, scuotendo la testa. Non aveva importanza, alla fine avremmo aperto la porta e lei si sarebbe ricordata il mio talento inventivo e altro ancora.

Il tram passava per strade acciottolate, fiancheggiate da schiere di case identiche, cosí vicine che avrei quasi potuto battere sulle finestre. Squadre di operai arrancavano verso i cantieri navali, con i loro berretti di panno e i capelli bisunti, le sigarette che guizzavano di scatto mentre complottavano. Erano preoccupanti, cosí tanti in massa. Uomini di fatica realisti votati al tradimento.

Un gran bestione di giovanotto si accorse che lo stavo fissando, maniche arrotolate all'insú, il tatuaggio sbavato di una sirena sull'avambraccio. Mi studiò, fissandomi con uno sguardo diretto e penetrante, i pugni nelle tasche. Come mi sentii piccolo in quel momento. Se solo la misura fisica di un uomo fosse stata pari alla misura del suo intelletto; allora William Jackson Crawford sarebbe stato un gigante! Vidi me stesso a cavallo del fiume come il Colosso sollevare uno scafo costruito a metà dal cantiere, schiacciando gli uomini come formiche sotto la scarpa. Per come stavano le cose, chiunque di loro – persino i ragazzi – mi avrebbe potuto ridurre in lacrime con un singolo pugno. Lo sapevo io. Lo sapevano loro. Questa era la valuta della virilità.

Che felicità, guardare fuori dal finestrino mentre le ruote correvano lungo Chichester Street e Donegall Square, con i grandi magazzini Robinson&Cleaver sulla destra. Belle ragazze in eleganti uniformi da cameriera correvano ridendo sotto la pioggia, cercando rifugio sotto le tende da sole che venivano srotolate da garzoni di bottega spilungoni. Sulla sinistra, tra le oscillazioni comparve alla vista la cupola del Municipio; gli uomini si salutavano con i giornali sopra la testa. Un fattorino sventolò la mano mentre passavamo, rischiando quasi di andare a sbattere contro un carretto carico di barili, senza dubbio diretto verso i pub di Ormeau Road. Continuammo a incedere con grazia verso lo Scottish Provident Building prima di fermarci accanto all'Istituto tecnico municipale.

Sbarcai, ringraziai il bigliettaio e alzai gli occhi sull'imponente edificio che si stagliava nella pioggia, elegante quanto un qualunque palazzo londinese, con i suoi maestosi muri di pietra, le finestre slanciate e le cupole di rame. Fui all'istante dall'altro lato del marciapiede, testa china, i piedi che sciabordavano su per i gradini fino all'entrata. Chiusi gli occhi, respirando l'odore familiare di gesso, gasolio e vernice. Le mie scarpe lucide cantavano come unghie sul vetro. Nell'Istituto, oltre le colonne interminabili, regnava il silenzio. Un dedalo di corridoi luminosi era ammassato in un piano cavernoso sopra l'altro, tutti zeppi di congegni e macchinari all'avanguardia. Osservai tutto come fosse la prima volta. Dentro quella cattedrale di marmo batteva il cuore pulsante dell'inventiva britannica. Un giorno speravo di esserne il piú illustre patrono.

«Professor Crawford!» chiamò una voce da sopra. Cercai disperato un posto dove nascondermi, ma ero stato visto. «Romeo, Romeo, dove sei tu, Romeo? Yu-hu!» Alzando gli occhi scorsi Seamus Stoupe, il docente di fotografia, appoggiato alla piccola balconata di pietra, che sventolava un fazzoletto blu pavone. «Aspetta lí, William, scendo da te». Trotterellò fino alle scale.

Accidenti, non c'era scampo, e nessuna creatura in terra si muove cosí veloce come un uomo irritante. Danzò sulle piastrelle verso di me, sorridente, tutto braccia e sudore, vestito in modo assurdo in un completo di velluto morbido, arricciando le labbra come un maiale che vuol dare un bacio. Fece un piccolo inchino di cortesia prima di piazzarsi di gran lunga troppo vicino, con il suo odore di lavanda, whisky e umidità, corti ciuffi di capelli biondi che gli si appiccicavano alla fronte rosa, stondata.

«Oh, Crawford, che bello vederti. Certo che sei proprio fradicio». Mi picchiettò il panciotto con i suoi pugnetti tozzi e io mi ritrassi, spingendolo via.

«Fammi andare, Stoupe» dissi irritato. «Ho da fare». Feci per allontanarmi ma lui mi afferrò la mano, facendomi ruotare all'indietro come un ballerino spagnolo.

«A che tavolo sarai al galà, professor Crawford? Devi assolutamente dirmelo».

«Trentadue».

«Trentadue! Che sollievo, anch'io sono allo stesso». Mi fece il solletico alle costole. «Faremo ogni sorta di birbanteria laggiú, eh, prof? Ben lontani dal tavolo d'onore».

Aggrottai la fronte. Perché, in effetti, i Crawford erano stati collocati in una posizione tanto defilata?

Proprio in quel momento le porte d'ingresso si spalancarono, finendo a sbattere contro i telai, e apparve il preside in un trionfo di galosce, l'acqua piovana che gli scendeva rilucente da un cappello di gomma. Un giovanotto lo seguiva alle calcagna, tirando indietro i capelli biondi con la mano, aggiustandosi l'abito raffinato con l'altra. Era alto, snello, con gli occhi verdi e un gran sorrisone – l'eroe melodrammatico per eccellenza. Albert Blithe, il nostro giovanissimo docente di matematica, venticinque anni appena, imparentato in qualche modo con il nostro preside, anche se quale fosse esattamente la parentela era un mistero. Apparteneva a quella bizzarra coorte di giovanotti che si rivelano invariabilmente figli, cugini, fratelli, mariti o nipoti di chiunque abbia qualche prestigio nel paese. Spinsi via Stoupe, aggiustandomi la cravatta.

«Ah! Buongiorno, signori» disse il preside con un sorriso allegro. «Stiamo tornando dopo avere pescato un po' al Quiggery». Squadrò me dall'alto in basso. «Lei è un uomo da trote, Crawford?»

«Trote, direttore?»

«Sí, ragazzo, trote. Trote!»

«Sí, direttore, da bambino a Dunedin...»

Il giovane Blithe s'intromise, mimando un accento

londinese puerile, sventolando il cappello come uno di quegli orrendi teatranti di città. «Ehi, una volta ho portato la mia matrigna a pesca, da quel volpone che sono» dichiarò, con un sorrisone che gli andava da un orecchio all'altro. «Non ha voluto assaggiare il pescato, però. Oh, no. Mi ha detto che gli ci voleva una bella lavatina!»

Per qualche motivo il preside si sganasciò dal ridere. «Una bella lavatina? Oh, questa è buona, Albie! Ma dove le trovi?» ruggí, tenendosi la pancia, mentre Stoupe ridacchiava con piaggeria.

Io aggrottai la fronte, passando lo sguardo perplesso dall'uno all'altro. «Perché mai il pescato aveva bisogno di una lavatina?» dissi. «L'acqua era inquinata?»

Il preside mi diede una pacca sulla schiena. «Eh eh! Ecco cosa mi piace di te, Crawford. Stai sempre a pensare, sempre serio. Perbacco! Guarda il tuo soprabito, ragazzo, è tutto bagnato». Mi arruffò i capelli. «Dovrai asciugarti prima di fare lezione, da bravo».

«Sí, direttore».

Stoupe agitò le dita. «Stavo giusto chiedendo a Crawford del galà, signori».

Il preside si rivolse a me. «Spero che ci sarai, Crawford».

Sperava? Era una cosa tanto incerta? «Sí, direttore, certo».

«Benissimo» disse, facendomi l'occhiolino. «Ora che ci penso, Crawford, ho un compito importantissimo per te. Vieni un po' prima, se puoi».

Blithe inarcò un sopracciglio. «Un compito importante, Frances?» disse. «Io potrei arrivare prima se...»

«No, no. È un compito per Crawford, su questo non c'è dubbio».

Mi inorgoglii. Oh, gloriosa provvidenza. «Sí, lasci fare a me, direttore» dissi, facendo un sorriso a Blithe. «Arriverò prima, come lei desidera».

«Ottimo, Crawford, ottimo» disse, spostando il peso all'indietro sui talloni per studiarmi. «Te la caverai bene, qui, Crawford. Mantieni sempre quella tua mente sveglia». Tirò fuori una caramella dalla tasca e me la infilò in bocca senza che me lo aspettassi, dandomi un buffetto sulla testa. «Bravo ragazzo».

Lo guardai allontanarsi a passi svelti verso il suo ufficio, seguito da Blithe, prima di sputare la caramella in mano. Stoupe mi strizzò l'occhio, le labbra in una smorfia. «Cocco del direttore, mio caro. Niente paura, sei un prediletto».

Io alzai gli occhi al cielo, mi scusai, poi imboccai la scalinata centrale fino al quarto piano, rianimato dal piacevole *tap, tap, tap* delle mie scarpe sul pavimento alla veneziana. Il laboratorio e le aule di ingegneria erano in fondo al corridoio, e arrivai rapidamente al dipartimento. Prima di abbassare la maniglia, espressi il privato desiderio che il mio collega, il professor Fforde, fosse a casa malato dopo un fine settimana di umidità. Ero destinato a essere deluso.

«Quella ballerina della malora di Stoupe ti ha intercettato?» grugní da dietro la grossa ruota di una pompa a vapore. Saldamente appoggiato al suo bastone, mi guardava attraverso cavi e cinghie, i labbroni penduli e cascanti tra le guance con i favoriti argentati. Sarebbe mai andato in pensione? Per essere tanto male in arnese, sembrava assurdamente in salute. «Questo posto è un'accozzaglia di idioti, accidenti».

«E un gran buongiorno a lei, professor Fforde» replicai brusco, appendendo l'ombrello sulla porta. «Mi scuso se ho tardato, mi sono fermato a discutere di faccende importanti con il preside. Ha qualche lavoro di vitale importanza da affidarmi e mi ha chiesto di arrivare presto al galà».

«Davvero, Crawford?» disse, inarcando le sopracciglia irsute. «Qualche importante lavoro ingrato, probabilmente».

Appesi il soprabito all'attaccapanni. Il laboratorio era esattamente come l'avevo lasciato il pomeriggio del venerdí precedente; pompe e motori lucidi, cinghie lubrificate, legioni di sostanze chimiche nelle loro boccette, cavi e attrezzi disposti in perfetto ordine sulle alte scansie che circondavano le pareti rivestite di pannelli di legno. Presi un gessetto nuovo dalla scatola sulla mia scrivania, mentre Fforde si avviava zoppicando verso il suo ufficio. Sospirai, sollevato di accantonare i miei crucci trascurabili per concentrarmi su qualcosa di leggero.

Spezzai il gesso, lanciandomi allegro sulla lavagna: *La resistenza a trazione dell'acciaio (carico di snervamento, massimo e a rottura) e il corrispondente allungamento a rottura di materiali inferiori.* Sarebbe stata un'altra lezione corroborante. E adesso, dov'era la mia pipa? Lo seppi all'istante: era rimasta sulla scrivania dello studio a casa, proprio dove l'avevo lasciata.

6.

Sviscerai l'irradiamento del calore in meno di tre ore, soddisfatto di avere fatto in tempo ad accennare alla convezione prima che la lezione finisse. C'era stato un po' di disturbo da parte di un ragazzo fastidioso, Samuel Qualcosa, che aveva passato gran parte del tempo a fare scherzi, distraendo i compagni con palline di carta e strani versi che avevano suscitato un gran divertimento alle mie spalle. Gli avevo ordinato di fare silenzio in tre occasioni, i nervi tesi per la mancanza di tabacco.

Alla fine, arrivati all'ultima ora della giornata, mi accorsi che l'appetito dei miei studenti per fluidi e gas stava scemando, per cui decisi di allentare le nostre metaforiche cinghie con un esperimento pratico. Battei le mani. «Chi ha voglia di far fare un giro a una delle nuove macchine?» dissi, suscitando un'esclamazione collettiva di entusiasmo.

Ci radunammo intorno a una pompa a vapore luccicante, mentre uno dei piú giudiziosi tra i ragazzi riempiva d'acqua il serbatoio, controllando che i tubi fossero puliti. Con un gorgoglio e una spinta, la macchina prese felicemente a battere i suoi colpi sordi. «Vedete come scivola l'asta?» dissi, guardando con soddisfazione il metallo lucido scivolare nella bocca affamata del cilindro lubrificato. «Ogni spigolo, ogni guarnizione, ogni punto di attrito dev'essere progettato e costruito con precisione millimetrica, se vogliamo creare il massimo dell'energia».

«Signore?» disse il ragazzo molesto, facendosi avanti.

«Ma allora cosa succede se quel pezzo là non è unto per bene?»

Guardai dove stava indicando. Che pelle sporca aveva; le unghie e i capelli incrostati di fuliggine. Si vede che faceva lo spazzacamino, pensai, quando non veniva a disturbare le mie lezioni.

«L'asta di questo stantuffo?» chiesi.

«Sissignore».

«Be', giovanotto...?»

«Goligher, signore» disse con una vocetta rauca, fissandomi con due occhi neri, i pugni sprofondati nelle tasche.

«Ah, sí, ecco. È una buona domanda, Goligher» dissi. «Se l'asta dello stantuffo non fosse ben lubrificata, naturalmente sfregherebbe».

«È cosí, signore?» mi interruppe. «E se lo stantuffo è troppo grosso, tipo?»

Ci furono altre risatine soffocate alle mie spalle mentre la ruota girava piú forte.

«Be' spaccherebbe la valvola».

Il ragazzo lanciò un grido, tenendosi stretto in mezzo alle gambe. «Oh, no, signore, scommetto che è proprio quello che è successo a mia sorella ieri sera!»

Aggrottai la fronte mentre i ragazzi si giravano di schiena, le spalle che sobbalzavano. Gli studenti piú seri invece mostravano reazioni di fastidio e scuotevano la testa. Io mi tirai i baffi, piuttosto sconcertato. «Non capisco, Goligher, tua sorella ha una pompa in camera da letto?»

«Oh, sí, signore. Quasi tutte le sere!»

E a quel punto l'intera classe si sbellicò dal ridere, dandogli manate sulle spalle, prendendosi a braccetto, tenendosi la pancia. Mi alzai, esasperato, pronto a dare un manrovescio a quel piccolo schifoso per tanta volgarità, ma prima che potessi sferrarglielo la campanella li richiamò e in un minuto netto erano spariti nel corridoio, in una cantilena di voci riecheggianti che si rincorrevano e si chiamavano a vicenda. Scossi la testa, sorridendo nel passare uno straccio sporco sullo stantuffo lubrificato.

I rapporti sessuali sono una bella fonte di divertimento per un ragazzo imbarazzato, fino a quando si rende conto di quanto sia vergognosamente male equipaggiato per l'impresa. Valvole spaccate, come no.

Mi arricciai i baffi, stando indietro mentre la macchina lasciava uscire gli ultimi sbuffi di vapore, poi chiusi a chiave la porta del laboratorio e tornai difilato alla scrivania con un piccolo balletto sovreccitato. Passai in rassegna i cassetti, sgridando me stesso perché non tenevo le cose piú in ordine, finché trovai quello che stavo cercando: una corta bacchetta di ottone con un'aletta vuota a un'estremità. Accesi la mia lampada d'ingrandimento, infilai la mano in tasca e tirai fuori un pezzo di cartoncino tagliato con la forma grossolana di una chiave. L'estremità era ricoperta di uno strato d'inchiostro blu scuro, impresso con un motivo geometrico. Lo misi contro la chiave grezza con un sorriso soddisfatto, l'ottone mi fece l'occhiolino nella luce. «Bene, allora» dissi, con un occhio chiuso. «Vediamo».

Quella mattina, mentre la famiglia stava sparecchiando i piatti della colazione al piano di sotto, avevo preso un coltello dalla scrivania del mio studio e tagliato un pezzo di cartoncino esattamente della forma che mi serviva, poi l'avevo pitturato con un miscuglio di mia invenzione, fatto con inchiostro di Prussia e grasso lubrificante. Quindi ero sgattaiolato di sopra fino alla porta della stanza di servizio chiusa a chiave, dove l'avevo infilato lentamente nella toppa, con estrema delicatezza, attento a evitare che toccasse la bocchetta di ottone. A circa tre centimetri all'interno, avevo sentito quella grezza chiave di fortuna premere contro la lamella nascosta. Avevo trattenuto il respiro, con gli occhi chiusi, ed ero andato avanti a girare ancora, premendo il cartoncino con decisione contro il delicato meccanismo interno. Dopo poco, mi ero ritratto dalla serratura per tornare nel mio studio a passi felpati dove, ma guarda! Aveva funzionato! Lí, sul bordo piatto del cartoncino, c'era infatti l'impronta inconfondibile dei dentini, come la merlatura di un castello, che rivelava la forma del meccanismo occulto della serratura.

Lavorai al tornio, canticchiando sottovoce, gli sfiatatoi che sussurravano dalle pareti dell'Istituto mentre incidevo il metallo. Il laboratorio di ingegneria sembrava un posto cosí spettrale con le luci spente, i macchinari che gettavano ombre innaturali sui muri, la sensazione travolgente che la stanza non fosse che una piccola tasca d'aria in una vasta caverna di mattoni e marmo. Per fortuna non ci misi molto a finire il lavoro e ben presto tenni tra pollice e indice una chiave perfettamente levigata.

Allegro come un apprendista, infilai la chiave in tasca e mi avviai lungo il corridoio deserto canticchiando un timido inno tra me per farmi compagnia, poi mi fermai... avevo sentito qualcosa? Giú all'altra estremità del corridoio, forse... o forse piú vicino, accanto ai finestroni? Era un ticchettio, come degli stivaletti di un bambino che camminava lento verso di me. Un brivido strano mi corse per le ossa mentre ascoltavo. Là! Sforzai la vista nel buio, perché di colpo mi sentii certo di tre cose: che là non c'era nessuno; che quasi sicuramente ci fosse stato qualcuno un attimo prima e che mi stesse guardando in quel momento.

«Ehilà?» chiamai, con la voce che riecheggiava contro il soffitto alto. «Ehilà?» Strisciai furtivo lungo il corridoio, ed eccolo di nuovo. Mi bloccai. Gli occhi giocano scherzi diabolici quando la luce è scarsa, ma, che fosse un'ombra che cadeva da una delle finestre lontane o qualche altro disturbo della luce, c'era senz'altro la forma indistinguibile di un estraneo all'estremità del corridoio.

«Ehilà?» chiamai di nuovo, ipotizzando in contrasto con il mio batticuore che potesse trattarsi di uno studente. «Le porte sono ancora aperte?» Ma non venne risposta e io sentii un altro brivido corrermi lungo la schiena mentre mi avvicinavo all'estraneo. «Girati, chiunque tu sia» dissi. Ma piú mi avvicinavo, meno i suoi contorni sembravano stagliarsi contro la parete e, quando arrivai a dieci passi, non c'era nient'altro che semplice intonaco bianco. Mi lisciai i capelli con le mani che tremavano, girando l'angolo verso la grande scalinata. «Maledetti idioti» borbottai tra me, confortato dal suono della mia voce. «Stupidi bambini».

Sbucai dal corridoio, canticchiando per rassicurarmi, poi mi avviai alle scale, facendo del mio meglio per controllare la crescente inquietudine – ma tutt'a un tratto un altro brivido mi pervase perché ebbi l'assoluta certezza che qualcuno, qualche *cosa* fredda mi stesse seguendo. Non mi voltai, ma mi precipitai a rotta di collo giú per le scale, in uno scalpiccio rumoroso, senza quasi tenermi al mancorrente mentre l'ombra di un'altra persona mi correva dietro, a poco piú di un braccio di distanza. Avvertii le sue dita sulla spalla mentre raggiungevo l'ultima rampa di scale, la sentii tirarmi la giacca e cacciai un grido, precipitandomi oltre le porte d'ingresso e in strada, dove rimasi ingobbito con le mani strette alle ginocchia ancora tremanti, la spettralità del grande edificio vuoto lavata via dall'ordinarietà di una pioggerella serale. Alzai gli occhi, ansimante, ridendo di me per la mia stupidità, asciugandomi il sudore e le gocce di pioggia da quei miei occhi traditori. Controllati, amico, non sei meglio dei bambini.

7.

Venti minuti dopo richiudevo la porta d'ingresso di casa nostra, annunciando da sopra la mia spalla: «Ciao a tutti, papà è a casa».

«Ciao, papà».

Quasi mi venne un colpo, perché Elizabeth e i bambini erano proprio dietro di me, sulla porta del salotto.

«Perbacco, famiglia Crawford!» dissi, scuotendo il soprabito. «Allora, cos'è tutta questa storia?»

«Hai avuto una bella giornata, papà?» chiese Margaret.

«Sí... grazie, in effetti sí». Che diamine ci facevano, lí impalati come le guardie reali? Allungai la mano verso la porta del salotto ma Elizabeth mi si parò davanti in un balzo, esclamando in uno stato di esultanza che la cena era in tavola. Io la studiai, mentre mi toglievo il cappello. «Buon Dio, Elizabeth» dissi con una risata nervosa. «Perché tanta eccitazione? C'è l'agnello?»

«No, papà» disse lei, torcendosi le mani con un curioso sorriso. «Hai fatto di nuovo tardi, ti senti bene?»

«Bene, amore mio? Direi proprio di sí».

«Oh, fantastico. Vieni subito in sala da pranzo e vedrai».

«Devo prima prendere la mia pipa, io...»

«No, no! Ce l'ho io». Me la mise in mano, poi mi tirò per un braccio mentre io la seguivo, con i bambini in mezzo ai piedi.

«Mi fai ricordare che dobbiamo trovare una nuova cameriera e cuoca. Una ragazza giovane magari, sveglia e pratica».

Robert sbuffò mentre mi sfrecciava davanti, guadagnandosi un rimprovero aspro in un sussurro da parte della sorella. Io li rimbeccai mentre arrivavamo al tavolo della cena. «Ma che umore sciocco avete tutti, stasera».

Elizabeth sparí in cucina e tornò con un piatto che sistemò al centro del tavolo, poi fece un passo indietro, raggiante. Margaret tolse il coperchio da una pentola, mentre Helen mi metteva una brocca di fianco. Io fui preso alla sprovvista, perché davanti a me c'era un magnifico assortimento di patate arrosto, verdure al burro e filetti di pesce bianco, pallido, che brillava felice alla luce delle candele, tutto cotto e presentato alla perfezione.

«Poffarbacco!» esclamai. «Che cos'è tutto questo?»

«La cena, papà» disse Helen. «Non è stupenda?»

«Certo che lo è. Perdinci, avete proprio lavorato sodo, eh?»

Elizabeth prese posto a tavola e invitò i bambini a fare altrettanto e, oh, ci stavamo sistemando proprio come una bella famigliola al suono crepitante del fuoco che scoppiettava in salotto. Annusai la cena fumante, sfregandomi le mani, per poi rendermi conto che gli altri Crawford tenevano gli occhi fissi su di me con un sorriso immobile, imbambolati. Persino Robert non si dimenava, teneva le mani schiacciate sotto il sedere, la copertina ripiegata accanto. Quindi le mie parole severe a inizio giornata avevano sortito l'effetto desiderato? Papà la sa lunga...

«Le preghiere, Elizabeth?» dissi. «Gesú sarà grato di quanto stiamo per ricevere».

«Sí, papà, certo. Su, bambini, preghiamo».

Intonò la sua invocazione con grande entusiasmo, l'angolo della bocca che si torceva spasmodico, le unghie che grattavano nervosamente la pelle piagata dei polsi. «Signore misericordioso, abbiamo peccato contro di te e non siamo degni della tua clemenza...» I bambini le andavano dietro, io muovevo le labbra meglio che potevo, esaminandoli da sotto una fronte diffidente. «... aiutaci a mangiare e a bere per la tua gloria, per amore di Cristo. Amen».

«Per amore di Cristo, davvero» dissi, prendendo la forchetta. «Elizabeth, ti sei fatta onore. Che fortuna abbiamo, bambini, ad avere una mamma cosí brava. Avanti adesso, iniziamo». Ci mettemmo a mangiare di buon appetito, ci gustammo il banchetto senza fare complimenti.

«Squisito» disse Margaret a voce insolitamente alta. «È buonissimo, grazie. Non è affatto difficile cucinare per noi e siamo davvero bene educati e riconoscenti».

«Certo che lo siamo...» dissi con un sopracciglio alzato. «Però non c'è bisogno di gridare. E tu cosa ne dici, Robert? Hai fatto i complimenti alla cuoca?»

«È brutta» disse lui, ridendo e mostrando la lingua incrostata di poltiglia bianca.

Sbattei giú il coltello. «Come ti permetti, Robert. Chiedi immediatamente scusa a tua madre. La mamma è senza dubbio la donna piú bella di Belfast». Le feci l'occhiolino.

Robert ballonzolò sulla sedia, sventolando la forchetta sopra la testa, con l'unico risultato che la mano di Margaret arrivò a tappargli la bocca. «Stai zitto» disse brusca. «Non essere sgarbato».

Elizabeth tossí, piluccando i suoi piselli, gli occhi che saettavano dal tavolo alla tenda del salotto e viceversa, mentre portava frammenti di patata a un sorriso slavato. Io la stuzzicai con la forchetta. «I legami famigliari sono l'ingrediente principale di qualunque pasto preparato in casa, secondo me. La chiave è questa».

La chiave, già. Proprio in quel momento mi ricordai del mio piano e arricciai il naso con noncuranza, tastando la bacchetta di ottone nella tasca. «Dimmi, cara, andrai all'incontro in chiesa, stasera?»

«Sí» disse Elizabeth illuminandosi, ma subito s'incupí di nuovo. «Anche se ora... forse no».

Fui felice che rimanesse a casa, quella sera. Avrebbe assistito mentre suo marito, usando la sua meravigliosa chiave, avrebbe aperto la porta chiusa; e tutto contro qualunque aspettativa. Continuammo a mangiare in un'atmosfera strana, il silenzio interrotto solo dal rumore dei coltelli che scivolavano sui piatti. Elizabeth finí di cenare per prima e lasciò le sue posate ordinatamente accanto a una delicata disposizione di lische. Rimase seduta, con le mani che si agitavano sotto il tavolo, a guardare me che mangiavo di gusto le mie patate.

«Il lavoro è stato interessante, oggi?» chiese Margaret.

«Sí, sí».

Me ne stavo portando una alla bocca quando arrivò un tonfo sordo dal salotto. Mi fermai ad ascoltare, frustrato dal chiacchiericcio intorno al tavolo che sembrò aumentare di volume precisamente mentre io tendevo le orecchie. «Ssst» dissi. «Cos'era quel rumore?»

«I tubi, immagino» disse Elizabeth. «Avanti, papà, finisci di cenare».

Mi rimisi a mangiare, masticando un boccone di pesce, chiedendomi se ci sarebbe stato bisogno di rifare le condutture dell'intera casa, quando sentii un altro tonfo dal salotto, seguito questa volta da un guaito soffocato e da una specie di starnuto. Misi giú di botto le posate. «Cos'è stato?» domandai, alzandomi dalla sedia. Margaret s'irrigidí, sbarrando gli occhi, mentre Helen sussurrava qualcosa a sua madre. Posai il tovagliolo sul tavolo e andai alla tenda, ma prima che potessi aprirla, Elizabeth scattò su.

«No, non aprire!» disse, urtando un bicchiere d'acqua che si rovesciò sulla tovaglia. «Prima finisci di mangiare, per piacere».

«Prima?» dissi sbigottito. «Prima? Che cosa succede dopo, ti dispiace dirmelo? C'è una polpetta letale in agguato qui dietro?» La fissai infastidito. «Avanti, Elizabeth, che cosa sta succedendo, vi comportate come preti con la coscienza sporca dal momento in cui ho messo piede in casa». Scostai la tenda, infilando la testa nella stanza senza luce.

Si vedeva solo la fiamma debole del fuoco, il suo bagliore ambrato arrivava a malapena alle nappe del tappeto persiano; niente era illuminato se non qualche scintilla che si librava oltre la grata. Mentre scostavo ulteriormente la tenda, un po' di fioca luce gialla strisciò fino alle statuine spettrali di Elizabeth, dando alla stanza il carattere di una cripta appena scoperta. «Allora» dissi a bassa voce. «Che cos'abbiamo qui dentro? Se è un altro gatto randagio, Helen, se ne dovrà andare».

«William, torna qui, per piacere» disse Elizabeth.

La ignorai, scorgendo qualcosa che si muoveva nella poltrona accanto alla finestra e saltai all'indietro, in preda a un brivido involontario, mandando a frantumarsi sul pavimento uno dei soprammobili. «Ehilà?» sussurrai, muovendo un passo esitante verso la poltrona, con il braccio a schermare la faccia. «Ehi, chi c'è?» La cosa, qualunque fosse, si mosse di nuovo mentre io mi avvicinavo. La vista si acuí permettendomi di distinguere, nell'ombra, quelle che sembravano due gambe spesse che spuntavano dalla poltrona sul tappeto. Aprii la lampada, il sibilo acre del gas che si mischiava al mio respiro agitato, al crepitio del fuoco, al battito martellante del mio cuore.

«Mia cara Elizabeth» chiamai oltre la tenda, «mia cara, c'è qualcuno qui, vero? Chi è, per piacere?» Di colpo mi tornò in mente il suo defunto fratello, Arthur, che aveva fatto uno scherzo del genere, nascondendosi nel salottino della nostra vecchia casa come un ospite a sorpresa. Una familiare sensazione di freddo mi pervase nel figurarmelo in poltrona, la faccia gonfia, le labbra e le unghie blu, i capelli rossissimi che fluttuavano in una lenta danza frondosa sul cranio senza occhi, coperto di cirripedi. Oh, il mio povero cuore vacillante! Mi sentii perso nella casa silenziosa, non una luce penetrava nella stanza, neppure uno spiraglio filtrava da sotto la porta che dava sul corridoio. Tremando, frugai nella tasca dei pantaloni in cerca dei fiammiferi. «Arthur?» sussurrai, con la voce stridula. «Sei tu, Arthur?»

Non venne risposta; solo un orrendo gargarismo simile al risucchio finale di un lavandino che si svuota. Deglutii, pronto a fuggire, perché chi poteva dire che cosa stavo per scoprire? Costringendomi a essere impavido, accesi un fiammifero e nel bagliore intravidi due occhi enormi che mi fissavano dalla poltrona.

«Mio Dio!» esclamai, mentre la tenda si apriva in un fruscio alle mie spalle, riempiendo la stanza di luce. La cosa gettò un grido soffocato mentre indietreggiava, coprendosi con un braccio muscoloso dietro un mucchio di borse. Ebbi un tuffo al cuore, quasi morto per la sorpresa, perché non era affatto una cosa, non era una visita spettrale da un relitto sepolto. Era invece, perlomeno da quanto riuscivo a distinguere tra manici, cinghie e angoli... una donna.

Indietreggiando inciampai nella tenda, il tallone mi s'impigliò nella stoffa che si agitava e, con il suono di uno strappo enorme, mi schiantai per terra. Rimasi lí a mugolare, gli occhiali di traverso, la pipa in equilibrio sopra l'orecchio, i bambini che mi fissavano.

«Sciocco papone» disse Robert.

8.

«Si chiama Rose» disse Helen. «Possiamo tenerla?»

«Rose?» dissi, alzandomi dal cumulo di tende polverose sul pavimento. Mi sfregai il fianco dolorante, sbirciai il mio riflesso nello specchio, un drappo di stoffa pesante che mi ricadeva sulla spalla come un senatore romano. Me lo scrollai di dosso. «Dov'è tua madre?» Elizabeth era in piedi sulla porta. «E questa chi è?» le domandai. «Spiegamelo immediatamente».

«Non lo sai, papà?» disse Margaret in tono pratico, mentre soccorreva la ragazza liberandola dal cumulo di bagagli che aveva in grembo.

«Non lo so? E che diamine dovrebbe voler dire, bambina?»

La fiamma libera della lampada a gas danzava sulle pareti, tre dita che brillavano e saltellavano fioche. Che sventurata aria di malvagità dava al suo profilo, perché la ragazza aveva un viso stranamente distorto, il lato sinistro piú grosso di quello destro come se due facce, ciascuna deforme di suo, fossero state schiacciate per diventare una. Mi guardò impaurita avvicinarmi, ritraendosi con quello stesso suono di gargarismo. Io sbuffai, perché quello che al buio era un rumore macabro alla luce non era nient'altro che un tirare su con il naso. Helen era ferma di fianco a me.

«È cosí miserella, papà, non credi? Per piacere, sii gentile con lei».

«Chi sarebbe, accidenti?» chiesi.

Elizabeth attraversò la stanza, mi prese per mano, mi guardò intensamente negli occhi. «Ringraziate il Signore, perché egli è buono» disse. «Rose è venuta a far parte della nostra famiglia in risposta alle nostre preghiere. Sarai gentile con lei. Tutti lo saremo. Avevi messo un annuncio per una nuova cameriera ed eccola qui, una benedizione che possiamo permetterci».

«Noi siamo... benedetti da questa... da questa...?» Ero letteralmente senza parole, soggiogato, perché la mia amata moglie non mi aveva mai guardato con tanta fermezza negli occhi, neppure il giorno del nostro matrimonio. La povera meschina in poltrona adesso piangeva in silenzio, con le guance rigate di lacrime.

Io schioccai le dita verso di lei, insofferente. «Cameriera, sul serio. Ce l'hai una lettera di presentazione? Dammela, fammela leggere».

«Non credo che sappia scrivere» disse Elizabeth.

«E perché mai? È straniera?»

«Non credo».

Annuii. «Cattolica, senza dubbio. È una loro caratteristica, quella di essere perennemente minacciosi e abitualmente terrorizzati. Ce l'hai qualche esperienza?» Mi accesi la pipa, rivolgendomi a Elizabeth. «Perché non parla?»

«Credo che sia... credo che sia muta».

Risi, ma poi vidi l'espressione sulla faccia della ragazza. «È muta?» dissi, guardando i bambini. Margaret fece di sí con la testa e capii che era vero. «Abbiamo assunto una cameriera muta e illetterata senza nessuna referenza? Buon Dio, i Crawford si sono superati, questa volta».

«Oh, William, vergognati» disse Elizabeth. «Non vorrai augurarle niente di male».

«Sí, papà» disse Helen. «A noi piace Rose, vero Margaret?»

«Oh, sí, certo» disse Margaret, portando una varietà di scatole verso le scale. «Credo che siamo obbligati a farlo».

Mi massaggiai le povere tempie che pulsavano e affrontai la strana ospite, mani sui fianchi. «Bene, dunque, vediamoti».

Lei sfregò uno dei suoi pesanti stivali contro l'altro, poi si alzò lisciandosi la gonna. Faceva proprio impressione. Due gambe curve, vigorose, avvolte in spessi calzettoni di lana; il suo vestito, un affare grigio sgualcito, teso su una pancia a cupola con i seni come sacchi di sabbia che pendevano dal dorso di un mulo. Diamine, sarà stata un metro e ottanta. Guardai in su, schiarendomi la voce. «Perbacco» dissi, infastidito, ripensando alle graziose creature che avevo visto fuori dai grandi magazzini proprio quella mattina. «Rose, è cosí?» Scossi la testa, facendo un passo indietro, perché non avevo mai incontrato in tutta la mia vita una donna che assomigliasse di meno a un fiore.

Elizabeth mi strinse il braccio. «Com'è bello e com'è dolce che i figli di Dio vivano insieme».

«Secondo me è bella» disse Helen, decorando Rose con nastri che strappava dal suo vestito mentre Robert cercava di scalarla, con la sua coperta in alto come una bandiera. Nel frattempo l'ospite guardava me, indifferente a tutto tranne che alla mia valutazione. Io alzai un sopracciglio. «Una settimana di prova» dissi.

«Oh, grazie, papà!» esclamò Helen, ballando in cerchio, mentre Margaret alzò una delle borse piú grandi portandola fino in corridoio con un sospiro di sopportazione. «Ma dove la mettiamo a dormire, mamma? Devo portare le sue borse nella camera dei bambini?»

«Sí» disse Elizabeth. «Rose, stasera dormirai con Robert nella camera dei bambini; organizzeremo la tua stanza come prima cosa domani mattina. Svelti, ragazzi, portate le sue cose di sopra, poi è ora di andare a dormire».

Io li lasciai chiacchierare, godendomi un sorriso sardonico alle loro spalle. Che momento propizio perché la nuova cameriera raggiungesse casa Crawford. Ecco, era sotto il nostro tetto da neanche un'ora e già avrebbe avuto una dimostrazione della mia ingegnosità.

«Perché dovrebbe dormire nella camera dei bambini?» chiesi, prendendo con noncuranza un filo sciolto dal dorso della poltrona. «In fin dei conti abbiamo una camera per la domestica, o no? Dove altro è meglio che dorma una cameriera?»

Elizabeth si sfregò la fronte. «Oh, santo cielo, William, la tua memoria. La stanza di Hazel è chiusa a chiave».

«Ah, sí, infatti» dissi, annuendo prima di far ruotare in aria con un ghirigoro la chiave che avevo in tasca, con un trionfante *aha!*

«Quella cos'è?» chiese Elizabeth, scrutandola nervosamente, la faccia pallidissima, spettrale.

Io risi, girandomi per la stanza stupito. «Se non sai riconoscere una semplice chiave, c'è poco da meravigliarsi che tu abbia perso l'originale».

«Non funzionerà».

«Oh, suvvia, abbi un po' di fede in tuo marito. Venite tutti, andiamo a scoprire...»

«No, ti prego» disse Elizabeth, sbarrandomi la strada. «Non aprire quella porta, ti scongiuro».

Posso giurare adesso che quella fu la primissima volta che pensai a mia moglie come una scellerata. Fino a quel punto, dal momento in cui l'avevo conosciuta, non avevo avuto ragione di dubitare delle sue motivazioni, del suo comportamento, del suo onore. Ma lí, in quel bizzarro momento fugace, osservati dai nostri figli e da quella strana, nuova cameriera, scorsi per la prima volta la possibilità di una seconda donna in mia moglie; non migliore né simile in nulla alla donna che avevo amato, e se sia stato il calore delle mie dita combinato con quello del fuoco o qualcosa di piú innaturale non saprei dirlo, ma la chiave tra le mie dita divenne calda da scottare e fu difficilissimo non farla cadere. La spinsi via per passare, lanciandomi su per le scale, incespicando sulla passatoia mentre giravo su verso il sottotetto. Elizabeth mi tallonava, chiamandomi incessantemente, supplicandomi di aspettare. No, non avrei aspettato, perché mi rendevo conto che se fossi arrivato alla stanza per secondo non avrei mai saputo la verità. Imboccai la scala nuda verso la camera della domestica due gradini per volta, infilando la chiave nella serratura. Inizialmente rimase bloccata, accidenti, mentre Elizabeth ansimava dietro di me.

«Lo vedi» fece lei, tirandomi per la manica. «Non si può aprire, ti prego, vieni via».

Ma con un una scossa decisa e un giro secco, sentii la chiave fare presa, la porta gemere con un *clic* cavo, soddisfatto. Girai la maniglia, Elizabeth piangeva perché mi arrendessi.

«Perdonami, Signore» disse. «Perdonami».

9.

La stanza del sottotetto era rischiarata dalla finestra aperta, le tende mosse dalla brezza. Entrai, in cerca di qualche intruso nascosto, di qualche scandalo. La lampada che brillava non rivelava altro che un letto spoglio di metallo, un pavimento nudo, un armadio vuoto e uno scrittoio sotto un lenzuolo bianco. Mi girai verso mia moglie, che guardava dentro la stanza con occhi spiritati.

«William» disse. «Me ne vergogno. Oh, Cristo, perdona i miei peccati, me ne pento».

Io aggrottai la fronte, esaminando la stanza. «È... lo scrittoio?» dissi, e lei fece di sí con la testa. Mi avvicinai e tirai via il lenzuolo. C'era una candela, consumata quasi del tutto, la cera fredda accumulata su un piattino crepato. Accanto, un garofano spelacchiato in un vaso di porcellana, i petali sparsi intorno a una lettera ripiegata con un'intestazione stampigliata in cima: *WHITE STAR LINE.* Appoggiata sul fondo dello scrittoio, la fotografia di un giovanotto ci fissava, la formalità del ritratto non riusciva granché a nascondere la volgarità del carattere. Presi in mano la foto. Sotto c'era scritto il suo nome, nella calligrafia di Elizabeth.

ARTHUR JOLLY

Ciao Arthur, pensai. È strano pensare a te, lontano in fondo al mare.

Una lacrima rigò la guancia di Elizabeth.

«Mia cara» sussurrai. «Cos'è tutto questo?»

«È Arthur, ovviamente». Mi si avvicinò, guardando la foto. «Non prendermi in giro. Mi piacerebbe avere ancora sue notizie, tutto qui. Mi preoccupo per lui. Mi piacerebbe sapere se è al sicuro».

Io strabuzzai gli occhi, infastidito. «Non è al sicuro, è annegato».

Elizabeth mi passò davanti per prendere il ritratto, stringendoselo al petto. «Smettila, non dire cosí, ti prego».

Io la presi tra le braccia, ma lei mi spinse via. «Non toccarmi, William. Non volevo che tu lo vedessi. Avevo solo bisogno di essergli vicina, tutto qui. È morto da solo al buio, con il mare tutt'intorno. Era cosí freddo».

«Forse non era cosí buio».

«Non c'erano stelle, me l'ha detto».

«Era una notte limpida, piena di stelle. L'ho letto sul giornale».

Elizabeth emise un gemito di frustrazione. «Oh, risparmiami la tua saggezza! Vuoi litigare con lui anche da morto? Non farmi questo, stasera, non potrei sopportarlo. C'è da stupirsi che io abbia chiuso la stanza a chiave? Se ci tieni a me, se ci tieni a qualcuno a parte te stesso, lascialo stare. So quello che pensavi di lui; perché non potevi essere suo amico? Lui ti guardava con ammirazione».

«Quando non guardava con ammirazione sotto le gonne, forse» dissi ridendo. «Era un buono a nulla».

Mi pentii di averlo detto non appena le parole mi furono uscite di bocca e feci per abbracciarla, ma mi vidi respingere la mano con uno schiaffetto.

«Era un ragazzo. Era mio fratello. Se non fosse stato per i tuoi continui predicozzi, avrei potuto vederlo prima che partisse». Baciò la foto e io sentii montare in me una rabbia gelosa.

«Non è fuggito da me, Elizabeth. È fuggito dalla legge».

Mi guardò con un risentimento amaro scritto in ogni tratto del volto. «Mia madre mi aveva supplicato di prendermi cura di lui» disse in un sibilo. «E mi aveva supplicato di non sposarti. Avrei dovuto ascoltarla. Sai che Arthur mi ha chiamato mentre la nave affondava? Ha chiamato anche i bambini. Ma per ultimo ha chiamato te, William Jackson Crawford. Faresti meglio a sperare che rimanga in mare».

Mi irrigidii, il corpo fremente di collera. «Basta cosí» dissi, con la voce alterata. La luce fuori brillava fioca, la nostra nuova cameriera ostruiva il vano della porta, la sua sagoma lo riempiva. «Quando è troppo è troppo. Vado nel mio studio».

Il mattino dopo mi alzai con mani e piedi doloranti, le ossa intirizzite. La testa mi doleva in modo tremendo. Quando mi guardai nello specchio sopra il lavandino, ebbi la netta sensazione che il mio cranio fosse spaccato non meno dello specchio. Guardai il letto in disordine, cercando di ricordare i sogni. Riuscii a rammentare un momento, sepolto nel cuore della notte, in cui drizzandomi di scatto, con il cuore che batteva all'impazzata, avevo visto una figura pallida scivolare attraverso la porta della camera. Mi premetti le dita sugli occhi, con una sensazione di nausea allo stomaco. Che accidenti avevo di cui sentirmi in colpa? Mi diedi qualche schiaffetto alla faccia, presi il rasoio, innervosito nel vedere le lenzuola nello specchio. Tutte le notti scivolavo nel letto come una moneta in una busta, per poi svegliarmi aggrovigliato tra le lenzuola.

Pensai alle rivelazioni della sera prima con la nuova cameriera e il tabernacolo di Arthur, meravigliato dell'assurdità di tutta quella situazione. Io che m'introducevo furtivo nel salotto al buio, con la ragazza gigantesca nascosta dietro il proprio bagaglio. Se solo quello fosse stato un sogno. Emisi un gemito, grattandomi la faccia e i basettoni. Avevo gli occhi arrossati, la pelle secca. Sentii Elizabeth sul pianerottolo che parlava con la cameriera con voce smozzicata. Aveva alcune commissioni da fare con i bambini; Robert aveva bisogno di una medicina per un disturbo di pancia. Qualche minuto dopo, stavano tutti uscendo di casa in un gran fracasso di passi e strilli,

Robert che scendeva le scale battendo i piedi. Che ore erano? Le nove, e ancora non ero vestito.

Mi lavai con una salvietta fredda, borbottando a proposito delle donne e le loro bizze, mentre la mente andava al galà annuale. Era imminente, e che coppia saremmo stati? Avremmo dovuto fingerci uniti, non c'era altro da fare. Elizabeth un giorno avrebbe guardato indietro e sarebbe inorridita al suo comportamento sconsiderato. Immaginai un futuro in cui io, illustre professore carico di onori, avrei fatto scorrere lo sguardo su un'aula piena di umili ammiratori. Il preside Crawford, rispettato – o meglio, *rinomato* – luminare dell'ingegneria: inventore di un'aeronave d'inimmaginabile sfarzo. Immaginai una lettera del re sulla mia scrivania con cui mi ringraziava per i servigi resi all'impero. *Sir William Jackson Crawford.*

Mi tirai su la biancheria, prima di insaponarmi la faccia e radermi i favoriti con il rasoio piú smussato d'Irlanda. Quanto prometteva di essere redditizia la vita; e allora si sarebbe dispiaciuta di avere parlato in quel modo a suo marito. Sentii dolore, mi ero tagliato la guancia con la lama. Non dovevo fare altro che seguire la mia solerte ingegnosità con la giusta fiducia e lavorare sodo, mentre uomini piú giovani mi avrebbero dato pacche sulle spalle plaudendo alla mia inesorabile ascesa verso la fama e la fortuna. Mi graffiai ed ebbi un moto di fastidio. Che cosa mi ero aspettato esattamente di trovare dietro la porta, in ogni caso? Un demone? Un assassino? Un amante? E invece, non c'era nient'altro che un tabernacolo per quel bastardo di suo fratello. Diamine, il comportamento di Elizabeth avrebbe indotto persino l'investigatore piú scettico a cercare una catasta di cadaveri. Mi tagliai sotto il lobo dell'orecchio, brontolando per la frustrazione, agitando la lama nell'acqua fredda e rosa. Voglio dire, tenere la stanza chiusa a chiave, ordinarmi di non guardarci dentro. *Ordinare* a me! Un comportamento scandaloso; se solo avessi avuto un amico con cui lamentarmene... Mi tagliai il labbro, il sangue mi gocciolò sul mento. Non aveva detto qualcosa di strano quando il suo tabernacolo era stato scoperto? Be', era cosí in preda all'isteria che quasi non l'avevo ascoltata. Qualcosa a proposito di Arthur... qualcosa che non quadrava. Tirai via un pelo in disordine dai baffi e mi feci un taglio sul collo prima di scaraventare quella dannata lama inservibile nel lavandino con un *plop*. Bussarono alla porta.

«Vai via, accidenti a te!» gridai, ma lei comparve lo stesso, i capelli raccolti in una cuffia concepita per una testa piú piccola.

«Ah, sei tu, Rose. Non mi hai sentito? Ho detto di andare via, o sei sorda oltre che muta?»

Lei rimase lí, indecisa, a guardarsi i piedi, prima di fare un timido passo dentro la stanza. Stavo per schizzarla con l'acqua della rasatura come un gatto randagio quando notai che reggeva un asciugamano morbido con un rasoio nuovo posato sopra. I nostri occhi si incrociarono e lei distolse lo sguardo, sfregando la scarpa sul pavimento.

«Per me?» dissi, e lei fece di sí con la testa, sempre con gli occhi fissi al pavimento. «Be', sarà per me per forza; a Robert ci vorrà ancora qualche anno prima di radersi».

Allungai la mano per prendere il rasoio e lei si ritrasse. «Avanti, Rose. Non sono proprio un orco. Mia moglie mi mette alla prova, ma è una brava donna».

Lei si mosse fino alla porta, la stazza di uno scaricatore di porto, i volant femminili del grembiule come una presa in giro alle sue spalle.

«Hai tutto sotto controllo?» le chiesi con gentilezza e, con mio sollievo, fece di sí con la testa. «Bene, bene. Se c'è qualunque cosa che io possa mostrarti, sono piú che disponibile. Sono un ingegnere rispettato e un professore, se non lo sai». Lei guardò in basso, verso la paletta per raccogliere la cenere, sempre incapace di guardarmi negli occhi. Sorrisi. «Non sarai molto abituata agli uomini, immagino. Io ho imparato a "badare alla casa" dalla mia defunta madre». Lei arrossí, facendo guizzare gli occhi sul battiscopa. «Mamma aveva bisogno di aiuto, capisci. Dovevo lavare le lenzuola...» Pensai all'acqua rosa che veniva strizzata dalla tela grigia. «Ce l'hai una madre,

Rose? Come si chiama?» Lei rimase immobile, ignorandomi mentre uno sbuffo di cenere cadeva sul tappeto dal ceneraio che teneva in mano. Immediatamente, tutti e due ci chinammo per raccoglierlo, facendo cozzare le teste. Lei emise un brontolio allarmato e si dileguò dalla stanza, mentre io lasciavo cadere il pennello da barba e la seguivo a mia volta. «Agnes» chiamai.

Lei si girò a fronteggiarmi e io mi appoggiai al muro. «Ecco come si chiamava mia madre. Agnes». Lei annuí, torcendo l'asciugamano che aveva in mano. «Grazie del rasoio, Rose. Credo che mi sarei tagliato la gola se non fossi arrivata». Alzò gli occhi su di me, finalmente, e ci fissammo a vicenda con il rumore dell'orologio del salotto in sottofondo, i cavalli che trottavano al di là della porta d'ingresso. Con mio grande piacere, sorrise. Fu come un grande albero che comincia a mettere le foglie: non una cosa aggraziata né dolce, piú che altro robusta, come la salute sanguigna di un taglio di carne fresca. «Ascolta, Rose» dissi. «Scusa se ieri sera ti ho spaventato. Ammetto di essere stato piuttosto esagitato quando ti ho scoperto lí. Dopotutto, a quale uomo ragionevole piacciono le sorprese?» Le indicai il mio nuovo rasoio facendole l'occhiolino. «Come dico io, dietro ogni guerra, bambino o aneurisma c'è sempre una sorpresa». Mi guardò con una strana espressione, con gli occhi stralunati, come se ogni parola che avevo detto fosse come sentire il vangelo per la prima volta. Mi chiesi che brutalità avesse subito nell'infanzia. Ragazzi orribili l'avevano senza dubbio maltrattata. «Adesso rimani a lavorare al piano di sotto, per favore. Ho bisogno di silenzio assoluto nel mio studio».

Se ne andò a svuotare il ceneraio e in cucina presto risuonò il rumore di uno sfregare di piatti. Una volta finito di lavarmi e di vestirmi, i capelli domati, rimasi sul pianerottolo, dibattuto, a guardare verso il sottotetto. Mi chiamava, la porta della cameriera. Come sembrava diversa la rampa di scale alla luce del giorno. Come sembrava innocente, aperta, ordinaria. Solo una serie di gradini stretti che portavano a una cameretta di risulta. Il tabernacolo di Elizabeth c'era ancora? Di sicuro doveva avere sgomberato tutto ormai, vergognandosi di quello spettacolo infantile. Storsi le labbra. Dovevo semplicemente dimostrare a me stesso l'innocenza della stanza prima di riuscire a lasciar perdere. Un'occhiata, un rapido sguardo discreto non avrebbe fatto male a nessuno.

Salii le scale a passo felpato, facendo piú piano possibile, per quanto lo permettessero le calze, e sbirciai dentro. Le tende erano aperte; Rose aveva fatto il proprio letto con cura particolare, gli angoli delle lenzuola rivoltati su una trapunta spianata; i sottili cuscini a fiori, squadrati, ordinatamente impilati, il copriletto ripiegato deliberatamente ai piedi del letto con tutta la cura di un origamista giapponese.

Attraversai la stanza per andare allo scrittoio, felice di vedere che il tabernacolo era scomparso. Sciocca Elizabeth, tormentata dal pensiero dell'amato fratello colato a picco con la nave nel buio gelato. Non che lui meritasse qualche pensiero; non dopo tutto quello che aveva combinato. All'epoca del naufragio, i giornali avevano raccontato di innumerevoli corpi chiazzati che erano stati tirati fuori dall'acqua con funi fradicie. Non quello di Arthur, si badi. Il suo cadavere era rimasto sommerso, scarnificato dai pesci, senza dubbio. Ebbi una visione di lui laggiú: una caviglia legata al torbido fondo marino da una catena, le dita tese in su per sempre a rifuggire l'oscurità. Com'era sprofondata nel lutto la città, le strade si erano riempite di madri in lacrime e finanche di uomini in lacrime. Belfast si era fatta di un grigio piú scuro quel giorno e ancora non aveva dismesso le sue gramaglie, resistendo a una tetra burrasca dopo l'altra, di anno in anno.

Sospirai. Che cos'aveva detto Elizabeth a proposito del tabernacolo di Arthur? Non aveva accennato a qualcosa sull'aver chiamato il mio nome? Ero distratto. Sbirciai nello scrittoio, aprendo lo scomparto centrale. Lo spazio dentro era vuoto, se non per la carta azzurra punteggiata di margherite gialle sbiadite con cui era foderato. Stavo per richiudere il cassetto ma mi bloccai, scorgendo un involto di carta da lettere nascosto proprio sul fondo. Era sgualcito, coperto da fitti scarabocchi in una grafia azzurra sbavata. Lo tirai fuori, lo alzai verso la luce, leggendo qualcosa che mi agitò per... accidenti, passi da sotto che si avvicinavano. Chiusi in fretta il cassetto, poi sgattaiolai giú nello studio in punta di piedi, proprio mentre Rose passava.

Ansimando, mi spostai alla scrivania, presi gli occhiali da lettura, appiattii la lettera sul piano. Era stata scritta con una fretta tremenda, a quanto vedevo; le parole erano affastellate una sull'altra, stipate con impazienza fino ai bordi del foglio eppure, nonostante la frenesia convulsa con cui si era mossa, riconobbi all'istante la mano. L'autrice non era altri che Hazel, la nostra ex cameriera, e le sue parole erano di condanna:

Mi perdoni, signiora Crawford... ma non posso piú mentire.

10.

Mi sforzai come un dannato di decifrare il resto della grafia della cameriera, rileggendo tre volte da capo con il naso incollato alla carta. Accartocciai quell'affare in una palla con un grugnito, fermandomi appena in tempo prima di gettarlo nel fuoco. Ebbi un conato di vomito sopra il cestino della carta, prima di accasciarmi di nuovo alla scrivania per riprendermi, mentre la stanza girava.

Alla fine mi asciugai la fronte e tornai alla lettera, gli occhi adesso si erano abituati ad alcuni caratteri. Certe parole erano incredibilmente sbiadite, come vecchie porcellane di Delft. Mi tolsi gli occhiali con un gemito. Hazel, accidenti a te, pensai. Che cosa stai cercando di dirmi?

Chiusi gli occhi stringendoli forte, scossi la testa, poi, finalmente, alcune parole cominciarono a emergere dagli sgorbi.

Cara signiora Crawford,

mi spiace che devo dargli il preavviso. O pensato tantissimo alla mia decisione. Mia sorella a il posto per me, quindi vado li. Per piacere, non pensare male di me signiora C, deve decidere lei che cosa dire al signior C.

O lasciato della carne freda per i bambini, o fatto tutto il bucato e o pulito la casa cosí non direte che non l'o pulita. Mi spiace che vi lascio nei guai.

Non posso capire cosa o visto e sentito ieri sera e non mi pare giusto che una donna con timore di Dio come me si imischia di queste cose.

Non volio giudicare, non speta a me, lei mi conoscie e io o visuto una vita e so che le sue intenzioni non sono cattive, ma non può venire niente di buono di questi segreti.

Io so che lei è stata tanto infelice signiora C ma poso solo compatire povero signior C che non sa niente di Angeli.

Non giocare con lo amore signiora C, o visto che incontrava quel uomo. Lei è una dona sposata signiora C, quando il signior C prima o poi scoprirà quelo che faceva con lei alora che cosa farà?

Bisognia pensare ai bambini. Lo so che li vuole bene e a bisognio di lui ma basta a rovinare quello che a con suo marito?

Non poso piú fare finta ancora. Ieri mi a chiesto di tenere un altro segreto e io non voglio. Se ama il signior C deve dirli la verità su Angeli. Saluta Margrit, Helin e povero picolo Rob per me. Può dire a loro di non avere paura delle voci almeno?

Non volio che mi cercate, per piacere. Fate come crede per una nuova cameriera. Sta attenta, signiora C

Hazel Conneely

Picchiettai la pipa, poi ripiegai la lettera e la riposi nel cassetto della scrivania. Che diamine significava tutto quello? Hazel mi compativa? Mi *compativa*? Io compativo me stesso. Le azioni di Elizabeth non andavano bene per la famiglia, cosí aveva scritto Hazel. Elizabeth era stata infelice. Be', questa non era certo una sorpresa. Che cosa aveva visto esattamente Hazel? Che cos'aveva sentito? E gli *angeli*, accidenti. Che cosa diamine avrei dovuto capire degli *angeli*? Mi strinsi la testa fra le mani, mi tirai i capelli, piagnucolando come uno scolaretto infelice. Gli occhiali mi premevano sul naso, li premetti ancora piú a fondo, trovando qualche motivo per la mia sofferenza. Quelle parole mi avevano già segnato nel profondo del cuore, impossibili da dimenticare. *Non posso capire cosa o visto e sentito ieri sera e non mi pare giusto che una donna con timore di Dio come me si imischia di queste cose.*

Stavo per avere un altro conato di vomito quando la porta d'ingresso si aprí e la casa si riempí di strilli. Mi trascinai dalla scrivania al pianerottolo, distendendo la faccia dai tormenti, deciso a non lasciar trasparire nulla.

«Ohilà, ritornano gli avventurieri» dissi scendendo le scale, afferrandomi al mancorrente per mantenere l'equilibrio. Robert mi sorpassò a gran salti piangendo a dirotto e tenendosi la pancia, seguito da Rose. Le ragazze canticchiavano, Helen si vantava di un vestitino nuovo mentre Margaret faceva la predica a Elizabeth sulle sue insoddisfacenti qualità di madre. Le trovai in salotto, dove entrai dondolando le braccia.

«È stata un'uscita fortunata, mia cara?» chiesi con disinvoltura.

Bisognia pensare ai bambini. Lo so che li vuole bene e a bisognio di lui ma basta a rovinare quello che a con suo marito?

«Oh, William, eccoti» disse Elizabeth, togliendosi il cappello e gettandolo sulla poltrona. «Si può dire di sí, anche se Robert scappa sempre via di continuo. Sarà meglio che Rose venga con me, la prossima volta. È un bene avere un aiuto con i bambini, finalmente. Sei stato gentile con lei? Non vorrei che tu la spaventassi e la facessi andar via».

«Sono stato un signore, se è questo che intendi».

Elizabeth fece un'espressione scettica, prendendo una boccetta da una busta di carta e posandola sul tavolo. «Grazie al cielo siamo riusciti a prendere la medicina di Robert prima dell'incidente» disse con una smorfia mentre un ululato risuonava dalla camera dei bambini, cui seguí un forte sciaguattio nella vasca da bagno. «Poverino, ha avuto un incomodo».

«Siamo andati da Fusco per il gelato» disse Helen, che smaniava per raccontare la storia. «Robert ha mangiato troppissimo affogato al caramello e io l'avevo avvertito, papà. Poi siamo andati da Robinson&Cleaver ed è corso dritto davanti a un'automobile che l'ha quasi investito. Piangeva come un bambino piccolo quando io l'ho sgridato e come se non fosse già stato abbastanza birichino, se l'è fatta addosso nei pantaloncini, un gran pasticcio, erano tutti verdi e la gente ci guardava e il signore gentile con il metro al collo ci ha dovuto portare nel retro del negozio per prendere dei teli e degli asciugamani perché gli colava tutto giú per le gambe e a quel punto siamo dovuti tornare dritti a casa in tram con Robert che piangeva e non la smetteva di piangere infagottato in un paio di pantaloncini troppo grandi presi dalla loro scatola degli oggetti smarriti, che era stranissimo perché come fa un bambino a perdere i pantaloncini?» Si pizzicò il naso, aveva la voce come una cornetta ovattata. «Che puzza tremenda, papà, e il tram era affollatissimo e...»

«Basta, Helen, per piacere» disse Elizabeth, sfregandosi i polsi. Si girò verso di me, rossa come un peperone. «William, è stato un pasticcio tremendo. Ha di nuovo il pancino indisposto e sembra peggio che mai».

Sentivo mio figlio sbraitare al piano di sopra. «Se ne sta occupando Rose, da quello che sentiamo» dissi. «Su, sono cose che succedono, cara, non è colpa tua».

«Lo so che non è colpa mia».

«Continui a mettergli l'acido borico nel latte?»

«Certo che sí» disse Elizabeth. «Gliene metto piú del solito, ma non fa che peggiorare». Io la guardai, piuttosto disorientato. Com'era possibile che fosse capace di quelle visioni obbrobriose evocate nella lettera di Hazel? C'era altro, a parte il dolore per suo fratello e i disturbi femminili, a tenerla lontana da me?

«Ragazze» dissi. «Portate le cose nuove di sopra e concedeteci un momento, alla mamma e a me».

Margaret si strinse nelle spalle e portò Helen di sopra. Aspettai che i loro passi si allontanassero prima di chiudere la porta. «Elizabeth» dissi, fermo dietro di lei, che trafficava con una forcina.

«Cosa c'è? Hai qualche altra perla di saggezza da condividere? Quasi quasi mi aspettavo di non trovare piú Rose, al nostro ritorno. È un miracolo che zia Adelia ci sopporti, sei orribile nei suoi confronti».

«Perché dobbiamo chiamarla *zia Adelia*, a proposito?»

Rimase in silenzio per un momento. «Giuro che questa forcina te la ficco nell'occhio».

Sospirai. «Amore mio, volevo solo chiederti, dopo ieri sera, se è tutto come dovrebbe essere».

Lei aggrottò la fronte, indaffarata con un nastro. «Come dovrebbe essere? Che buffa domanda».

Cambiai posizione. «Voglio dire, come dovrebbe essere tra marito e moglie».

«E come sarebbe?» Si girò verso di me, la faccia tesa.

«Voglio dire, felici come famiglia» farfugliai, cercando le parole.

«Be', devo ammettere che non sono stata troppo felice quando Robert ha avuto il suo incidente». Alzò le sopracciglia, tornando a guardarsi allo specchio con una forcina tra i denti. «Non riuscivo a sopportare di vederlo cosí triste».

«È solo che mi chiedo...» Mi interruppi, mentre lei s'infilava la forcina tra i capelli, il polsino della manica tirato indietro. Lo vedemmo tutti e due, il segno rosa scuro del dito sulla sua pelle. Lei abbassò il braccio, tirando giú la manica, e la forcina cadde sulla mensola del camino.

«Quei bambini» sussurrò con una risata secca.

Io strinsi gli occhi, guardandola in faccia mentre citavo la lettera. «Non voglio giudicare» dissi. «Non spetta a me».

Elizabeth corrugò le labbra. «Cos'era?»

«Pensa ai bambini» dissi.

Lei mi guardò perplessa. «Pensare a loro? Ma se non faccio altro che pensare ai bambini. Sono la mia ricompensa da parte di Dio, cosí dice il pastore, anche se cos'abbiamo fatto per meritare Robert non lo saprò mai. Adelia dice che tre figli sono davvero troppi per una famiglia della classe media e che avremmo dovuto avere Robert per primo, saltare Margaret e fermarci a Helen».

Andai alla finestra, fissai in lontananza il cantiere navale. «Angeli» dissi.

Elizabeth sorrise. «Non direi, William. Gli angeli non vanno al gabinetto nel reparto ombrelli di un grande magazzino. Hai bevuto?»

Strinsi i denti. «Ho bisogno che tu mi dica in questo istante se c'è qualcosa che dovrei *sapere*, Elizabeth».

Lei mi guardò nello specchio, le labbra socchiuse, poi scosse la testa. «No, caro, certo che no».

«Io...» Mi avvicinai al caminetto e le toccai il gomito. Lei mi lanciò un'occhiata strana mentre Rose comparve dal corridoio, la mano stretta sul polso di Robert per impedirgli di scappare via, il bambino che si succhiava l'angolo della sua copertina. Aveva i capelli ancora umidi dal bagno, la faccia pallida.

Elizabeth mi scansò per passare. «Robert, ti senti meglio, piccolo mio? Tuo padre era molto preoccupato per te. Come va il pancino?»

«Mi fa tanto tanto male» disse singhiozzando, guardando furtivo verso di me e raddrizzando la schiena. «Ma adesso sarò un ragazzo grande».

Io incrociai le braccia. «Esatto, giovanotto» dissi, dondolandomi sui talloni. «I Crawford non si comportano come animali da fattoria in pubblico». Lanciai a Rose un'occhiata austera. «Credo sia venuto il momento di togliere questa copertina al bambino».

Robert guaí, stringendosi lo straccio sulla faccia. Io tirai fuori la pipa. «Sarà sparita per l'ora di andare a dormire, Robert, e poi finirà nel fuoco. Puoi dirle i tuoi addii nel pomeriggio».

Non avevo ancora finito di parlare che già mi ero pentito della decisione, non da ultimo per l'ulteriore gelo che passò negli occhi di mia moglie. La casa si riempí di strilli affranti, la disperazione di Robert riecheggiò per le scale mentre veniva trascinato, scalciante e urlante, verso la camera dei bambini. Io salii dopo di lui, mi chiusi nello studio senza una parola e mi appoggiai contro la porta. Non dovevo permettermi di mostrare i miei sentimenti. Non dovevo consolare il bambino, esattamente come non c'era nessuno che potesse consolare me. Elizabeth, che cosa mi nascondi? Mi asciugai gli occhi, facendo profondi respiri. Sii forte, Robert, dobbiamo tutti provare sofferenze come queste da bambini, perché altrimenti come faremmo a sopravvivere alle torture future?

Il pomeriggio trascorse in uno sgradevole silenzio. Intrappolato nella mia stessa irresolutezza, nel mio senso di colpa, nella mia immaginazione impetuosa, mi rifiutavo di consentirmi di guardare ancora la lettera, concentrandomi invece sullo scrivere il mio manuale per ragazzi, che era pronto da mandare all'editore. Quello perlomeno era sotto il mio controllo. Ci ritrovammo infine a cena in un'atmosfera d'insopportabile tensione. Non potevo incrociare lo sguardo di Robert, che mi fissava truce, tenendo la sua copertina cosí stretta che aveva le piccole nocche bianche. Non mi importava, perché tutto quello che volevo era arrivare a Elizabeth e chiederle una spiegazione. Che cos'aveva detto a Hazel per tanti anni che non poteva dire a me? La studiavo, mentre masticavo la mia patata, ma non riuscivo a leggerle niente in faccia.

Dopo cena uscii nel giardino sul retro a prendere un po' d'aria, tirando lunghi sbuffi dalla mia pipa mentre guardavo la luna, contemplando i miei guai e pensando a una donna, morta da molto tempo, ma che era ancora la mia unica vera amica. Mi girai a guardare la casa, per assicurarmi di essere solo, poi le parlai a voce bassa nella brezza. Nei momenti peggiori facevo cose del genere. Quanto mi attanagliava ancora il dolore della sua morte, dopo cosí tanti anni.

«Mamma, non so che fare. Credo di avere perso Elizabeth. Mi sta mentendo». Tirai su con il naso, mentre sfregavo l'erba umida con la punta della scarpa. «Sono stato molto sciocco e non un granché come marito. Ci provo, mamma. Faccio del mio meglio, ma a quanto pare non riesco ad azzeccarne una. Farò meglio. Ti renderò orgogliosa».

Vedevo ancora la sua faccia che guardava in su verso di me alla luce della candela, i tendini del collo che le premevano attraverso la pelle come rasoi, le lenzuola cremisi. C'era qualcosa che non andava nel bambino, il fagotto era stato portato via in fretta, probabilmente a morire soffocato. Mamma mi aveva cantato una ninnananna mentre ci lasciava, le sue dita umide mi sfioravano la guancia, i suoi occhi che guizzavano finché l'ultimo respiro se n'era andato in una nota fioca. Avevo dimenticato la melodia. Avevo dimenticato le parole. Avevo dimenticato la sua faccia. Oh, mia povera mamma, il cui ultimo desiderio era stato che suo figlio si prendesse cura delle sorelle. Le avevo detto che l'avrei fatto. Un ragazzo che fa la promessa di un uomo. Chissà che cosa ne era stato di quelle bambine, dopo che ero partito dalla Nuova Zelanda? Avevo scritto loro da giovane studente a Glasgow ma non avevo mai ricevuto risposta. Alla fine, con il crescere della mia famiglia, avevo smesso di scrivere del tutto. Erano estranee per me, il nostro unico legame era un padre a cui importava poco e una madre morta. Aspirai la mia pipa, il fornello vuoto e acido.

Proprio in quel momento, qualcosa catturò la mia attenzione dalla finestra dello studio. C'era qualcosa, sepolto nel vetro nero, che incombeva sulla scrivania. Guardai in su, sforzandomi di vedere meglio, ma la finestra rifletteva il cielo nascondendo la stanza. La lettera! Elizabeth stava cercando di rubarmi la prova delle sue malefatte. Attraversai di corsa il giardino per tornare in casa, mi precipitai su per le scale e irruppi nello studio, ma lo trovai vuoto. Corsi alla scrivania, aprii impetuoso il cassetto, nella certezza che la lettera fosse stata rubata, invece era lí, esattamente dove l'avevo lasciata. Mi accasciai sulla sedia, premendomi le nocche sulle tempie. «Buon Dio, mamma, sto diventando pazzo» dissi. «Che diamine posso fare?»

«Papo?» Mi girai e vidi Robert fermo sulla porta, con il faccino accigliato. «Che cosa stavi facendo, papo? Stavi piangendo?»

«Certo che no» replicai brusco. «I Crawford non piangono; tuo padre ha mal di testa, tutto qui». Gli rivolsi uno sguardo severo. «Da quanto stavi lí?»

Lui si strinse nelle spalle, mordendosi il labbro, poi con uno sforzo terribile mi porse la sua copertina. «Ecco, papo. Mamma dice che devo». Guardai il piccolo, semilluminato dalla finestra, con i lucciconi agli occhi.

«Su, su» lo zittii. «Va tutto bene, non piangere. Ecco». Presi la coperta, sollevandomelo sulle ginocchia. «È per il tuo bene. Non dobbiamo aggrapparci alle consolazioni ma crescere forti».

Sbadigliò, accoccolandosi sul mio petto.

«Topolino mio prezioso, è stata una lunga giornata per noi tutti. Adesso facciamo che vai a dormire?»

Lui annuí, alzando lo sguardo tra i boccoli.

«La signora con il vestito bianco è venuta di nuovo la notte scorsa» disse.

Io ridacchiai, accarezzandogli la frangia. «Era Rose. Ti ricordi che vive con noi, adesso?»

«Sciocco papo». Sbadigliò. «La signora non era Rose, parlava».

«Parlava?»

«Mhmm» disse Robert, nella sua vocina trasognata, respirando piano. «Parlava, parlava, parlava, papo. Parlava sulle scale. Adesso sarò un ragazzo grande».

Pensai alla figura che dal giardino avevo visto muoversi nello studio. Era Elizabeth che si aggirava furtiva per la casa di notte? O era una delle ragazze? Qualcun altro, forse? Pensieri da far ammattire, in un uomo mortalmente stanco. Portai Robert nella camera dei bambini, cullandolo, lo deposi con dolcezza nel suo letto e gli rimboccai le coperte. «Buonanotte, Robert» dissi. «Sii coraggioso, piccolo caro».

In silenzio, mi avvicinai in punta di piedi al caminetto, sfregando il pollice sulla copertina, facendomi animo per fare quel che andava fatto. Mi girai a guardare il viso di Robert sul suo cuscino, parzialmente illuminato dalla luna. La sua zampetta si allungò, le sue dita cercavano. Borbottò, infelice e sonnecchiante, poi sprofondò la guancia sul cuscino e cadde in un sonno profondo. Io mi accovacciai, le mie povere ginocchia scrocchiarono, poi premetti la coperta sui carboni. La stoffa inizialmente fu tenace, si rifiutò di bruciare, ma a forza di soffiare e attizzare, si afflosciò e brillò arancione, cedendo infine al calore. Mi girai a guardare il faccino di Robert preso dall'emozione di qualche avventura privata, gli diedi il bacio della buonanotte e andai a letto, piangendo sul cuscino mentre sogni agitati si avvicinavano per me.

11.

Era la sera del galà. Arrivai presto all'Istituto, esattamente come mi aveva chiesto il preside, entusiasta di scoprire quale compito avesse in serbo per me. Forse mi avrebbe chiesto di osservare con il mio occhio esperto i progetti di ampliamento? O magari, con l'aumento delle tensioni in Europa, poteva essere interessato ai dirigibili. Mi sarei concentrato su qualunque cosa mi avesse chiesto, perché avevo un bisogno disperato di tenere la mente occupata.

Dopo averci rimuginato a lungo, avevo stabilito di non parlare della lettera con Elizabeth. È da codardi nascondere la verità oppure è meglio viverle accanto? È meglio esserne tormentato per il resto della vita senza inseguirla oppure attirarla allo scoperto? Semplicemente accettarla e andare avanti? Meglio essere il pavido che rimane all'accampamento, pensavo, rispetto all'esploratore temerario che si avventura nella giungla per essere mangiato dai cannibali. Indagare sulla lettera non avrebbe portato a niente. Non c'era speranza di gloria. E cos'era la «gloria», in ogni caso? In ambito matrimoniale, quali statue immortalano gli uomini perché sono buoni mariti? Non ce ne sono abbastanza, ragionavo.

Posai il giornale della sera prima sul tavolino della sala professori, poi uscii per andare al gabinetto; i bagni maschili erano vuoti, grazie al cielo. Rose mi aveva stirato l'abito da sera e la camicia, il colletto bianco era inamidato e dritto come una lama affilata. Mi controllai i denti e le narici nello specchio, mi pizzicai gli angoli dei baffi. Di regola avrei utilizzato il cubicolo per evitare imbarazzi ma l'Istituto era vuoto, per cui mi avvicinai agli orinatoi, con un bisogno impellente di alleggerirmi. «Dirigibili, direttore» mormorai tra me, esercitandomi per il nostro confidenziale tête-à-tête. «I dirigibili sono la nuova arma della guerra moderna, anche se soffrono di alcune debolezze, per esempio gli involucri che attualmente usano gli italiani sono...»

La porta si aprí e il giovane Blithe entrò a passo deciso; la mia vescica si bloccò all'istante. «Ehi! Sei arrivato presto, prof».

«Come ricorderai, il preside ha un incarico speciale per me» risposi brusco, coprendo la mia vergogna con la mano, gli occhi fissi sulle piastrelle.

«Ah, sí» disse, dandomi un colpettino di gomito mentre si sbottonava i pantaloni. «Sí, adesso ricordo. Be', sei la persona piú adatta, immagino».

«Immagino di sí».

Fremette, mentre un grosso fiotto di piscio erompeva con tutto il vigore dell'acqua da una manichetta antincendio. Io abbassai gli occhi su di me, con un gemito interiore per la mia vescica timida, che non riusciva a lasciarsi andare. Se n'era accorto? Era convinto che fossi lí unicamente per fare l'esibizionista con le piastrelle? Si guardò intorno nei bagni, quasi distraendosi dall'orinatoio. «Ehi, prof, la vuoi sentire una barzelletta?»

«Non particolarmente, no».

«Benissimo, come preferisci». Si schiarí la voce. «Oh, a proposito, hai saputo di quella ragazza di Economia domestica che ha ingoiato uno spillo?»

«Ingoiato cosa?» dissi. «Il preside lo sa? Dovrebbe essere portata in ospedale».

«Suo padre non vuole saperne».

«Come sarebbe? Sarà ferita...»

«Dice che non le permetterà di farsi toccare finché non è sposata».

Sbuffai, dondolandomi sui talloni. «Oh, ma insomma. Santo cielo, Blithe».

«A proposito di ragazze, prof» disse, dandomi una piccola gomitata, «pensavo ne stessi intrattenendo una di nascosto quando ti ho sentito sussurrare poco fa. Di che accidenti andavi parlottando, tutto solo?»

Sospirai. «Dirigibili, se proprio vuoi saperlo».

«Oh...» Annuí saggiamente, scrollando il membro. «Sí, dirigibili, certo, mmmh. Meravigliosi. La tua bella moglie si unirà a noi stasera?»

«Certo che sí».

«E a che tavolo sono i Crawford quest'anno?»

«Credo... non ricordo» dissi tossendo, appoggiandomi come se mi stessi godendo il mio sollievo, fischiettando per coprire l'assenza dello spruzzo nel buco. Perché non se ne andava?

«Non fa niente» disse. «Il tavolo d'onore è davvero una noia tremenda. In pochi anni mi raggiungerai al vertice e allora sí che ci divertiremo da matti insieme, eh? Qui sono tutti cosí vecchi e smorti». Finalmente si riabbottonò e andò ai lavandini a lavarsi le mani, poi tornò a darmi una pacca sulla schiena. «Secondo me pensare a una cascata aiuta» disse, prima di uscire dai bagni ridacchiando.

Naturalmente, non appena se ne fu andato, la mia vescica si rilassò e si svuotò con uno spruzzo che mi schizzò i polsini e i pantaloni. Stavo facendo tardi, mi lavai le mani, mi asciugai con una serie di salviette, poi mi diressi rapido lungo il corridoio fino all'ufficio del preside dove, non appena le mie nocche ebbero sfiorato la porta, fui invitato a entrare. «Prego, ragazzo». Appena dentro, mi indicò una sedia da dietro l'enorme scrivania di rovere. «Accomodati» disse, e io feci come mi era stato detto. Guardai le pareti coperte di attestati incorniciati. C'era una caraffa sulla scrivania con due bicchieri. Sorrisi.

«Direttore, posso esprimere il mio umile...»

Lui liquidò le mie parole con un cenno, come fossero

mosche da scacciare. «Silenzio, ragazzo. Ho una missione importantissima per te e tu, Crawford, sei l'unico soldato che può portarla a termine. Mi serve qualcuno del grado necessario, capisci?» Io sorrisi, contando le sue medaglie e le sue coppe in una vetrinetta. «Avremo alcuni ospiti molto importanti, stasera, al tavolo d'onore. Mi serve il tuo aiuto per fare colpo su di loro».

Distolsi gli occhi con ritrosia. «Preside, farò qualunque cosa per aiutare. Sono uomini di scienza o ingegneri? Forse posso chiarire alcuni dei loro dubbi sulle aeronavi...»

«Aeronavi, Crawford?» disse, aggrottando la fronte. «Aeronavi? No, no, basta con quelle assurdità fluttuanti, lasciamole agli uccelli. Non è il compito di un insegnante dire al governo come vincere le guerre, Crawford. No, gli uomini di cui stiamo parlando sono gli esempi piú fulgidi che Belfast possiede nel mondo degli affari e della cultura».

«Capisco».

Abbassò la voce. «Dobbiamo fare la giusta impressione. Questa gente pensa che siamo una manica di matti e mi serve capiscano che questa è una fabbrica delle arti, oltre che dell'industria. Solo...» Si guardò intorno come per controllare che nell'ufficio non ci fossero spie. «È un lavoro piuttosto delicato».

Mi allungai in avanti. «Davvero?»

«Sí, davvero, è molto, molto fragile. Avrei potuto chiedere a Stoupe di farlo, ma non credo sia abbastanza forte per reggerne il peso, se capisci cosa intendo. Lo stesso vale per il vecchio Fforde».

Tirai fuori la pipa. «E Blithe no?» chiesi con noncuranza, incrociando le gambe.

«Credo che tu sia meglio piazzato, Crawford» disse facendomi l'occhiolino.

Io annuii, lasciando sottinteso che ci trovavamo d'accordo sul soggetto. «Capisco appieno».

«Bene, bene, splendido, eccellente» disse il preside, scattando di colpo in piedi e allontanandosi dalla scrivania. «Non c'è tempo da perdere, allora» disse, mentre io mi giravo, e lo vidi fermo accanto alla porta aperta. «Le troverai sul retro, vicino al locale caldaia. Le ho fatte trasportare qui stamattina dalla vecchia Scuola d'arte in North Street».

Aggrottai la fronte. «Le?»

«Sí, ragazzo, sí, non mi stavi ascoltando? Ci sono sei statue da spostare al terzo piano, nell'aula delle Antichità. Come dicevo, sono molto delicate, molto pesanti, molto fragili. Ho bisogno che siano a posto prima che il galà cominci, in modo che il giovane Blithe e io possiamo far fare una visita ai nostri ospiti piú illustri».

«Vuole che sposti delle statue?» dissi, guardando la bottiglia di porto e i bicchieri vuoti. «È questo il ruolo importante che ha per me?»

«Sí, sí, sí» disse lui spazientito, muovendo di scatto la mano verso il corridoio, come per lanciare una palla invisibile. «Su, veloce, corri a prenderle!»

Nel corridoio, trovai Blithe che aspettava fuori dall'ufficio a braccia conserte, appoggiato contro il muro. «Ciao, prof».

«Blithe».

Il preside lo fece entrare, richiuse la porta e subito si sentirono risate e un tintinnio di bicchieri. Rimasi lí un attimo, incerto sul da farsi. Mi balenò il mezzo pensiero di tornarmene a casa, poi però ricordai quanto fosse sgradevole Park Avenue con quella cameriera strana, Robert che piangeva per la sua coperta bruciata ed Elizabeth sprofondata in un malumore teso. Oltre al fatto che presto sarebbe arrivata all'Istituto, per entrare al galà al braccio del marito. Alla fine, mi resi conto che non c'era altro da fare se non affrontare le cose, per cui, poco dopo, raggiunsi i recessi dell'edificio, dove i corridoi erano tetri e dimenticati: niente finestroni, niente intonaco fresco, i muri che risuonavano del rumore delle caldaie. Era proprio come trovarsi nella sala macchine di un transatlantico. Be', se una lama di ghiaccio fosse entrata di taglio nel muro in quel preciso momento, affondando l'edificio sotto l'Atlantico gelato, non mi sarebbe dispiaciuto. Povero, irrecuperabile Sir William Jackson Stolto.

Con le mani sui fianchi, ispezionai il carico. Le statue non erano affatto sei, ma una; una donna in posa chiastica, con il seno a melagrana e il doppio mento. Borbottando, la piazzai su un carrello e la spinsi lungo il corridoio. Mentre passavo davanti all'ufficio del preside, sentii una conversazione bassa, seria.

Feci arrivare la donna fino all'ascensore angusto, senza preoccuparmi troppo delle sue dita e dei suoi gomiti, e salii su per l'edificio, con la sua gamba piegata contro l'inguine, i suoi capezzoli che mi premevano fastidiosi sulla guancia. L'ascensore tremolò, e le porte si aprirono su una vista davvero inattesa. C'era un ragazzo nudo vicino al muro opposto, che un uomo ricurvo teneva per la vita snella, circondandolo con le braccia. Avevo sentito che cose del genere accadevano nelle scuole private, ma mai niente di simile all'Istituto. Non avevamo neppure una squadra di rugby. Quando i miei occhi si adattarono, mi resi conto che si trattava del professor Fforde con un'altra statua, con le ali nei capelli e una testa mozzata retta come fosse una lanterna.

«Perseo, questo qui» disse Fforde, appoggiando il gomito alla spalla della statua, le nocche artritiche che stringevano il pomello del bastone.

«Davvero?» borbottai, facendo uscire la donna dall'ascensore, spazientito.

Lui si schiarí la voce. «Il preside mi aveva spiegato che lavoro aveva in serbo per te. Ho pensato che potesse servirti una mano».

Io alzai gli occhi al cielo. «Può lasciar fare a me, professore. Il preside mi ha chiesto di concludere il lavoro prima che arrivino i suoi ospiti piú illustri».

Fforde sbuffò, inarcando un sopracciglio. «Non poteva farlo fare a un custode, questo lavoro, invece che a un professore? Di sicuro pensa che non siamo altro che lacchè».

«Gli serviva qualcuno del grado necessario».

Lui si fermò, arricciando le labbra umide. «Capisco. Ah, vieni qui». Scavalcò, dando uno strattone al ginocchio della donna per liberare una ruota bloccata. «Allora, dove le portiamo?»

«All'aula delle Antichità, laggiú». Indicai la fine del lungo corridoio. Spingemmo insieme le statue sul pavimento veneziano, le ruote dei carrelli che cigolavano. Eravamo circa a un terzo del tragitto quando Fforde parlò, con il fiato corto. «Dirigibili» disse.

«Scusi?»

«Stavi discutendo di dirigibili nei bagni maschili con Blithe. Ti ho sentito mentre stavo passando con una delle statue piccole».

«Non è che stessi discutendo».

Fforde scoppiò in una risata secca. «Quel ragazzo non saprebbe riconoscere uno Zeppelin neppure se gli s'infilasse su per il culo».

Passammo davanti ai finestroni a metà del corridoio. Sotto di noi, oltre il cortile, gli ospiti aspettavano nell'anticamera che portava all'aula magna, controllando i propri riflessi nel vetro scuro, del tutto ignari di essere osservati. Vidi Elizabeth, che sorrideva aggiustandosi i capelli. Comparve Adelia, che la prese sottobraccio, sussurrandole qualcosa in confidenza dietro la mano guantata. Il sorriso di Elizabeth sparí all'istante, il suo corpo s'irrigidí, strinse convulsamente le dita dell'altra donna, scosse la testa, presa negli spasmi di qualche supplica appassionata. Si trattava della lettera? *Non giocare con lo amore signiora C, o visto che incontravi quel uomo. Sei una dona sposata signiora C, quando il signior C prima o poi scopre quelo che lui faceva con te alora che cosa farai a quel punto?*

Chi era quel «lui»?

«Su, Fforde, andiamo avanti» dissi, girandomi di nuovo verso le statue, ma Fforde non si mosse.

«Zeppelin, già, è cosí che li chiamano i tedeschi, non dirigibili».

«Come?»

«Enormi leviatani nascosti tra le nuvole, con le pance

stracolme di armi e bombe come uova di pesce». Scosse la testa incanutita. «Roba da incubo, Crawford. È già abbastanza brutto quando ti gettano la morte addosso da terra, e io dovrei saperlo, ma immagina le bombe che ti piovono addosso dal cielo con il loro frastuono». Diede una pacca sul sedere della statua. «Neppure gli dèi si erano mai inventati una cosa cosí diabolica. Non c'è niente tra cielo e terra di tanto malvagio come l'essere umano». Sospirò. «L'essere *umano.* Questa sí che è una battuta».

Molto sotto di noi, il preside Forth e Blithe comparvero dietro Adelia e salutarono gli ospiti. Rimasi accanto a Fforde a guardare Elizabeth tamponarsi gli occhi, prima di entrare nell'aula magna. Il vecchio parlò a bassa voce. «Quali morti escogitano i potenti per gli altri uomini» disse, con il respiro corto.

«Li ha visti?» dissi. «Questi Zeppelin?»

«Ne ho letto» rispose. «Gli italiani li hanno già usati per bombardare, ma i crucchi stanno costruendo oggetti mostruosi, grandi come transatlantici, dicono. Ah, e considerate le notizie di oggi...»

Aggrottai la fronte. «Le notizie di oggi, quali?»

«Non hai visto i giornali della sera?» disse, lanciando uno sguardo al cielo. «Oh, be', meglio cosí, suppongo. L'arcidiota d'Austria si è fatto sparare a Sarajevo. È morta anche sua moglie, a quanto dicono. Tu quanti anni hai, Crawford?»

«Trentaquattro».

Annuí. «Trentaquattro, dovresti essere a posto. E il tuo piccolo?»

«Cinque e mezzo» dissi.

«Che Dio ci aiuti, se non è troppo piccolo per salvare la pelle. Ah, dovreste cavarvela tutti e due. Nessun genitore dovrebbe perdere un figlio».

In effetti avevo fatto anch'io i miei calcoli, con il trascorrere degli anni dall'infanzia, conoscendo le aspettative macabre per il mio sesso. Era stato un sollievo e una sorpresa scoprirmi risparmiato dal passo gigante dello stivalone del destino che marciava torreggiante sopra di me, colosso mostruoso e insensibile che aveva affrancato quelli nati nella mia decade ingloriosa lasciandoli rannicchiati al suo incedere, alleggeriti pur con qualche vergogna in una bolla di terra senza intralci. E tutt'intorno, invece, uomini di poco piú vecchi o di pochi mesi piú giovani finivano schiacciati a faccia in giú, le ossa spezzate, nelle fosse fangose delle sue orme impressionanti. Che straordinario dono di Dio era quindi vedere il piccolo Robert e quelli della sua età risparmiati a loro volta, sperando che questa guerra finisse presto e quella successiva tardasse a sufficienza.

Aspettai che Fforde continuasse, perché sentivo che aveva altro da dire. Insieme, vedemmo comparire una donna tarchiata, vestita a lutto, la testa china a guardare il pavimento. Assomigliava in tutto e per tutto alla defunta regina. «È tremendo perdere un figlio» sussurrò Fforde fra sé. «Distrugge una madre».

Tirò su con il naso, poi si raddrizzò spolverandosi i pantaloni e batté il bastone con decisione sul pavimento. «La signora Fforde ha bisogno di suo marito» disse, facendo di sí con la testa. «Finisci tu il resto, Crawford, poi vai a raggiungere la tua signora, di sicuro si starà struggendo per te».

Se ne andò, col rumore del bastone che risuonò fino in fondo al corridoio e lasciandomi solo, a parte le statue. Le presi per mano, ammirando le curve di marmo della donna, geloso del fisico del ragazzo. Andai avanti ancora un po', con le ruote che stridevano sul pavimento, e passammo una seconda serie di finestroni. Un uccellino solitario saltò dal tetto, volteggiò per le pareti piastrellate poi sfrecciò verso le foglie di un albero isolato verso il muro opposto. Oltre la chioma vedevo il lato opposto del cortile, dove il corridoio orientale non era illuminato. Proseguii oltre, intimorito da quello che poteva esserci laggiú, ridendo della mia superstizione. Un uomo di scienza spaventato dalle ombre! Ma proprio mentre arrivavo verso la fine del corridoio, sentii dei passi nelle vicinanze.

«Ehilà?» chiamai. «Fforde, è lei? Stoupe? Blithe? Direttore?»

Mi girai verso le statue, con il cuore che batteva piú forte, mi sentivo sul punto di cadere in preda a un terrore che avevo già sperimentato. La donna di pietra mi guardava con un lieve sorriso, solo... i suoi occhi erano in qualche modo alterati? E il ragazzo: aveva le labbra dischiuse, ma prima non erano strette? La testa, retta nella sua mano, ammiccò. Sentii un altro scalpiccio di passi alle mie spalle, questa volta piú vicino. «Chi è là?» chiamai, girandomi, la mia voce che echeggiava per il corridoio. Che freddo faceva di colpo, l'aria premeva dalle finestre come se i vetri fossero svaniti. Deglutii, costringendomi a rimanere calmo, scuotendo via le visioni. Respira, William. Sei stanco e sotto pressione.

Continuai a spingere le statue, canterellando una preghiera, poi mi bloccai a guardare da una delle finestre, e quanto avrei preferito non avere guardato, perché ora l'inconfondibile sagoma di una persona mi fissava dal corridoio orientale vuoto, dal lato opposto del cortile. Vuoto, dico, perché quella presenza faceva poco per occupare lo spazio in cui appariva; ugualmente, però, l'orrore mi attanagliò lo stomaco, perché chiunque fosse... di sicuro stava guardando me. Alzai lentamente la mano in quella direzione e annuii, sussurrando: «Chi sei?», poi guardai ipnotizzato e vidi che alzava la mano a sua volta per indicarmi, con uno strano grido lamentoso che scivolava per il cortile abbandonato. Conoscevo quella voce, anche se non capivo di chi si trattasse, e, Dio mi scampi, ma in quel momento, con la coda dell'occhio, mi accorsi che qualcosa si muoveva.

Mi girai, tremando in ogni osso del corpo, e vidi la statua femminile ruotare lentamente sul suo carrello, gli occhi di marmo che incrociavano i miei. Anche il ragazzo rotolava verso di me, le ruote ai sandali che cigolavano mentre si avvicinava, la bocca ghignante, gli occhi spalancati. Indietreggiai. «No, no» sussurrai. «State indietro». Le statue mi fronteggiavano, la loro espressione aveva un che di macabro, gli occhi scolpiti della donna due globi bianchi di furia. Cercai il muro a tentoni, inciampai, mi girai per scappare. «No, no, andate via!» gridai girando la testa. Lanciai un'altra occhiata al di là del cortile, ma la strana figura era scomparsa.

Ormai avevo perso il controllo: cacciai uno strillo acuto, mi precipitai lungo il corridoio correndo piú in fretta che potevo, spingendo i piedi a tutta velocità, giú a precipizio per due rampe di scale prima di fermarmi slittando sulla piccola balconata. Lí, mi sporsi ansimante, boccheggiando per riprendere fiato, aspettandomi una fredda mano di marmo che mi posava le dita sulla spalla.

«Ma quale luce apre l'ombra, da quel balcone?»

Guardai giú verso l'atrio, dove Stoupe stava appoggiato a una delle colonne e sbirciava in su con un sorriso lezioso, reggendo in alto il fazzoletto, la faccia semilluminata dalle luci. «Ecco l'oriente e il professor Crawford è il sole... Alzati, dunque, o vivo sole e spegni la luna già fioca, pallida di pena, che ha invidia di te perché sei bello piú di lei, William, amico caro».

Mi girai, con il colletto madido, verso la cima delle scale deserte. Povera la mia mente spossata. Lassú non c'era niente.

«Mi accompagneresti in aula magna, professor Crawford?» fece Stoupe, alzando il braccio con una riverenza.

«Sí» replicai, lisciandomi la camicia, mai cosí grato di essere in compagnia di qualcun altro.

12.

Entrammo in aula magna, trattenendo il respiro per la meraviglia di fronte allo splendore degli addobbi per il galà annuale. Era come ritrovarsi dentro una lanterna: le vetrate istoriate rilucevano in una miriade di forme di smeraldo, ambra e scarlatto e, nei vetri trasparenti, la luce delle stelle si mischiava ai pennacchi di fumo di sigaretta dando vita a nuvole rosa e arancione. Dai lampadari elettrici pendevano bucaneve di vetro smerigliato, l'aria era carica dei profumi di arrosto e di tabacco. I tavoli erano disposti in lunghe file, coperti di tovaglie bianche, tutti apparecchiati per la cena con bicchieri di cristallo e tovaglioli ripiegati in coroncine bianchissime. Tutto era in perfetta simmetria, la sala si era già riempita di uomini eleganti in bianco e nero, di donne che giravano in abiti da sera scintillanti. Sul fondo vedevo una fila di palme nascondere il palco sul quale un pianista invisibile suonava una sonata.

Il calore della stanza allentò la mia apprensione e stavo per fare qualche battuta allegra a Stoupe quando scorsi Elizabeth in mezzo alla folla. Mi fissava torva, con Adelia al fianco che guardava nella mia direzione con un'espressione in cui s'intrecciavano rimprovero e autocompiacimento. Andai verso di loro, facendo un piccolo inchino e un sorriso felice.

«Buonasera, signore» dissi, allungando la mano. «Mi farete l'onore?»

Elizabeth storse il naso e si girò dall'altra parte. Ma che cosa le era preso? Era ancora arrabbiata con me, senza dubbio. Mi guardai intorno in cerca di acqua. Avevo il cuore in subbuglio, in preda al timore di un'altra allucinazione. I folletti si sarebbero messi a danzare per il soffitto con gusci di noce al posto dei cappelli? Elefanti rosa avrebbero nuotato sui muri, inseguiti da pasticcini danzanti? Presi una rassicurante boccata dalla pipa. Rilassati, William, santo cielo. «Sei proprio incantevole stasera» dissi a Elizabeth in un sussurro, perché era proprio vero, ma lei scosse via la mia mano dalla spalla.

Adelia sbuffò. «A che tavolo sei seduta stasera, Lillie?» chiese, interponendosi tra di noi.

«Non lo so» disse Elizabeth, perlustrando la sala con gli occhi. «L'invito ce l'ha William».

Adelia mi guardò in cagnesco. «Numero di tavolo, William?»

«Trentadue» dissi, allungando di nuovo la mano per prendere quella di Elizabeth, solo per vedermela respinta con un buffetto.

«Ci sono cosí tanti tavoli?» rispose Adelia. «Lillie, io sarò insieme a mio nipote e al sindaco. Ha frequentato Harrow con il defunto Lord Carter». Lanciò un'occhiata nella mia direzione. «Niente paura, lo terrò d'occhio come un falco».

Al tavolo d'onore, il giovane Blithe si era già messo comodo con un bicchiere di champagne e un grosso sigaro, insieme a due gentiluomini che credetti di riconoscere per averli visti sul giornale.

Riuscii a trovare il polso di Elizabeth e, come reazione, ottenni uno sguardo di sospetto. Sdegnato, mi ritrassi. «Perché sei cosí fredda, Elizabeth?»

Lei mi guardò dritto in faccia, sull'orlo delle lacrime. «E tu, perché sei cosí?» disse lei. «Non scadiamo nell'immoralità sessuale e nei piaceri della carne, William Jackson Crawford».

«No, meglio di no» ribattei. «E neppure nei litigi e nella gelosia. Oppure hai dimenticato i tuoi doveri di moglie?»

«Qualche volta vorrei essere ancora una Bullock» sibilò lei.

«Ebbene, sii pure una Bullock, accidenti, per quel che m'importa».

Mi guardai intorno, facendo un educato cenno con la testa mentre due colleghi mi passavano accanto. Quindi eccola, la verità della lettera. Elizabeth aveva in sostanza confessato il suo adulterio: era stato facile, come rovesciare il latte.

Gli occhi di Elizabeth si indurirono mentre si allontanava, infilandosi tra la folla.

«William» starnazzò Adelia. «Devi spiegare immediatamente il tuo comportamento vergognoso».

«Comportamento vergognoso?» sbottai, sforzandomi di controllarmi mentre un branco di subdoli abietti del dipartimento di idraulica sghignazzava nella mia direzione da un vicino conciliabolo. «Ma di che stai parlando?»

Stoupe s'intromise. «Sono certo che William non abbia fatto niente di sbagliato, Lady Carter».

«Signor Stoupe» disse Adelia. «Temo che stasera sia stato visto. Colto in flagrante, in effetti. Ho sempre avuto il sospetto che tu stessi combinando qualcosa, William. L'ho saputo nel momento stesso in cui ti ho conosciuto. Ecco un furfante, ho pensato. E con i pantaloni troppo lunghi». Mi folgorò con gli occhi, trionfante.

«Visto?» dissi. «Ma di che cosa sta parlando? In flagrante?»

«Che cos'ha visto, Lady Carter?» chiese Stoupe, fin troppo eccitato.

Prima che potesse rispondergli, comparve il professor Fforde con la moglie al fianco. «Ma guarda» disse; il sorriso però gli svaní sulle labbra sotto lo sguardo caustico di Adelia.

«Faccio fatica a dire cos'ho visto» cominciò lei, ma fu subito interrotta da Elizabeth, che tornò nel gruppo dopo aver recuperato lo scialle.

«William, voglio andare a casa».

«E perché mai dovremmo andare a casa, mia cara? Cosa succede?»

Adelia guardò Stoupe e Fforde, con la mano guantata al petto. «Mi dispiace che dobbiate sentire queste cose, signori, ma il vostro stimato professor Crawford intrattiene una relazione».

Rischiai di stramazzare a terra. La moglie di Fforde scosse la testa, mentre Stoupe rimase a bocca aperta, con il fazzoletto svolazzante.

«Per piacere, William, possiamo andare?» disse Elizabeth, senza riuscire a incrociare il mio sguardo.

«Non finché non avrà confessato» disse Adelia. «Non è sicuro stare ancora un istante da sola con lui. William, ti ho visto, neppure mezz'ora fa, con una donna nuda. Proprio di fronte alle finestre, che la toccavi ovunque».

La signora Fforde boccheggiò.

«Santo cielo» disse Stoupe. «Insomma, Crawford, non ti pensavo cosí».

«Strano» disse Fforde, pensieroso. «Secondo me si sbaglia».

«Niente affatto» lo interruppe Adelia, a voce inutilmente alta. «Toccava quella povera creatura dappertutto con quelle sue luride, piccole mani da roditore. Elizabeth, tu e i bambini dovrete venire a vivere con me».

Elizabeth emise un gemito. «Grazie, zia Adelia, ma sono al sicuro in tutto e per tutto. Adesso andiamo, William, per piacere».

Io fissavo Adelia allibito, ero senza parole. Io, sollazzarmi con donne nude? Che assurdità totale era mai quella? Le sue parole erano attinenti alla realtà quanto l'idea di statue che si muovevano furtive. «Mia cara Elizabeth» dissi. «Da dov'è uscito tutto questo?»

Adelia rivolse un sorriso pietoso alla signora Fforde, che stringeva convulsamente una Bibbia in miniatura appesa al collo con una catenina. «Il compianto Lord Carter era un marito fedele, signora Fforde. Di certo non stava a trastullarsi con altre donne, lui. Anzi, c'era pochissimo trastullo. La compagnia era la nostra principale distrazione; la compagnia e l'arricchimento della mente. Mi dilettava la sera con il suo dizionario».

Il professor Fforde s'intromise, appoggiando il bastone nell'incavo del braccio e prendendo la mano a Elizabeth. «Signora Crawford, si calmi. Suo marito non le ha fatto alcun torto, a meno che un uomo possa commettere adulterio con un blocco di pietra».

«Pietra?» disse Elizabeth con un sospiro.

«E questo che cosa dovrebbe voler dire, signor Fforde?» fece brusca Adelia.

«Una statua» disse lui. «Suo marito stava spostando una statua pettoruta, tutto qui. Ero insieme a lui».

Stoupe ridacchiò, traboccante di gioia per quello scandalo. «Piú che un *affaire de coeur*, un *affaire de pierre*! Una volta ne ho avuto uno anch'io a Montmartre».

«Sí» grugnii rabbioso con gli occhi puntati su Adelia. «Stavo spostando una statua per conto del preside anche se, Gesú la dignità che mi è costata, avrei fatto meglio a stare a casa». Mi rivolsi a Elizabeth, l'emozione che mi martellava nel petto, la voce che virava sull'acuto. «Eccoti servita. La prossima volta mi accuserai di avere una relazione con i marmi del Partenone».

Adelia, sempre rapidissima a spostare l'attenzione sulla sua prossima vittima, sventolò la mano sopra le nostre teste. «Oh, guardate, c'è la signora Weebly, devo andare a salutarla. Te la presenterò piú tardi, Elizabeth; è sempre cosí noiosa da risultare affascinante».

E se ne andò animatamente, lasciandoci a sprofondare in un intollerabile imbarazzo. Mi accorsi che il giovane Blithe guardava verso di noi con un mezzo sorriso, senza dubbio si era visto l'intera scena.

Fforde si schiarí la voce. «Ebbene. Andiamo a sederci?»

Mi sentii ribollire quando trovammo il nostro tavolo proprio in fondo al salone, vicino alle porte di uscita, il galà comunque già rovinato per l'affronto e l'ingiustizia conclamata. Mi sedetti a testa bassa, sforzandomi di mantenere la calma, e stavo per andarmene piccato quando Elizabeth mi strinse la mano sotto il tavolo.

«Caro marito» disse. «Puoi perdonare tua moglie? Lei ti ha già perdonato».

Mi morsi il labbro, alzai gli occhi e vidi che aveva lo sguardo profondamente contrito. Diedi un'alzata di spalle. Lei mi strinse la mano ancora di piú. «Le cose sono state cosí difficili, ultimamente, tra il pancino indisposto di Robert e la casa, penso che avrei creduto a qualunque cosa mi avesse detto Adelia. I bambini comportano tanto di quel lavoro, anche con l'aiuto di Rose. Che sciocca sono stata, mi vergogno di me stessa. Buffo, non è vero, gli scherzi che gioca la mente?»

Giocherellai con il portatovagliolo, cercando di mantenere la voce ferma. «Forse...» La guardai negli occhi. «Forse sono un marito molto inadeguato».

«No» disse Elizabeth. «Sei un buon marito».

Intorno a noi vibrava il brusio di un'educata conversazione, i nostri amici si erano spostati con discrezione verso il fondo del tavolo. Le tenni la mano, ma vidi balenarmi dietro gli occhi una grafia azzurra su carta sgualcita.

Non giocare con lo amore signiora C, o visto che incontravi quel uomo.

Le parole mi scottavano la lingua, in un bisogno bruciante di pronunciarle. Perché, oh, perché ero costretto a torturarmi ancora in una sera cosí importante? Non avevo abbastanza di cui preoccuparmi? Dopotutto, come aveva detto Elizabeth, se la serata mi aveva insegnato una cosa, era a diffidare della mia stessa immaginazione traditrice. Se la mia mente confusa poteva far apparire statue vive, allora perché non fraintendere il significato di una lettera innocente? Strizzai gli occhi, baciai mia moglie sulla guancia, risvegliando i miei istinti e, per la prima volta da mesi, lei arrossí.

«Stasera sei davvero bellissima» dissi. Indossava un abito da sera morbido, color panna, punteggiato di fiori gialli: un'eredità di un'amica piú formosa. Eppure era indubbiamente la donna piú bella della sala, i capelli ramati che le incorniciavano gli occhi intelligenti in una piega di onde dolci, le occhiaie violacee nascoste ad arte sotto un velo di trucco. Profumava di gelsomino.

«E tu hai un'aria elegantissima» disse lei, stringendomi il ginocchio e mandandomi un brivido su per la gamba. Mi tirò via un ricciolo di capelli dalla fronte e me lo sistemò dietro l'orecchio mentre i musicisti attaccavano un valzer. Ebbi l'improvviso impulso di ballare con lei, in ricordo delle nostre serate romantiche, ben prima che nascessero i bambini, prima di Belfast, prima che ci smarrissimo.

Vedendoci rappacificati, Stoupe s'intromise allungandosi in avanti. «Le colombelle stanno tubando? A essere sinceri, se non mangio subito collasserò sul pavimento. Potage di verdure per cominciare, a quanto pare, ma non basterà a riempire il buco, eh, Crawford? Come versare una tazza di tè nella Albert Hall».

«Non di solo pane vive l'uomo» disse la signora Fforde, armeggiando con la sua Bibbia minuscola, i menti compressi nello sforzo di leggerne le pagine.

Elizabeth annuí, completando la citazione a memoria. «... ma di ogni parola che esce dalla bocca del Signore».

«Se la parola del Signore arriva con contorno di patate, sarò felice di mangiarla» disse Stoupe. «Anche se scommetto che l'arrosto si accompagna meglio al vino».

Stoupe fu fortunato, il cibo arrivò rapidamente, mentre Fforde portava avanti la conversazione parlando delle nuove cinghie per i macchinari e io gli rispondevo meglio che potevo, senza prestare troppo orecchio alla signora Fforde e a mia moglie che discorrevano compite dei loro incontri in chiesa. Non riuscivo a pensare ad altro che a tornare a casa e andare a letto; anche se in quale letto era una domanda che mi attanagliava.

«Signora Crawford» sentii dire alla signora Fforde. «È stata poco bene?»

Allungai il collo per lanciare un'occhiata al tavolo d'onore. Il preside era impegnato in un'animata conversazione con gli eleganti gentiluomini che aveva accanto, tra i quali faceva capolino Adelia. Il giovane Blithe era come alla deriva in fondo al tavolo, disperatamente allungato in avanti per farsi sentire dai suoi superiori. Mi ricordava Bartolomeo nell'*Ultima cena*; un pensiero che mi fece venire da ridere, e condivisi quell'arguzia con Stoupe, che mi diede un pizzicotto sul braccio, definendomi «di una perfidia perfetta».

«Poco bene?» sentii dire a Elizabeth. «No, la ringrazio, signora Fforde, sono stata benissimo».

Proprio in quel momento, il preside Forth disse qualcosa agli uomini che li portò ad allungare il collo verso il soffitto. Qualunque cosa avesse detto, sembrava che avesse provocato qualche disagio in uno degli ospiti, che si scusò e si alzò dal tavolo asciugandosi gli occhi, abbandonando la cena. Cercai di cogliere qualche parola o indizio dagli altri commensali, ma la signora Fforde continuava a blaterarmi nell'orecchio.

«Abbiamo sentito la sua mancanza ai nostri incontri in chiesa, nelle ultime settimane, tutto qui» stava dicendo la signora Fforde. «Pensavamo che magari fosse troppo debole per partecipare».

«No, signora Fforde» sentii Elizabeth rispondere. «Mi dica, è poi riuscita a identificare quel suo cespuglio nel giardino?»

Sentii un colpetto sotto il tavolo. Era Stoupe, che voleva attirare la mia attenzione. Fece un cenno furtivo con la testa per indicare il bicchiere accanto alla mia mano sinistra, in cui era stata versata una piccola dose di vino rosso. Feci un profondo respiro, ammiccai verso di lui e mi gustai un sorso. Gradualmente, la sala si fece calda e fumosa e gli spigoli di quella serata mi scivolarono via dalla mente. Vidi l'uomo agiato tornare al tavolo d'onore mentre un quartetto attaccava una sonatina orecchiabile. Il signor Robinson, ecco chi era. Il signor Robinson di Robinson&Cleaver, il grande magazzino piú importante di Belfast.

«Non ti sapevo un cantante, Crawford» disse Stoupe ridacchiando, versandomi ancora un po' di vino nel bicchiere. Mi resi conto che stavo seguendo la musica canticchiando sottovoce.

«Da bambino cantavo nel coro come controtenore» dissi. «A mia madre piaceva ascoltarmi, ma sono anni che non canto piú».

Stoupe espresse disappunto. «Ma questa è una tragedia, dobbiamo spolverare l'ugola e farti ricominciare».

E cosí trascorse la serata, piena di chiacchiere allegre, qualche discussione accademica tra me e Fforde a proposito della meccanizzazione dell'economia agricola e Stoupe che ci deliziò con le storie dei suoi viaggi a Firenze da giovane artista. «Mi piacerebbe farti un ritratto, William, hai dei lineamenti elegantissimi. Dipingerei anche Fforde, ma non sono sicuro di avere la forza per il suo naso».

«Lei non è sposato, signor Stoupe?» chiese la signora Fforde. «Le mancheranno le cure di una brava donna».

«Una brava donna? Santo cielo, no» rispose lui. «Preferisco quelle cattive. No, no, mi faccio bastare le compagnie maschili». Mi fece l'occhiolino, riempendomi di nuovo il bicchiere. «Una moglie, ma pensa. Farebbe prima a chiedermi di sposare un maccherone».

Dopo il dessert, a Elizabeth venne sonno e mi chiese se potevamo andare via, per cui ci scusammo, accomiatandoci, e fuggimmo dal parlottio asfissiante verso l'aria fresca dell'entrata, dove ritirammo le nostre cose. Tenni in alto il cappotto di Elizabeth, stringendole le spalle.

«Mi dispiace moltissimo per quello che ho detto su Arthur, l'altra sera» le dissi. «Credo che un uomo debba rispondere delle sue azioni, ma mi dispiace che se ne sia andato. Mi dispiace davvero».

Lei alzò gli occhi verso la piccola balconata, perlustrando il soffitto alto. «Be'... forse non se n'è andato».

La porta dell'aula magna si aprí e ne uscí il signor Robinson, asciugandosi la fronte. Ci facemmo a vicenda un educato cenno di saluto con la testa, poi la sua faccia s'illuminò.

«Il professor Crawford?»

«Sí».

«Aha! Il professor Crawford e la sua cara moglie, che

meraviglia fare la vostra conoscenza. Stavo giusto parlando di lei, giovanotto».

Elizabeth mi strinse la mano. «Sul serio?» chiesi.

«Sí, certo. Il preside Forth mi stava raccontando dei dirigibili. A quanto pare, le ha tenuto una lezione sul loro utilizzo bellico, non è cosí?»

«Oh... sí, certo».

Il signor Robinson si allungò in avanti facendomi l'occhiolino. «Andiamo, Crawford, sappiamo tutti e due che non è vero. Forth è un buon uomo, ma io so distinguere un fanfarone a prima vista. Scommetto che è lei la vera mente, qui».

«Non direi esattamente cosí, io...»

«Mi piacerebbe saperne di piú di queste aeronavi. Forth sostiene che la guerra aerea è la prossima frontiera e io sono incline a convenire. Peccato che lei non sia al tavolo d'onore, vorrebbe unirsi?»

Mi girai verso Elizabeth, che stava soffocando uno sbadiglio. «Mi perdoni, signor Robinson, ma dobbiamo proprio andare via».

«Giustissimo, vecchio mio, giustissimo. Un'altra volta, magari».

«Un'altra volta».

Non dovemmo aspettare a lungo il tram, che dondolò come una culla mentre passavamo oltre il profilo del municipio, poi attraversavamo l'ampio fiume nero, le lanterne del cantiere navale che si riflettevano sull'acqua. Elizabeth sonnecchiava felicemente sulla mia spalla, mentre due donne piú anziane ci coccolavano con gli occhi come fossimo una coppia di gattini in una scatola. Alla fine raggiungemmo la nostra fermata in cima alla collina, scendemmo dal tram e vagolammo insieme per il breve tratto fino alla porta di casa. Elizabeth quasi non si reggeva in piedi e mi teneva la testa stanca appoggiata alla spalla.

«Io tengo molto a te, Elizabeth Jackson Crawford» dissi. «Moltissimo».

Lei mi baciò la spalla, stringendosi a me. «Lo so che ci tieni».

Ci fermammo accanto al muro del giardino. «Elizabeth?» dissi, giocando con la sua mano.

«Sí, carissimo?»

«Io non ti farei mai del male».

I suoi occhi sfarfallarono. «Questo lo so».

«E tu? Mi faresti del male?»

Prima che potesse rispondere, la porta si aprí, Rose stava ferma nell'atrio. Ci fece entrare, prese i nostri cappotti e poi ci guidò in salotto, dove ci serví due tazze di latte caldo con i biscotti. Elizabeth ne prese un sorso. «È bone china?» chiese, in una perfetta parodia di Adelia.

Io ridacchiai. «Assomigliano molto a quelle cinesi, lí sulla costa meridionale?»

Ridemmo, accoccolati, nel condividere vecchi segreti, poi finalmente salimmo le scale per andare a dormire, dando un'occhiata ai bambini addormentati prima di separarci con un bacio sul pianerottolo.

«William?» disse Elizabeth.

«Sí, cara?»

Sorrise, le ciglia basse, e insieme sgattaiolammo nella sua stanza, spogliandoci alla luce sfarfallante della lampada. L'accolsi tra le mie braccia con dita tremanti, muovendomi dentro di lei, le molle del letto che scricchiolavano, il suo viso che si faceva remoto. Che creatura bellissima, con i capelli sparsi sui cuscini, gli occhi chiusi. Sono convinto che abbia raggiunto il suo piacere prima che io concludessi e sia addormentata, la faccia rivolta al muro, pregando sottovoce.

Rimasi sveglio mentre lei dormiva tra le mie braccia, ripercorrendo l'intera serata col pensiero. Che strano era stato l'incontro con le statue. Di colpo non ebbe importanza, perché mi ero ripreso mia moglie e in qualche modo il mondo dava la sensazione di essere regolato come una delle mie macchine, le rotelline che giravano con delicatezza, con l'efficienza con cui erano state programmate. Una calda sensazione di contentezza mi riempí il cuore, cominciai a prendere sonno, contemplando la buona sorte per cui avevo preso possesso di una moglie tanto gentile. Non aveva avuto la pazienza di una santa, al galà, con la bigotta signora Fforde? Sbadigliai e mi girai dall'altra parte, ma un assillo s'insinuò proprio mentre mi si chiudevano le palpebre. Un pensiero richiamò la mia attenzione. Che cos'aveva detto la signora Fforde a Elizabeth, al tavolo?

«Abbiamo sentito la sua mancanza ai nostri incontri in chiesa, nelle ultime settimane...»

Aggrottai la fronte. Aveva sentito la *mancanza* di Elizabeth agli incontri? Com'era possibile? Elizabeth era stata a una decina di incontri in chiesa nell'ultimo mese. O cosí aveva sostenuto.

Turbato, sgattaiolai dal letto di Elizabeth nella mia stanza, dove le lenzuola erano fredde. Un'altra notte felice rubata dal balenare dello spettro di una qualche verità nascosta. Presi sonno, annegando un'altra volta nella carta e nell'inchiostro azzurro.

So che le sue intenzioni non sono cattive, ma non può venire niente di buono di questi segreti.

13.

La sera successiva misi all'opera la memoria, ripescando una melodia dal mio sogno mentre sbirciavo Elizabeth da sopra il giornale. Un sonno agitato aveva lasciato il passo a un'altra giornata difficile per i Crawford: mia moglie si era alzata tardi lamentando dolori, i bambini avevano trasformato i loro fantasmi in un gioco e non la smettevano di cianciare.

«La signora in bianco!» gridavano, inseguendosi e urlando finché Robert vomitò per le scale. Avrei dato qualunque cosa perché Elizabeth rimanesse a casa in modo da condividere un'altra serata appagante, ma non era destinato a succedere.

«Devo andare al mio incontro in chiesa» annunciò lei, quando finimmo di cenare, affrettandosi verso l'ingresso prima di ricomparire in cappotto e cappello e uscire di casa in un lampo. Non appena la porta si richiuse, mi alzai subito anch'io dalla tavola, indossai cappello e cappotto e spiegai trafelato a Rose che avevo una commissione da sbrigare; avrebbe dovuto mettere lei i bambini a letto. Rose naturalmente non replicò, fece di sí con la testa in muta comprensione, mentre i bambini mi supplicavano di rimanere.

«Per piacere, papo» disse Robert, torcendosi la camicia, con l'aria piuttosto incompleta senza la sua coperta. Helen annuí, afferrando la mano di Margaret. «Sí, papà, rimani per piacere. Non ci piace restare qui da soli».

Mi accovacciai e diedi un bacetto sulla guancia a ciascuno, abbracciandoli stretti. «Fate i bravi, bambini miei, non starò via molto».

Guardai le loro facce e rischiai quasi di mettermi a piangere con loro, ma il sospetto mi strattonava per il braccio con una tale veemenza da trascinarmi via. Mentre mi frugavo nelle tasche, girandomi vidi che Rose teneva in mano la mia pipa e un astuccio di tabacco. «Grazie, Rose. Ottimo lavoro. Ricordati di dare a Robert il suo acido borico». Uscito dalla porta d'ingresso, scorsi Elizabeth che scompariva svoltando l'angolo in fondo al viale. La seguii alla luce del crepuscolo sgattaiolando da una casa all'altra, tenendo il cappello abbassato. «Vai in chiesa, amore mio» sussurravo. «Vai in chiesa». Ma lei controllò la borsetta e svoltò nella direzione opposta, verso Newtownards Road. Un ragazzino sporco di grasso al cancello del vecchio cantiere di demolizione Kane la guardò passare e, vedendo che la seguivo con la schiena addossata ai mattoni, mi fece un sorrisetto furbo. Camminando frettolosa, oltrepassò un labirinto di case a schiera, poi attraversò il Conn's Water e si fermò. M'infilai in una viuzza laterale prima di reimmettermi di soppiatto sulla strada principale, dove mi acquattai dietro a un carretto. Elizabeth riprese a camminare, con la sicurezza di chi ha fatto quello stesso percorso cento volte. Attraversò l'Albert Bridge, poi svoltò in Ormeau Road.

Mentre Elizabeth continuava a camminare, gli uomini cominciavano a radunarsi nei pub, i cantieri navali e le fabbriche non erano chiusi da molto. Un tram, che passò scampanellando, mi costrinse a fare un balzo all'indietro, facendomi finire in una pozzanghera di piscio di cavallo. «Accidenti» esclamai, mentre Elizabeth si allontanava. Seguii un asino scheletrico che ansimava tirando un carretto con un rumore di zoccoli sul selciato, mentre Elizabeth superava una banda di ragazzini che imbracciavano pezzi di legno a forma di fucile.

Elizabeth, dissi a me stesso. Dove stai andando?

In quel momento mi sovvenne il vero pericolo del luogo in cui mi trovavo. Quelle file di case di mattoni umidi erano lacerate dagli scontri di parte, una strada contro l'altra. I colpi d'arma da fuoco che avevamo sentito dalla sicurezza di Park Avenue provenivano da quel dedalo di case a schiera sgangherate. Una masnada di ragazzini scalzi mi guardò passare, i piedi nudi affondati fino alle caviglie in un fosso sudicio che era stato scavato al bordo della strada. Una di loro, una bambina di non piú di due o tre anni, mi fece un sorrisone sdentato, poi sgambettò traballante fino a una donna ferma in un andito che si reggeva la pancia gonfia, con un neonato in ciascun braccio. Mi guardò diffidente, poi si tirò lo scialle sulla faccia e fece un passo indietro nell'ombra.

Una voce chiamò dall'altra parte della strada. «Ehi, sbirro». Era un uomo sulla quarantina, con un palo di ferro che gli dondolava accanto alla gamba. «Tu non sei di zona qui, giusto?» Fece un passo sulla strada, proprio mentre due agenti del Royal Irish Constabulary facevano la loro comparsa all'incrocio.

Li salutai con un cenno della testa e tornai verso la strada principale, conscio di avere perso le tracce di Elizabeth. Mi lisciai i vestiti, allungai il passo risalendo la collina e a un certo punto, grazie al cielo, la scorsi ferma davanti a un negozio di ferramenta, insieme a un giovanotto alto con le maniche arrotolate, il tatuaggio di una sirena sul braccio. L'uomo aveva la camicia aperta sul petto villoso, i peli neri che risaltavano sulla pelle color cuoio, il torace possente fiancheggiato da due ampie spalle muscolose. Stava davanti a un cumulo di rottami arrugginiti. L'uomo rise e condusse Elizabeth all'interno, tenendole la mano aperta sulla schiena. Io sfrecciai, non visto, sul lato opposto della strada, rannicchiandomi dietro un muro di botti accatastate.

Famosi materiali idraulici Morrison recitava l'insegna sopra la porta lurida riparata da un tendone lacero. Davanti alla facciata erano accumulati tubi arrugginiti e pezzi rotti di motori. Era un edificio di tre piani con il tetto spiovente, un comignolo crepato che fumava in fondo al timpano. Le luci erano spente, le finestre nere. Aguzzai la vista, sforzandomi di vedere qualche movimento all'interno, ma era tutto immobile. Mia moglie doveva essere passata nelle stanze sul retro dell'edificio. Quindi era qui che sgattaiolava di nascosto? Un vecchio negozio in una strada misera per divertirsi con un amante che lavorava nei cantieri. Ebbi un moto di nausea. Ero cosí insoddisfacente? La sera prima era stata solo una messinscena?

Disgustato, mi spostai, proprio mentre una luce compariva sul tetto. Non mi ero accorto della piccola finestrella della soffitta. Guizzò tremolante, poi aumentò, gettando una striscia di rosso vivo sulle tegole rotte. Distinguevo appena le ombre che si muovevano all'interno. Era impossibile vedere chi fossero o persino quante persone ci fossero nella stanza, ma a quanto potevo giudicare erano piú di due. Avrei dovuto attraversare la strada, bussare alla porta, battere fino a farla aprire, trascinare la mia sciagurata moglie a casa dai suoi figli. Risi amaramente. Se avessi anche solo tentato di sopraffare quell'omaccione grande e grosso, sarei finito schiacciato come un nonnulla sul marciapiede, naso rotto e pantaloni imbrattati. L'alternativa era starmene lí, da bravo marito rispettoso, in attesa che la moglie finisca di fare la sgualdrina. Un uomo rispettabile dev'essere stoico. O Signore, sapere che non ci è consentito avere paura: ecco cosa impaurisce piú di tutto.

Guardai la finestra mentre la figura dell'uomo passava davanti alla luce rossa. Elizabeth era al sicuro lí dentro? Aveva pensato a lui la notte scorsa? La luce si affievolí. Mi guardai le scarpe, sospirando. Stava cominciando a piovere, i vestiti mi si stavano appesantendo sulla schiena. Mi girai per tornare a casa, sprofondato nei pensieri infelici ma, proprio in quel momento, accadde una cosa stranissima. Alzando gli occhi verso la finestra della soffitta vidi qualcosa dietro il vetro. Lo fissai, sbattendo le palpebre nella pioggia. C'era una ragazza, alla finestra, che mi guardava dritto. Aveva la faccia pallida a forma di mandorla, i capelli neri e un paio di occhiali dalla montatura metallica. Doveva avere un vestito scuro quanto la luce alle sue spalle, perché era come se la sua testa fluttuasse. Mentre guardavo, il rumore della pioggia svaní mentre le ruote dei carretti passavano, il loro suono attenuato come fossero sommerse dall'acqua. La luce dietro la schiena della ragazza si fece ancora piú scura. Lei toccò il vetro con la punta delle dita, aprí la bocca una, due volte, poi una terza, girandosi infine verso la stanza con lo sguardo indugiante. Stava cantando, mi resi conto, perché riuscivo a sentire una congregazione di voci che intonavano insieme una melodia.

Paralizzato, aspettai che tornasse, chiedendomi se Elizabeth fosse con lei. Era un incontro di chiesa, alla fin fine? Valutai se attraversare la strada per dare un'occhiata piú da vicino al negozio, ma l'omaccione comparve alla finestra della soffitta a guardare la strada. Mi rincantucciai dietro le botti, poi tornai a sbirciare, sperando di rivedere la ragazza, ma mi resi conto che avevano chiuso la tenda. Credo di essere rimasto lí un'altra ora mentre calava la notte, penetrante e umida. Starnutii, brontolando per i piedi bagnati.

Di colpo si sentí un gran vocio al pianterreno e le luci si riaccesero. Una donna anziana si arrampicava sui banconi e strillava correndo; vorticava indietreggiando verso la porta. Fu sul punto di cadere, barcollò e rovesciò una scatola dallo scaffale, urlando con la faccia terrorizzata, terrea in volto. Incespicò verso l'ingresso, stringendosi lo scialle, tirandosi i capelli grigi, portandosi le mani al cuore, ansimante, gridando in preghiera. Il giovanotto comparve dietro di lei, con gli occhi freddi. La donna impazzita spalancò la porta del negozio, si tirò lo scialle sulla testa, uscí a precipizio nel buio e scomparve in un vicolo con un ultimo grido lontano.

L'uomo rimase in strada a guardarla con un ghigno divertito, la pioggerella che gli ricadeva intorno a sprazzi. Ci fu del movimento nel retro del negozio, una congregazione di gente si stava riversando in strada. Davvero una strana chiesa. Comparve Elizabeth, con l'aria malinconica; si tratteneva esitante, finché una donna la guidò, accarezzandole il braccio mentre lei piangeva. La ragazza non si vedeva da nessuna parte. Mi resi conto che non avevo un minuto da perdere se volevo arrivare a casa prima di mia moglie, per cui mi allontanai a forza, correndo piegato dietro un cavallo lento prima di saltare su un tram che passava dalla porta posteriore. Entrando, feci un educato cenno con la testa agli altri passeggeri, che si ritrassero sulle panche, storcendo il naso per il mio cappotto fradicio e le pozze d'acqua che lasciavano le mie scarpe. Presi posto a sedere tirando boccate di tabacco inumidito, inalando ingordo per calmare il mio cuore scombussolato. Starnutii, con la testa che pulsava al pensiero di Elizabeth in quel posto orrendo. Non solo Elizabeth, si badi. Chiusi gli occhi per richiamarla alla mente. La ragazza. Alla finestra. Che fissava in giú verso di me con uno strano sorriso. Sí, la ragazza. Con la faccia a mandorla e gli occhiali... mi aveva visto?

14.

La mattina successiva, al risveglio, ero un cadavere ambulante. Avevo le lenzuola attorcigliate intorno alle gambe, zuppe di sudore, il collo bloccato contro il cuscino ed ero in uno stato di confusione, la coscienza che andava e veniva, ogni pensiero cantava nella mia testa imbottita di ovatta. Quando chiamai aiuto, la voce mi uscí strozzata dalla febbre, le ghiandole in gola ingrossate come palle da croquet. Accidenti a quelle strade appestate.

In quello stato esistevo appena, imprigionato nel mio stesso corpo, nel mio letto, nella mia camera, nella casa... una bambola imbottita di virus, le cavità infestate di sudore appiccicoso e germi aggressivi. Un uomo malandato, assistito unicamente da un'infermiera muta, poiché avevo deciso di isolarmi dalla famiglia, in particolare dal povero Robert, che era altrettanto malato di stomaco. Che se ne occupi Elizabeth, di tutti loro, pensavo, sempre che riesca a sopportare di stare lontana dai suoi convegni segreti.

Un'ora dopo l'altra, la cameriera e io rimanevamo a fissare in silenzio gli angoli della stanza mentre la luce del giorno correva incessante sui muri. Il dolore abbandonò le ossa dopo qualche giorno, i mal di testa si allentarono e svanirono di seguito: eppure sentivo il contagio indugiare sulla porta, minacciare i miei fragili umori, e avevo la certezza che le mie condizioni fossero molto piú serie di quanto i sintomi implicassero. Ignorai pertanto le suppliche del dottore e presi la decisione di mantenere un premuroso distanziamento dalla mia famiglia, curandomi con un assortimento di giornali e libri affascinanti. Oh, Gesú, per un uomo attivo rimanere chiuso nei propri appartamenti per un certo tempo è davvero una punizione orrenda. Rose si dimostrava in ogni caso un'infermiera diligente, mi sprimacciava i cuscini, mi preparava la pipa e mi lavava quotidianamente con una spugna intrisa di acqua bollente. Mi faceva persino la barba, le sue mani forti mi facevano scivolare il rasoio sul collo e sulle guance con la disinvoltura di un barbiere turco.

L'ottavo giorno fui capace di imbrigliare il mio spirito soldatesco e cosí installai una scrivania di ripiego a cavallo del letto, tenendomi occupato con i grafici, trovando piacere nella verità di ogni schizzo, trangugiando avidamente dolcetti di mandorla inzuppati in tazze di latte bollente con il malto. Com'ero produttivo, lontano dall'Istituto e dai miei poveri colleghi abbandonati. Se la cavavano senza di me? Mi ponevo molte domande, l'inattività del corpo conferiva un'energia malsana alla mia immaginazione. Che dire della signora in bianco che, secondo i bambini, parlava per le scale? Mia moglie mi era infedele oppure si era convertita a qualche religione pagana? Che cos'aveva visto Hazel? Che cosa pensava davvero Rose di tutti noi, dietro le smorfie di quella mascella silenziosa, e perché mi guardava in quel modo cosí strano? *Ci sono enormi misteri in questo nostro mondo, ma un mistero è solo un fatto sotto mentite spoglie. Un giorno non ci saranno misteri, solo verità.* Questo annotai, una sera tardi, prima di fortificarmi con uno sherry scurissimo.

Il nono giorno che rimanevo a letto, il dottore venne a visitarmi, sostenendo qualche sciocchezza sul fatto che stavo migliorando, a prescindere dai miei tremori e svenimenti. Quando se ne fu andato dovetti piazzare Rose sulla porta mentre Elizabeth dal corridoio mi supplicava di uscire.

«William» chiamava. «Sto entrando. Non ho mai visto Robert stare cosí male. Devi alzarti dal letto. Il dottore dice che Robert è giovane e forte e sembra che migliori, ma ti chiama giorno e notte. Gli manca terribilmente suo padre, come manca a tutti noi».

Aveva un bisogno cosí disperato di dare l'idea di essere una moglie e madre preoccupata che prese a battere sulla porta finché mi costrinse ad alzarmi, perdendo il segno nel libro, e a rimproverarli perché volevano che un uomo malato mettesse in pericolo le loro deboli vite con la sua malattia esiziale. No, era fuori questione. Avrei sacrificato il mio piacere personale nel loro stesso interesse rimanendo a letto un altro po', non da ultimo per recuperare le energie perdute per la loro interruzione. «Sono gravemente indisposto» urlai, arrampicandomi di nuovo sotto le mie coperte. «Ho tutto il corpo pieno di muco». Del resto, avrei potuto aggiungere, chi era da biasimare per il mio stato sventurato, in fin dei conti? Costringi un marito a stare sotto la pioggia battente, con le caviglie affondate nel piscio, e presto te lo ritroverai malato. Non c'era niente di cui dovessi sentirmi in colpa, Robert era ovviamente in via di guarigione; i suoi pianti erano cessati. No, le dissi, se avesse insistito a bussare avrei gettato Rose dalla finestra e lei sarebbe diventata la moglie di un carcerato. Il trucco sembrò funzionare ed Elizabeth smise di assillarmi, anche se Rose riuscí a impregnarsi di un silenzio ancora piú profondo di prima.

Il decimo giorno ricevetti una gentilissima lettera dal preside, il quale mi rassicurava che all'Istituto non avanzavano pretese. Il mondo mi avrebbe aspettato, cosí diceva. Posai la lettera accanto alla marmellata e ai biscotti, riprendendo con circospezione la lettura del *Daily Telegraph*, tirando dalla pipa per un effetto terapeutico. Era rassicurante non vedere in prima pagina titoli allarmanti sulla grande discordia europea. Lessi con interesse dell'opportunità di acquistare azioni degli ammortizzatori J. M., poi scorsi rapidamente le ultime notizie sui mercati finanziari. A quanto pareva erano in calo, da quando l'Austria-Ungheria aveva dichiarato guerra alla Serbia, ma niente di troppo preoccupante. Ridacchiai di gusto, divertito, sulla splendida MAPPA DELLA GUERRA delle varie nazioni in lite, ammirando in ogni caso la notevole prodezza ingegneristica del voler costruire linee ferroviarie funzionali attraverso i Carpazi. Chiesi un pacchetto di gessetti colorati dei bambini e colorai la mappa con alcune caratteristiche geografiche chiave per intrattenere Rose. *La polverina Kutnow elimina la stipsi* dichiarava la pagina successiva. Mi chiesi se il signor Kutnow avesse una polverina con l'effetto opposto che potesse aiutare il povero Robert. Girai pagina e lessi un interessante aggiornamento su una riforma della legge sul divorzio. C'era una proposta di legge per mettere uomini e donne su un piano di parità in caso di adulterio. La questione a quanto pare suscitava *un'amara rimostranza* nelle donne che, ipotizzai, si sentivano ferite dal fatto che le loro infedeltà sessuali fossero sottovalutate.

«Rose» dissi, ripiegando il giornale tra la borsa dell'acqua calda e le pantofole. «L'infedeltà di un uomo è equivalente a quella di una donna, secondo te?» Lei fissò la pila di calze rammendate sparse sulle sue ginocchia olimpioniche. «Voglio dire, se un marito ha una relazione extraconiugale, secondo te è davvero altrettanto vergognoso che se sua moglie facesse la stessa cosa? Qui dice che mettere uomini e donne su un piano di parità in questi termini porterebbe a conseguenze disastrose. Io sono abbastanza d'accordo».

Lei non disse nulla. Come faceva sembrare piccola la sedia. Ripiegai le braccia e sprofondai nei cuscini. Se Elizabeth rincorreva quel giovane omaccione, il danno arrecato alla mia reputazione sarebbe stato molto maggiore che se io avessi frequentato prostitute come il suo amato fratello. Quel pensiero mi rese glaciale. Stabilii di riposare qualche altro giorno. Senza dubbio lei ne sarebbe stata felice. Sollevai le ginocchia, riprendendo il giornale con un sospiro, cercando qualcosa che calmasse il mio malumore. A Sir Edward Carson, l'importante politico unionista, era stato conferito il Freedom of Belfast, con grande fastidio dei nazionalisti. Nel frattempo, a Dublino, i fucilieri dei King's Own Scottish Borderers avevano sparato su una «folla» che dava l'idea di essere stata piuttosto fiacca.

«Strano» dissi a Rose, reggendo in alto l'articolo perché lo leggesse. «A questi uomini è stato sparato alle spalle; è normale a Dublino che le folle attacchino all'indietro?» Rose fissò il proprio cucito, ancora piú irrigidita. «Non temere» dissi, immaginandola con un ciondolo della Madonna appeso al collo. «Non c'è settarismo a casa Crawford. Unionismo, autonomia o asservimento a Roma, non me ne importa nulla. A Dunedin eravamo tutti presbiteriani, sai, per cui le famiglie erano libere di odiarsi come preferivano». Risi da solo finché la risata non sfociò in un accesso di tosse e un grumo di catarro rimase a pendere come un orecchino di smeraldo dal paralume. Rose lo tolse con un fazzoletto.

Altri due giorni di degenza portarono una notizia terribile sul *Telegraph*: *Le prospettive piú rosee di ieri hanno subito oggi un'eclissi fatale*, esordiva l'articolo, in un tono piuttosto allarmistico. E proseguiva: *Il primo, spaventoso fatto è che la guerra è cominciata – è stata dichiarata formalmente dall'Austria-Ungheria.*

Sorrisi a Rose. «Saremo presto in guerra, secondo te?» Immaginai l'intera Europa come un diabolico meccanismo a orologeria. Mai un congegno era stato piú fallato dell'Europa. Qui un pistone forava una camera di combustione piegata; lí un ingranaggio triturava un ingranaggio piú piccolo, pulegge di ogni sorta si attorcigliavano e sfregavano l'una contro l'altra fra un trattato e un voto di lealtà tintinnante portando il tutto a surriscaldarsi fino a scoppiare in un'inevitabile, possente esplosione.

Attraverso il muro giunsero degli strilli; venivano dalla camera dei bambini, Margaret e Helen piangevano, Elizabeth bussò in modo insensato alla mia porta prima di fare irruzione, supplicandomi di aiutarla con i bambini o quantomeno di esentare Rose da una parte dei suoi doveri di assistenza infermieristica. Sdegnato, mi gettai contro il materasso, prostrato nel mio letto di dolore, con la pelle coperta di pustole, starnazzando come un'oca moribonda, quasi incapace di difendermi finché lei smise di farneticare per asciugare la mia povera testa. «William, pensi che ti sentirai mai meglio? Vedo che hai le guance colorite, sei sicuro di essere malato?»

«Le mie guance?» dissi, con gli occhi che faticavano a mettere a fuoco il soffitto. «Le mie guance! Sono contento che le mie guance stiano bene, Elizabeth. Ho paura però che i miei polmoni stiano cedendo». Lei mi studiò, poi mi lasciò ricadere la testa sul cuscino come un mattone prima di tornare nella camera dei bambini.

Mi rincantucciai sotto le lenzuola, quella notte, pensando alla ragazza alla finestra. All'incontro peculiare di Elizabeth con quell'uomo. Un sogno intermittente m'invase la mente: il negozio illuminato da un vento giallo ardente, le stanze che brillavano dall'interno, disseminate di un lento ciclone di copie su copie della lettera di Hazel. A tarda ora mi svegliai e sentii Elizabeth che cantava la ninnananna preferita di Robert, e anche Helen e Margaret cantavano finché la stanza ondeggiò. Di nuovo caddi nel sonno, sprofondato nella febbre.

Il tredicesimo giorno mi svegliai di colpo sentendo urlare. Riuscii a puntellarmi contro una composizione di cuscini, coprendomi le orecchie, chiedendomi che fine avesse fatto Rose con le mie uova e bacon. Di solito era molto sollecita. La chiamai, battendo il tallone sul pavimento, ma non venne. «Rose» gridai. «Rose, dov'è la mia colazione?»

Fuori continuavano gli strepiti e le grida, per cui mossi le gambe doloranti dal letto e arrancai fino alla porta. Era un pandemonio, le bambine si abbracciavano in un fiume di lacrime, Rose stava ferma accanto alla porta chiusa della camera dei bambini, la faccia contratta, i capelli sciolti. Sbucai sul pianerottolo.

«Cos'è tutto questo baccano? Che succede? Ragazze, smettetela con tutto questo pianto».

La porta della camera dei bambini si aprí e uscí il dottore, tamponandosi la fronte con un fazzoletto, le maniche della camicia arrotolate fino al gomito. «Signor Crawford, sono venuto piú in fretta che ho potuto».

«Be', non si doveva disturbare» dissi. «Sono guarito».

Mi rivolse un'occhiata addolorata. «Mi fa piacere. Robert, invece, è peggiorato nella notte».

«Sta ancora male?» chiesi.

Le bambine smisero di piangere, Margaret accompagnò la sorella in camera loro. Io sorrisi, in attesa che il dottore continuasse.

«Mi dispiace moltissimo, signor Crawford. Robert sta morendo».

Che silenzio piombò tutto di un colpo; si sentivano solo i suoni degli uccellini dal giardino, il borbottio lontano del motore di un'automobile. Lo guardai incredulo. L'aria si fece grigia. «Morendo?» dissi.

«È debolissimo. Confidavo che ce l'avrebbe fatta, con l'aiuto della preghiera, ma ormai ci sono poche speranze». Si tolse gli occhiali. «Suo figlio è stato molto male. È stato giustissimo che lei si sia tenuto lontano nel caso la sua febbre peggiorasse le sue condizioni».

Feci un passo avanti, le pareti s'inclinarono. «Devo vedere mio figlio» dissi. «Ha bisogno di suo padre, sarà spaventato». Mi avviai barcollante verso la camera dei bambini, sorretto dal dottore che mi camminava accanto tenendomi per il gomito. Rose si allontanò dalla porta a testa china. Dentro, vidi il pavimento coperto di asciugamani macchiati, disseminato di ciotole e tegami pieni d'acqua. La finestra era chiusa e il calore del fuoco rendeva insopportabile l'aria putrida. Elizabeth, allungata sul letto, sussurrava con dolcezza al bambino sepolto tra le lenzuola.

«Che la tua mano potente e il tuo braccio teso, o Signore, siano ancora la nostra difesa; la tua misericordia e la tua amorevole bontà per Gesú Cristo, il tuo caro figlio, siano la nostra salvezza».

Alzò gli occhi. «William, il nostro piccolo Robert».

Anche se mi era quasi insopportabile, mi forzai a guardarlo con un groppo in gola, e vedendolo mi uscí un suono inumano come di spago bagnato. Come ci si sente a vedere un bambino morente? Non ci si sente affatto, perché non c'è niente che lo renda afferrabile alla mente. Niente se non la propria morte. Per un attimo, m'immaginai che ci fosse stato qualche errore, perché il mucchietto di ossa che giaceva tra le lenzuola non assomigliava affatto a mio figlio. Scavato, gli occhi violacei e gli zigomi infossati, le labbra ripiegate in dentro. M'inginocchiai di fianco a lui, baciai la sua pelle umida, presi la sua manina minuscola nella mia, forzai le sue dita fredde per aprirle. Guardai mia moglie. «Non avevo capito. Non sapevo. Non me l'hai detto...»

«Ci ho provato, ma tu non volevi saperne di uscire. Chiedeva di te».

Mi rivolsi a mio figlio, reggendo il suo scheletro attraverso le lenzuola, tirando su la coperta alle sue labbra per confortarlo.

«Robert» sussurrai. «Robert, c'è qui tuo padre. Prendi questa, è la tua copertina, guarda».

I suoi occhi pallidi si aprirono, una bolla sulle labbra. Aveva la voce esilissima, le sue guance una volta floride lasciavano trasparire i denti. Gli accarezzai i capelli, gli baciai la fronte.

«Robert, prendi la tua copertina, guarda. Alla fine non l'ho bruciata. Vedi?»

I suoi occhi si chiusero lentamente e lui sorrise.

«Sciocco papo» disse.

E se ne andò.

15.

Elizabeth si fermò, vicina alla ferramenta; giocherellò nervosamente con il cappello e i guanti neri nel riflesso di una vetrina vicina prima di giungere le mani in preghiera. Guardò in su verso il cielo, poi di nuovo lungo la strada. Io mi rannicchiai nell'ombra del vano di una porta, grato di avere i vestiti trasandati, i capelli folti che mi coprivano gli occhi.

Robert era morto da appena due settimane. La casa era un obitorio, il corpo di nostro figlio infestava ancora la camera dei bambini, la sua morte era viva negli occhi delle ragazze, le stanze avevano una battuta di silenzio di troppo, il tavolo, una sedia vuota di troppo, e nel frattempo mia moglie andava in quel luogo sordido giorno dopo giorno. C'era da ringraziare il cielo che il bambino avesse avuto una polizza, perché avevamo perso l'acqua calda la notte stessa in cui avevamo perso nostro figlio e alla fine era stato solo grazie all'assicurazione che avevamo coperto i costi del funerale. Era stato motivo di un'accesa discussione, ma io ero stato irremovibile e mi ero rifiutato di far seppellire mio figlio con l'ennesimo debito nei confronti di Adelia. Ero disposto a prendere i suoi soldi per un serbatoio dell'acqua ma non per la tomba di mio figlio. Ero stato certo che gli ultimissimi giorni fossero stati un sogno, un incubo, mi svegliavo tutte le mattine come Scrooge aspettandomi di avere l'opportunità di balzare di nuovo fuori dal letto e trovare Robert che sfrecciava per la casa nella sua automobile immaginaria. E invece no, era tutto fin troppo reale, ed eccomi lí a rannicchiarmi dietro le botti, le loro pance umide contro le mie ossa cave.

Elizabeth imboccò la porta del negozio. Non appena dentro, una vecchia la guidò per mano verso i recessi bui dell'edificio. Io mi drizzai, attraversai a passo svelto la strada finendo quasi per sbattere contro la fiancata di un tram che passava, senza pensare a quello che stavo facendo. Era come se i miei piedi avessero vita propria mentre marciavo dentro e andavo a incappare dritto nel giovanotto.

«Ehi, tu, attento!» disse lui.

Doveva essere alto piú di un metro e ottanta e aveva la stazza di un cavallo da tiro. A distanza ravvicinata, mi resi conto che la sirena con i capelli rossi che aveva sul braccio era a seno nudo, cosa che scandalizzò il mio cervello confuso provocandomi un accesso di cinguettii balbettanti e rumori di naso, un agitarsi di baffi, una ricerca della pipa. Mi fermai, chiusi gli occhi per soffocare un'ondata di nausea, feci un passo indietro, poi parlai in un inatteso falsetto.

«Signore» dissi, deglutendo. «Signore, sono qui per ritirare mia moglie».

«Ehi, ma davvero?» disse ridendo, masticando un fiammifero. «Ha fatto un ordine?»

«Io... certo che no; non ho fatto niente del genere. Voi avete mia moglie là dietro».

«La tua mogliettina, eh?» Si girò di schiena, grattandosi il mento. «Sei nel posto sbagliato, piccoletto. In magazzino non ce l'abbiamo. Solo viti e tubi e roba cosí».

Mi aggiustai gli occhiali sul naso e mi girai verso la porta con un piagnucolio. «Avete mia moglie, l'ho vista entrare neanche un minuto fa. Dov'è? Dove la nascondete? Non sono in cerca di guai...»

Lui si piegò in avanti, con uno scintillio negli occhi. «Peccato, di quelli ne abbiamo in abbondanza». Fece una faccia allusiva, gesticolando verso la confusione di scatole squarciate, mensole stracolme, pareti scrostate, pavimento impiastrato di grasso e soffitto macchiato dalle sigarette. «Niente mogli però».

Prima che potesse fermarmi, scattai dietro a uno dei tavoli verso il retro del negozio, con le gambe che tremavano.

«Ehi, ma che fai, piccolo matto bastardo che non sei altro?» grugní.

Pur essendo la metà di lui, gli avevo preso le misure piuttosto in fretta, nonostante le mie deboli condizioni di salute: ero troppo agile per farmi prendere da un goffo bisonte come lui. Riuscii a rovesciargli una pila di manici di martello sotto i piedi, mandandolo a sbattere sulla schiena.

Ne approfittai per correre nel retro, dove una giovane donna dalle spalle ossute trafficava intorno a una vecchia cucina, girata di schiena. Sembrava di stare nella cambusa di fortuna di una nave: condutture dell'acqua cazigzagavano per il soffitto, fasciate in alcuni punti con catrame e stracci, un lavandino metallico profondo, grande quanto una vasca da bagno, pieno di pentole, piatti e strisce di stoffa. Vestiti bagnati stavano appesi a delle aste contro i muri gocciolanti, il tavolo al centro della cucina era disseminato di pizzi a poco prezzo. Rapidamente, mi dileguai non visto dietro una tenda lacera e salii per una scala stretta che portava a un andito su un pianerottolo senza finestre. Sentivo la voce dell'uomo di sotto litigare con la donna mentre mi affrettavo su per una seconda scala, ancora piú stretta della prima, che portava al piano successivo. Voci indistinte provenivano da qualche parte sopra la mia testa, mentre strisciavo lungo un corridoio angusto, le pareti inclinate come ubriache l'una verso l'altra, la carta da parati punteggiata di muffa nera. Il pavimento s'incurvava sotto il mio peso e si piegava da un lato mentre io cercavo di rimanere saldo. Alla fine del corridoio aprii una porta sbilenca – con una S sgraziata incisa nel legno nudo – e sbirciai dentro. Era una stanza penosa, senza moquette, spoglia di tutto se non per dei vestiti da ragazzo sparpagliati sulle assi accanto a un caminetto murato e una scala a pioli inclinata contro un bastone da tenda.

Mi girai intorno, mentre qualcuno saliva rimbombando le scale dietro di me. Avrei potuto semplicemente rimanere ad aspettare la mia punizione, non fosse stato per una voce che veniva da sopra la mia testa. Una voce di donna, che ripeteva la stessa frase...

«Robert, ci sei, Robert? Vieni da noi...»

Notai una porticina sghemba sul pianerottolo, grande la metà delle altre, schiacciata proprio nell'angolo del muro, seminascosta da una tenda nera che rivelava una serie di gradini minuscoli e ripidi in un passaggio contorto e cosí stretto che fui costretto a salire di traverso, spingendomi su con le mani contro i mattoni freddi. In cima c'era una piccola porta. La spinsi con delicatezza per aprirla, con il cuore che mi martellava nelle orecchie. Com'era spaventosamente buio all'interno e una lanterna rossa proiettava ombre sul muro opposto.

«Robert, ci sei, Robert? Vieni da noi...»

Nella caligine di quella strana luce riconobbi Elizabeth, seduta a un tavolino, che stringeva le mani di una donna anziana, le facce di ambra accesa.

Il gradino scricchiolò sotto la mia scarpa e la testa della vecchia scattò su, gli occhi bianchi. La sua voce gracchiò, le parole cosí assottigliate che era come se cantasse.

«Abbiamo una visita, Katie».

Scrutai la stanza mentre una forma emergeva dal buio. Una figura con la testa coperta da un lungo velo nero. Lentamente, un paio di pallide dita comparvero da sotto il tavolo e tirarono indietro la stoffa, scoprendo una chioma di capelli neri divisi a metà da una riga che pareva disegnata nell'aria da un gesso. Era la ragazza alla finestra. I suoi occhi sfavillavano nel chiarore tremulo della lampada, le mani posate sui braccioli della sedia. Inclinò la testa con un curioso sorriso.

«Salve, professore» disse. «È venuto finalmente. La aspettavamo».

SECONDA PARTE
EMANAZIONE

16.

Mi sedetti su una sedia zoppicante, esaminando la stanza e i suoi strani abitanti. Quindi era questa la risposta ai misteriosi incontri in chiesa di Elizabeth? Mi venne da ridere. La mia un tempo devota moglie, dai fidati principi morali e gli incantesimi incessanti, non era infedele a me, ma a Dio stesso, si dilettava dell'occulto, chiamava a gran voce i morti, senza dubbio con campanelle tintinnanti e trombe a mezz'aria. Di colpo il tabernacolo di Arthur prese un significato complessivamente piú sinistro. Mi lisciai la giacca, mi passai la mano sui baffi. «Elizabeth, che vergogna».

Esaminai la stanza meglio che potei. La finestra della soffitta, oscurata dalla tenda, dava la sensazione, nonostante non dovessero essere passate da molto le quattro e mezza del pomeriggio, che potesse essere l'ora delle streghe. La stanza non aveva elementi particolari, se non per la sagoma indistinta di un caminetto sul muro opposto. Il pavimento nudo era grande all'incirca come i due terzi dell'edificio, sovrabbondante per un gruppo di quattro persone, anche se il soffitto basso a due spioventi rendeva lo spazio claustrofobico. La lampada accanto al tavolino era un oggetto rudimentale, ricavato da una vecchia latta di biscotti, chiusa su tre lati con pannelli di vetro rosso rubino e accesa con un bagliore costante da una fiammella piatta. Mi accorsi, sorridendo dentro di me, che la ragazza medium non era illuminata in modo diretto. Ciascuno di noi era seduto su una normale sedia da cucina, mentre il tavolo al centro del cerchio era, al mio occhio di ingegnere, un oggetto semplice di legno scadente, non verniciato, alto una sessantina di centimetri. La ragazza prese il velo dal grembo e se lo drappeggiò sulla testa.

«Venite» disse, mentre la luce della lampada color rubino si abbassava. «I nostri amici si stanno facendo impazienti».

Prese la mia mano sinistra, la destra fu stretta dagli artigli ossuti della vecchia. Elizabeth fissava il tavolo, inghiottendo le lacrime, senza incrociare il mio sguardo.

«Elizabeth, dovremmo andarcene subito».

«No, William» disse lei. «Voglio parlare con Robert. Dev'essere tremendamente spaventato, non credi?»

«È in paradiso».

«Oh, di quello non può esserne sicuro» disse la vecchia.

«Io credo di sí. Perché se qualcuno è all'inferno, quello sono io».

«Silenzio, signor Crawford» disse la giovane medium con una voce delicata. «Non sente sua moglie piangere? Troveremo vostro figlio. Anzi credo... sí... è nella stanza con noi adesso. Lo sento, laggiú accanto alla porta. Lo sentite anche voi?»

Balzai su in preda al disgusto, facendo sbattere la sedia. «Ce ne andiamo, Elizabeth» gridai. «Questa è una follia, come osi?»

«Seduto» sbraitò l'uomo che stava di sentinella sulla porta.

«Niente affatto!» dissi, liberando le mani dal cerchio con uno strattone. «Lei non può darmi ordini, sono un professore di ingegneria, non un idiota debole di mente. Elizabeth, mia povera cara, adesso capisco tutto, ma noi sappiamo precisamente dov'è Robert. È nella tomba».

«No» venne la voce della ragazza da sotto il velo. «È qui. Vieni da noi, Robert, non essere timido. La prego, professore, lo ascolti e lui le parlerà. La morte è un inizio, non una fine. Lo vedrà». Mosse la testa velata in cerchio, la voce profonda. Io continuavo a guardare, riluttante a sedermi, incapace di andarmene.

«Robert» disse la ragazza, con lo sguardo fisso nel vuoto verso la porta. «Lo so, povero bambino... lo so... ti vediamo... hai cominciato un nuovo viaggio. Te la senti di togliere le dita dagli occhi? Non c'è bisogno di avere paura. Ecco, cosí va meglio. Sei spaventato ma non sei solo... devi muoverti verso la luce... vedi una luce, Robert?» La sua testa ammantata si girò verso di me. «Come dici, Robert? È... pupo?»

Mi guardai intorno, sbuffando per quell'intera sciocchezza, chiedendomi se l'uomo alla porta mi avrebbe lasciato andare via, e stavo per intimargli di spostarsi quando arrivò una voce dal buio. Una voce che conoscevo.

Papo...

Persi tutta la forza che avevo nelle gambe tremanti, raddrizzai la sedia e sprofondai lentamente, come se mi avessero colpito al cuore. Non feci in tempo a cadere che le mie mani furono di nuovo afferrate dalle altre donne sedute con me.

Papo...

La voce era delicata, sepolta da qualche parte oltre i muri. Arrivò un rumore distante di colpi. La ragazza scosse la testa. «No... povero Robert, non essere arrabbiato con noi. Chi stai cercando?»

«Elizabeth» mormorai impaurito, con la voce accorata che tremava. «Dobbiamo andarcene, in questo istante, ti supplico. Che cos'hai fatto?»

Ma Elizabeth non rispose, le sue mani continuavano a stringersi al cerchio nella luce rossa. Da qualche parte sopra il tavolo una campanella suonò, seguita da altri rumori di colpi in vari punti della stanza. La ragazza parlò, con la voce ancora piú bassa.

«Rimanga, professore. Robert è qui. Chiede di lei».

Ci fu un rumore sordo, in basso accanto alla porta, come qualcosa di morbido che sfregava sul legno.

Papo...

«Smettetela!» tuonai. «Chi è che lo sta facendo? Smettetela in questo istante!»

«Silenzio!» disse la medium, togliendosi il velo, a occhi chiusi. Lentamente, si alzò dalla sedia, dando dei colpetti alla mano della vecchia mentre perlustrava la stanza senza luce. «Hai sentito la voce, mamma, era il bambino? Da dove veniva?»

La vecchia lanciò occhiate nervose per la stanza, prima di fissare gli occhi pallidi su di me. «Direi da qualche parte vicino» gracchiò. «È lui, sicuro».

Sbottai in una risata incredula, convulsa. «Qui? Mio figlio! E che cosa ci farebbe nella vostra maledetta soffitta?»

La medium prese posto a sedere e si allungò verso di me, la faccia che si profilava nell'aria fosca, scrutando i miei occhi.

«Professore» disse. «Mi dica la verità, ha sentito la voce?»

«Certo che l'ho sentita» dissi con scherno. «Chi è stato?»

Arrivò un raspamento di fianco al caminetto, come di un topo nella paglia. La ragazza si girò, il volto in ombra.

Papo, dove sei?

Battei sul tavolo. «Smettetela subito. Chi è? Elizabeth, sei stata tu?» Era proprio impossibile che fosse stata lei, perché mia moglie ansimava per il pianto, del tutto incapace di parlare. La ragazza aveva un vago sorriso sulla faccia. Strinse gli occhi. «Professore, è qui per prendersi gioco di noi?»

«Sono qui per affrontare mia moglie. Chiunque sia che finge di essere mio figlio, gli chiedo di smetterla subito e di liberare la mia buona moglie. Quanto costa? Pagherò».

La ragazza inarcò le sopracciglia, alzando le spalle rivolta alla madre, che strinse la mano di Elizabeth, coccolandola e parlandole in un sussurro. «Povera signora Crawford, l'aveva detto che sarebbe venuto. Vogliamo andare avanti oppure no?»

«Sí» disse Elizabeth. «Sí, andate avanti, per piacere. Ignorate mio marito. Carissimo Robert, sei qui. Sapevo che saresti venuto. Hai fame? Sei al sicuro?»

Nooooooo...

La medium si schiarí la voce, tirandosi di nuovo il velo sulla faccia. «Gli spiriti vanno in cerca delle questioni in sospeso, professore. Suo figlio deve avere lasciato qualcosa di irrisolto. È cosí impaurito. Che cos'ha lasciato?»

«Robert» disse Elizabeth, fissando lo spazio vuoto accanto alla porta, sorridendo tra le lacrime. «È qui, io ci credo. Robert? Troverai lo zio Arthur? Lui si prenderà cura di te».

Io sbuffai. Lo zio Arthur, quel giovinastro ubriacone? La stanza sbatacchiò mentre un tram passava per la strada.

«Piú buio» disse la ragazza mentre la madre abbassava la luce della lampada; le ombre si addensarono finché rimase visibile solo il piano del tavolo. «Sento che Robert è in qualche pericolo, ci sono molti spiriti qui oggi, ma uno è freddo e crudele». Rabbrividí. «È molto arrabbiato».

«Crudele?» disse Elizabeth. «Robert, devi andare da Arthur. Svelto, mio caro!»

«Sí, Robert» disse la medium. «Sento che non sei al sicuro, qualcosa si sta avvicinando. Fai in fretta!»

Io reagii infastidito. Avrei preferito una relazione extraconiugale. Sospirando, feci per alzarmi quando, di colpo, un sussulto potente corse attraverso il cerchio, tirandomi le braccia, seguito da uno scroscio di battiti forti che rimbalzavano da ogni parete. Vidi gli occhi della vecchia fissare bianchi nel buio. Elizabeth lanciò un grido mentre i colpi cedevano il passo a un rumore raschiante accanto al caminetto. Un forte rimbombo risuonò dietro la mia testa, uno scalpiccio di passi per il tetto e il tavolo s'inclinò per aria prima di rovesciarsi di lato come fosse stato scagliato da qualche forza ostile. Trasalii, scattando all'indietro sulla sedia, girandomi per vedere chi c'era, poi tirai via le mani dal cerchio, le agitai nello spazio vuoto, cieco, quando la medium gridò: «Professore, attento!»

Sotto la sedia, qualcosa mi afferrò la caviglia e io caddi sul pavimento. «Via da me!» gridai. «Lasciatemi!» Il tavolo, o qualcosa di simile al tavolo, mi colpí la spalla, oscillandomi sopra la testa, sbattendomi sull'orecchio con una gamba battente. Rotolai all'indietro, coprendomi la faccia con le braccia. «Non picchiatemi, vi prego!» guaii. «State lontani...»

Sciocco papone...

Sforzai gli occhi, un migliaio di ombre ballavano per il soffitto, il ricordo delle statue incombeva su di me, occhi di pietra e bocche di pietra contratte con furiosa energia, le mani che si allungavano verso la mia gola.

Ti prego, aiutami, papo, chi è quest'uomo? Sta venendo a prendermi.

Tastai il muro alle mie spalle, agitandomi alla cieca per tenere lontani i demoni quando, di colpo, la stanza fu inondata dalla luce del giorno.

Ansimante, sbirciando attraverso le braccia vidi la donna ossuta della cucina vicino alla finestra, che stringeva la tenda con una mano; il giovanotto accanto a lei aveva gli occhi sbarrati. Elizabeth, seduta a metà sulla sedia, si guardava intorno, intimorita. La vecchia, rigida come un sasso, le nocche sbiancate sui bordi della sedia, girava la testa fissando cieca la stanza, la faccia una perfetta maschera di terrore. La medium era perfettamente immobile, gli stivali pesanti, consumati, piantati per terra e le lunghe dita delicate rilassate sui braccioli. Teneva la testa china, rivolta verso il grembo, ma quando riemersi, strisciando tra le gambe del tavolo, lei alzò il mento sotto il velo, fece un lungo respiro profondo e sospirò.

Elizabeth si torceva le mani, annuendo. «Sí, Robert, ti abbiamo sentito. Oh, povero bambino mio, sei spaventato, lo sapevo. Ti troveremo. Sí, ti aiuteremo».

Io saltai su prima che chiunque potesse fermarmi, balzai verso la medium e le strappai via il velo dalla testa.

Non posso dire che cosa mi aspettassi di vedere sotto la stoffa. Una zingara esultante, forse, con l'occhio scaltro, furtivo. Invece sulla sedia non c'era altro che una ragazza frastornata, dall'aria esausta.

17.

«Balle».

Il professor Fforde abbassò il giornale, la sua faccia affilata, raggrinzita, mi guardava torva nella luce fumosa della sala professori maschile. Gli avevo raccontato della seduta spiritica. Che cosa mi aspettavo che dicesse? In fin dei conti, una cosa è ritrovarsi in mezzo alla strana atmosfera di una soffitta sgangherata, con una famiglia di rozze camiciaie occultiste, tutt'altra era condividere la mia esperienza con i dotti uomini dell'Istituto. Mentre raccontavo dei colpi, del raspare, della lampada rossa e della metamorfosi straordinaria della ragazza, l'intera faccenda sembrava completamente assurda.

Assurda, eppure... Ricordavo il corpo privo di energie della ragazza dopo che il velo le era stato tirato via. La levigatezza della sua pelle umida. Lo sguardo vacuo nei suoi occhi limpidi, impietriti. Le linee eleganti, le curve ampie, piene di mistero. Il portamento. Era decisamente diversa dalla sua sciatta congrega di streghe. Nessuna donna di quella tenera età, neppure cresciuta in un circo del genere, avrebbe potuto simulare un'approssimazione tanto convincente dell'orrore. E Robert. La sua voce era parsa cosí presente, cosí reale: come se mi stesse parlando da dietro una tenda. Vivo.

Certo, i dettagli della seduta erano stati in sé ordinari: un tavolo rovesciato, tonfi per tutta la stanza, oggetti fluttuanti. Avevo letto di fesserie del genere sui giornali. Eppure la somma era a tal punto piú grande delle parti che la seduta mi aveva fatto la sua impressione, non tanto a livello sensoriale quanto proprio nell'immaginazione, a livello dell'anima. Come poteva lei aver sollevato il tavolo con quella violenza? Semplicemente non poteva. L'uomo, Noah, aveva senza dubbio forza a sufficienza, ma stazionava accanto alla porta. Al contempo, alla vecchia mancavano le forze per fare acrobazie del genere, di questo ero sicuro. Qualcun altro quindi. La moglie dell'uomo, forse? L'avevo vista giú al lavandino. Magra ma agile. Anche cosí, l'avrei percepita nella stanza. Oltre al fatto che per creare cosí tanti effetti contemporaneamente avrebbe avuto bisogno di otto braccia o a dir poco di qualche sistema di pulegge e calamite, e tutta quella scenografia semplicemente per imbrogliare un uomo e sua moglie che non pagavano un centesimo per le loro sedute?

«Forse» dissi a Fforde, tornando a concentrarmi sulla sala professori. «Forse, se lei fosse stato presente...»

«Il punto è questo, Crawford» ribatté brusco. «Io non ci sarei stato, punto. Non sei altro che un pazzo a esserci andato, tanto per cominciare, e uno di una folla che aumenta sempre piú».

Tamburellò il giornale in grembo, disturbando l'atmosfera algida della sala professori. Era una giornata un po' agitata, la Gran Bretagna era mobilitata per l'ingresso in guerra. Fforde gettò il giornale per terra. «Li ho sentiti oggi, in classe, che millantavano di arruolarsi per combattere i crucchi e adesso eccoti qua con i tuoi tonfi e tavoli che levitano. Siete tutti usciti di senno? Metà dei nostri giovani che si getta all'inferno, l'altra metà che cerca di parlare con loro quando ci arrivano».

Diede un tiro di pipa, fermando il cannello sulle grandi labbra umide abbastanza per borbottare: «Idioti».

«Be', ora, aspetti un momento» dissi. «Non sto insinuando che ci fosse alcunché di paranormale. Proprio il contrario, anzi. Era chiaramente tutta una recita di qualche tipo di...» Risi, giocherellando con la mia pipa. «Be', non saprei».

Fforde sbuffò, scuotendo la testa.

«Oh, andiamo, Fforde, non essere cosí perentorio nel liquidare il ragazzo» disse Stoupe, rivolgendosi emozionato verso di me. «Quanto mi sarebbe piaciuto essere lí con te, mio avventuroso amico! Sono stato invitato a cose di questo genere in passato, ma sono troppo ansioso per andare. Immagina tutte quelle anime perdute intrappolate oltre il velo, che ci guardano condurre le nostre vite. Credo che mi piacerebbe morire di una morte querula, invendicata, in una camera d'albergo, a voi no? Immaginate le cose scandalose che si vedrebbero, a librarsi per le stanze».

Fforde espresse la sua disapprovazione con un moto infastidito e si rannicchiò ancora piú a fondo nella sua poltrona. Stoupe ridacchiò di lui, dimenando il dito. «Ci sono ancora molti misteri da spiegare, vecchio mio. Oltre al fatto che non c'è abbastanza magia nel mondo, per come la vedo io. Tutti questi bisticci tra i re e i Kaiser si ridurrebbero a un nonnulla se solo ascoltassimo la saggezza dei nostri morti. A quelli come te piace che tutto sia meccanico come le tue pompe e i tuoi aggeggi, ma non date nessunissimo credito all'ignoto. Ci sono piú cose al mondo di quante ne potremmo mai comprendere; e che meraviglie!»

«Che meraviglie un corno» ringhiò Fforde. «Ma quali poi?»

Stoupe si spinse in bocca un altro boccone di pan di Spagna, svolazzando con lo sguardo per la stanza in cerca di ispirazione. Avrei tanto voluto che gli dicesse qualcosa di profondo; qualcosa che facesse appello a quella domanda fumosa che persisteva in un angolo della mente: Era possibile? Robert era nei guai? Gli avevo voltato le spalle alla fine; gli stavo voltando le spalle nella morte?

«Le farfalle, per esempio?» disse Stoupe.

«Le farfalle, bah!» disse Fforde, con la faccia che scompariva nel colletto come una tartaruga sprezzante. «Se si potesse dimostrare l'esistenza di un qualsiasi organo complesso che non possa essersi formato attraverso modificazioni numerose, successive, lievi, la mia teoria dovrebbe assolutamente cadere. Parole del signor Darwin, non mie».

«Oh, Darwin, Darwin, Darwin» disse Stoupe. «Il nemico della magia in persona. Benissimo, allora, forse non le farfalle, ma persino il signor Darwin avrebbe difficoltà a spiegare dove andiamo quando moriamo. Magari in effetti adesso è lassú, seduto su un mammut peloso a pensare di essere stato un perfetto pagliaccio».

Fforde afferrò il suo bastone, brontolando con tutti e due. Io gli offrii aiuto, con l'unico risultato di fargli uscire un grugnito. «Basta con queste assurdità» disse Fforde. «Sei uno stupido a permettere a tua moglie di frequentare quei ciarlatani. Sei ancora piú stupido a parlarne qui dentro. Immischiati pure con i trucchi di magia nera se vuoi, ma non è un luogo per la scienza né per un uomo rispettabile». Scuoteva la testa mentre parlava, aveva la voce dura. «I nostri figli sono morti, Crawford. Non torneranno». Spaziò con lo sguardo per la sala professori: un gruppo di apprendisti stava leggendo attentamente un avviso che invitava ad arruolarsi. «E neanche uno di loro, da qui a un anno, prendi nota di quello che dico. Credimi! La morte è morte».

Io mi alzai, scosso. «Forse si sbaglia, Fforde» balbettai. «Forse la morte è un inizio».

«L'inizio della follia!» esclamò il vecchio, battendo il bastone sul pavimento. «Prendi nota di quello che dico, se ami davvero quel bambino, lascialo sepolto dove deve stare, nella tomba, e sii grato di sapere dove si trova». Avanzò zoppicante verso la porta, prima di girarsi. «Scusami, Crawford» sussurrò. «Ma sei arrivato troppo tardi».

La porta gli si richiuse alle spalle, il rumore del suo bastone si perse lungo il corridoio. Guardandolo andare via, ripensai alle mie parole. *La morte è un inizio.* Ne ero sul serio convinto? Non potevo esserne sicuro, anche se l'avevo detto con tutta la certezza di un prete. Mi guardai intorno sbirciando le facce dei colleghi, che parlottavano l'uno con l'altro dietro i loro giornali. Stoupe mi offrí un fazzoletto, imbronciato.

«Non serve che fai quella faccia accigliata, Crawford. Che il piccolo Robert fosse o no alla seduta spiritica, adesso sarà lassú, orgogliosissimo di suo padre».

Proprio in quel momento la porta si spalancò di colpo, finendo a sbattere contro il muro. Era il giovane Blithe in uniforme dell'esercito, i calzoni della divisa che sventolavano in trionfo. «Ah ah, signori, grandi notizie!» esclamò, agitando il berretto sopra la testa. «Sono stato chiamato alle armi a combattere per re Giorgio! Vi unirete a me?»

Gli apprendisti scattarono su ad applaudire, acclamandolo con «Urrà!» e «Urrà per il giovane Blithe!» e «Prendi questo, Fritz!»

Mentre Stoupe applaudiva, io scivolai in silenzio verso la porta, ma nell'andarmene fui intercettato dall'eroe del momento. «Ehi, Crawford, ti unirai a me?» chiamò Blithe rivolto a me. «Come ufficiale, sarei fiero di avere un uomo come te nel mio plotone».

«Io?»

«Ah!» esclamò uno degli uomini della falegnameria. «Crawford? Faresti meglio a tirare margherite ai crucchi!»

Blithe rise. «Margherite, proprio? No, avanti, Crawford, perché non far vedere ai tedeschi cos'abbiamo, eh? Direi che tu sei giusto alto abbastanza».

«Mi dispiace» dissi. «Io non posso, io... mi dispiace molto».

«Codardo!» gridò uno degli uomini mentre la porta mi si chiudeva dietro e Blithe chiedeva al gruppetto: «La volete sentire una barzelletta sui tedeschi?»

Rimasi fermo, con un senso di stordimento. Avevo sempre dormito male, soffrendo dei soliti mal di testa, ma l'ultima settimana era stata un'autentica tortura, era come se il mondo mi vorticasse sotto i piedi. Ogni mattina, per non piú di un secondo, mi svegliavo spensierato come un bambino, per poi ricadere in preda alla paura mentre la tristezza mi trascinava di nuovo negli stessi pensieri ripetitivi, nella lunga attesa verso il successivo sonno intermittente.

Vagai fino in fondo al corridoio, facendo cenni di saluto agli studenti che incrociavo, sentendo le lacrime formarsi e rifluire indietro, per poi sentirle ritornare a ondate, finché mi resi conto che non mi restava altro da fare che correre nei bagni. Mi chiusi in un gabinetto, le mani che tremavano mentre il dolore insopportabile mi si gettava fuori sotto forma di vomito. Sventurate lacrime, sventurata debolezza, sventurato pianto. Mi guardai le scarpe sfocate, parlando a mio figlio in un sussurro.

«Ti voglio sempre bene, Robert. Mi manchi, mi manchi davvero. Mi dispiace moltissimo di averti abbandonato. Spero che tu non sia solo. Forse Arthur ti troverà, o magari persino lei potrebbe... Eri spaventato quando sei morto?»

Si aprí una porta.

«Ehilà? Crawford? Sei qui?»

Era Stoupe. Sollevai i piedi, trattenendo il respiro, ricacciando le lacrime in gola finché non se ne fu andato. Sgattaiolai fuori dal cubicolo, mi spruzzai acqua fredda in faccia di fronte allo specchio, mi massaggiai gli zigomi, mi tirai la pelle intorno agli occhi. Quando alzai lo sguardo, la vista di me stesso mi fece impressione. Era come se la faccia che mi restituiva lo sguardo appartenesse a un uomo completamente diverso, il cranio avvolto di carne giallastra, sgualcita. Aveva le guance infossate, la pelle squamata. Un singolo capello bianco gli scendeva a spirale dalla frangia, due rughe nitide gli correvano agli angoli degli occhi. Non mi sarei mai riconosciuto, non fosse per il fatto che erano le mie labbra a muoversi sussurrando con voce acuta, nervosa: «Robert».

18.

Stoupe fece di nuovo irruzione nel laboratorio di fotografia, entrando in punta di piedi con una macchina fotografica color mogano su un treppiede. «Oh, no, Stoupe» dissi. «Non posso proprio farmi fare un ritratto, sono esausto».

«Mi stavo chiedendo dove fossi, Crawford» disse, sistemando il treppiede sul pavimento e canticchiando tra sé mentre regolava le gambe. «Il dolore fa buffe cose agli uomini, sai. Ho uno zio che ha perso il gatto lo scorso anno a Natale e non fa altro che miagolare».

Scomparve sotto un panno nero attaccato al retro della macchina fotografica, la testa che si muoveva sotto la stoffa come una palla levitante.

«Senti, chiamami Seamus, d'ora in poi, non Stoupe». Ricomparve, allungandosi con fare clownesco sul treppiede. Risi mio malgrado, accendendomi la pipa mentre lui faceva un salto nella camera oscura, parlando con voce concitata. «Onestamente, Stoupe è un cognome bruttissimo, non credi?»

Tornò reggendo un'asta corta di legno con una mensolina di ottone fissata in cima. «Il mio dispositivo per il lampo al magnesio» spiegò. «L'ho preparato stamattina, per cui non ci metteremo molto». Mi esaminò con occhio serio. «Sai, una volta ho conosciuto un tipo dalla faccia molto acida, senza un dente, che si chiamava Christopher Lemon. Quanto ho riso, ma adesso guarda me. Un vecchio ciccione curvo di nome Stoupe».

Risi, spingendo in su gli occhiali sul naso. «Grasso lo sei senz'altro, Stoupe».

Corrugò la fronte, le dita irrigidite sull'obiettivo della macchina fotografica. «La bruttezza è la mia maledizione, questo è vero» disse. «Non che tu creda alle maledizioni, naturalmente». Mi fece l'occhiolino, malizioso, mentre si precipitava verso un mobiletto alto. «A meno che tu non abbia cambiato idea sulle possibilità del paranormale?»

«Certo che no». Risi, guardandolo rovistare in una scatola. Era un sollievo scrollarmi di dosso la cupezza dei miei pensieri. Per quanto fosse piú vecchio di me e piuttosto strambo, provavo comunque un'inattesa bontà nei suoi confronti, dopo tanti giorni rinchiuso a fare su e giú nel mio studio.

«Aha!» disse Stoupe, fissandomi con sguardo pungente. «Ci siamo quasi».

Mi appoggiai allo schienale mentre lui danzava dietro di me, abbassando un'asta di legno verso la mia testa.

«È un attrezzo per stare in posa» disse Stoupe, prendendomi la nuca. «Non devi preoccuparti». Spinse il congegno finché i suoi braccetti mi premettero leggermente dietro le orecchie. «Serve solo a impedire che tu muova la testa. Non sempre è indispensabile, ma per te... be', tu sei una persona piuttosto vivace».

Mi tolse la pipa di mano, con un verso di disapprovazione, e io feci un lungo respiro, sbattendo le palpebre sugli occhi insonni. Avevamo svuotato la camera dei bambini dalle cose di Robert domenica e, dopo la funzione mattutina in chiesa, il pastore mi aveva stretto le mani, invitandomi a non dare la colpa a me stesso. Avevo stabilito di seguire il suo consiglio, di convogliare la mia sofferenza in rabbia verso la famiglia di imbroglioni di Ormeau Road. Gente del genere meritava di essere gettata in prigione. Magari non si erano messi in comunicazione con lo spirito di mio figlio nella loro piccola, misera soffitta, ma di sicuro avevano ipnotizzato mia moglie. Quasi non riuscivo a ottenere una parola da lei.

Stoupe batté le mani, tuffandosi sotto il telo della macchina fotografica un'altra volta, tenendo la polverina di magnesio alzata sopra la testa. Io sbadigliai, raddrizzando la schiena, sentendo un pizzicore accanto all'orecchio. Era quasi come se qualcuno mi stesse toccando il collo con la bocca. Mi girai a guardare, mentre Stoupe esclamava: «Fermo lí, William, per piacere! Rimani immobile. Non ti muovere».

La stanza brillò di un luccichio di stelle verdi e io strizzai gli occhi, la testa che girava, mentre Stoupe mi comparve davanti come una macchia d'inchiostro nel latte. Mi sfregai il collo, ridendo. «Che strana sensazione» dissi. «Mi sei passato dietro? Avrei potuto giurare che ci fosse qualcuno».

«Passarti dietro? No, no» disse lui. «Ci sei solo tu, Crawford. Adesso devo sviluppare la foto nella mia camera oscura, potrebbe volerci qualche giorno, ma te la farò vedere appena possibile». Poi aggiunse, con un sorriso birichino: «Sei elegantissimo. Sono sicuro che ti tirerà enormemente su di morale».

Mi lisciai la giacca, mi congedai da lui e uscii. Era una sera tiepida, limpida, e decisi di tornare a casa a piedi invece di prendere il tram. Sentivo la testa contratta, imbottita di polvere di gesso, e avevo voglia di ritagliarmi un po' di tempo per pensare. All'incirca un'ora dopo raggiunsi il fondo della nostra strada e mi fermai a guardare verso il cantiere navale, dove possenti scafi marroni sembrano lumaconi sotto le gru. Proprio in quel momento, un basso rumore sordo risalí la collina. Mi chiesi se fosse stato lo schianto di una lamiera d'acciaio o di una bomba improvvisata dalle case al di là dell'acqua. Forse il negozio giaceva in un cumulo di macerie, la famiglia contorta tra un ammasso di mattoni in frantumi, un comignolo sulla testa dell'uomo.

Sorrisi, dando un calcio a un sasso lungo il viottolo che finí in un ciuffo di erba lunga. Nel raggiungere la nostra porta, mi fermai. La passeggiata era stata cosí piacevole che non avevo pensato ai miei guai neppure un momento. Dovevo semplicemente agire con fermezza. Quegli imbroglioni potevano turlupinare qualunque famiglia innocente con il cuore spezzato a loro piacimento, per quel che mi importava, ma non i Crawford. Sí, ero contento che Elizabeth mi fosse fedele, in fin dei conti, ma comunque aveva mentito, nascondendo le sue intenzioni al marito, e quella era di per sé una forma di infedeltà, o no?

Alzai gli occhi verso la finestra della camera dei bambini e vidi le mie figlie che mi guardavano, Rose ferma dietro di loro. Le salutai con la mano mentre una brezza fredda mi passava sul collo, muovendo le foglie di un albero vicino. Ricordai la voce che chiamava dalla soffitta, le luci basse, gli occhi bianchi per lo shock, i colpi forti, gli scampanellii. La ragazza sotto il velo.

Papo.

Quella famiglia dev'essere smascherata, pensai. E smascherati sarebbero stati, altrimenti Robert non avrebbe mai trovato pace nella tomba.

19.

Non avevo spiegato a Elizabeth il mio piano, perché sapevo che altrimenti si sarebbe opposta. Quando entrammo nel negozio, il giovane nerboruto, Noah, mi salutò con freddezza.

«Il signor Crawford, ehi» disse, raddrizzando le spalle. «E allora?»

Io gli tesi la mano. «Professor Crawford, prego».

«Ah, professor Crawford, dai. E io sono Noah Morrison, capo del Circolo Goligher. Mia moglie l'ha conosciuta».

La donna ossuta stava ferma accanto al bancone, la sua faccia emaciata mi studiava con occhi puntuti. Mi tolsi il cappello, augurandole buona sera.

«Siete in ritardo» disse lei. «Sempre per il vostro figlio morto, è cosí?»

Il negozio era in tutto e per tutto caotico come la volta prima, l'aria era pervasa della puzza di legno umido, di polvere di gesso e di tabacco. Nuovi trucioli di metallo, taglienti come rasoi, erano disseminati sul pavimento, mentre pezzi di fil di ferro, di catene e di spaghi pendevano da una serie di scatole.

Rivolsi a Noah un sorriso cordiale. «Anch'io lavoro i metalli, sa. All'Istituto tecnico municipale».

Lui si rivolse a Elizabeth. «Ehi, signora Crawford, come sta?»

Mia moglie sorrise, avvampò sul collo.

«La signora Crawford sta benissimo» dissi. «Le nostre preghiere ci hanno dato un po' di pace».

«Già» fece una voce gracchiante. «Ma che pace ha il bambino?» La vecchia con gli occhi appannati stava nell'angolo del negozio, di fianco a una torre di pentole. Aveva i vestiti cosí cenciosi da mimetizzarsi alla perfezione in quel disordine. «Non ce l'aspettavamo, che tornavate, no, no» disse, in un tono inquietante, leccandosi i lunghi denti gialli. «Però lo stesso, il bambino perduto ne sarà grato, già. Sempre se è sfuggito al demone che lo inseguiva».

Una voce dolce e delicata arrivò dal retro del negozio. «Buon pomeriggio, signora Crawford. Buon pomeriggio, professore».

La medium, Kathleen, era ferma in fondo alle scale, indossava una camicetta bianca, aveva i capelli legati in alto. Spinse gli occhiali in su con un dito affusolato, annuendo verso di me con un sorriso. «Bentornato, professore. Una persona speciale la sta aspettando».

«Robert» sussurrò Elizabeth, sfregandomi la mano. «Robert, bisogna che ci dica se è al sicuro; deve avere trovato Arthur».

«Assurdo» la schernii sottovoce. «Non devi sperare in cose del genere».

«Oh, vai a casa, per piacere» disse Elizabeth, scostandosi. «Potevi anche non venire».

«Ah, ma sono venuto» dissi, squadrando quella pessima compagnia di attori.

«Non mi fido di quest'ometto, no, per niente» disse la vecchia. «La sua faccia cosa ti dice, Kat? Io dico che non può unirsi al cerchio, non c'è posto».

La ragazza, soppesandomi, scosse la testa. «Non abbiamo niente da temere dal professore, mamma. Su, venite, cominciamo». Ci fece segno di seguirla e scomparve oltre la tenda lacera.

Seguii Kathleen su per la scala umida, coprendomi il naso con la manica per difendermi dall'aria fetida. Proprio mentre stavamo girando per imboccare la seconda scala, un ragazzo mi sorpassò in uno strepito di passi, mi diede una gomitata secca nelle costole per farsi largo e mi chiamò con una voce familiare: «Ehilà, professor Stupidone!»

Altri non era che Samuel Goligher, lo studente sudicio della mia classe. Non potevo credere ai miei occhi. Quindi quel furetto depravato era uno di loro? Di colpo qualunque briciolo di rimorso per la vergogna che prestissimo sarebbe toccata alla famiglia scomparve in un lampo. Che cuocessero nel loro brodo.

La giovane medium, che si muoveva in fretta, scomparve di sopra mentre noi attraversavamo la casa fino alla scala stretta che portava alla soffitta. Colpii le pareti con i pugni mentre salivamo i gradini e, arrivati in cima, diedi un calcio alla porta.

«Che stai facendo?» mi sibilò Elizabeth.

«Zitta, mia cara, lascia stare».

Soddisfatto, entrai nella soffitta rischiarata dalla luce del giorno, dove la medium ci stava aspettando: era già seduta sulla sua sedia robusta e si aggiustava la gonna lunga che le copriva gli stivali, di fronte alla tenda nera. Di fianco a lei era seduta nientemeno che Adelia.

«William» disse lei, mascherando a stento un'espressione di trionfo. «Ti credevo uno scettico».

«Ah, be', ovviamente anche tu sei qui».

«Attento, William. La tua eccitazione potrebbe facilmente essere scambiata per ostilità».

«Niente affatto. Sono venuto qui aspettandomi illusioni e illusioni ho trovato».

Adelia s'impermalí e storse il naso, indispettita. «Lillie» disse, «detesterei trovarmi impossibilitata a pagare per le nuove scarpe delle tue figlie».

Elizabeth mi strinse la mano «Sta' buono, William» disse. «Robert ti sentirà».

Mi morsi la lingua e guardai altrove, celando il mio crescente malumore, perché il mio piano esigeva una mente fredda.

«Ecco, William». Adelia sorrise. «Siamo buoni amici, in fin dei conti. Cosa diamine era tutto quel bussare proprio adesso? Oh, non fa niente, non fa niente, prendete posto, tutti quanti, non ho molto tempo, il tappezziere viene alle quattro».

Intervenne la medium. «Lady Carter, come sa bene, questo cerchio è gestito da Noah Morrison, non da lei, ed è benedetto dagli spiriti. Le ho già chiesto prima di rimanere in silenzio».

L'avrei quasi baciata, e risi mio malgrado. La ragazza, con un'aria da bambinaia severa, aveva rimproverato Adelia, che aveva incassato! Fece segno a me. «Professore, qui troverà una connessione migliore. Mani sul tavolo per piacere, dove possiamo vederle».

A Elizabeth fu debitamente chiesto di sedersi a sinistra della ragazza, mentre la vecchia signora Goligher fu indirizzata alla sedia accanto a Adelia, che aveva un'espressione visibilmente ferita. Noah rimase nel vano della porta, come l'altra volta, mentre sua moglie prese posto alla mia destra. La finestra fu coperta dalla tenda oscurante, l'unica luce che veniva dal bagliore potente della lampada color rubino sul lato della stanza.

Con il cuore in subbuglio, mi preparai a mettere fine alla loro farsa.

«Un benvenuto a tutti» disse Kathleen, la voce che le scivolava in gola come un'ostrica. «Benvenuti, spiriti. Alziamoci, per piacere, per evocare i nostri amici».

Sei sedie raschiarono sull'assito mentre ci alzavamo in piedi, tenendoci per mano nella luce rossa.

«Lui è qui» disse la ragazza. «Chiudete gli occhi, in fretta, cantiamo».

Levammo obbedienti le nostre voci all'unisono, riempiendo lo spazio chiuso con un intenso e partecipato «Gloria, gloria, gloria», le travi stesse del tetto sollevate dal nostro canto. Immaginai che gli spiriti si godessero le mie armonie, dal momento che ritenevo di essere il piú qualificato tra i coristi del gruppo. Durante il secondo coro diedi una sbirciatina e mi accorsi che la ragazza mi guardava con un'espressione curiosa. Si morse le labbra con uno sguardo di scherzosa disapprovazione e continuò a cantare con un sorriso d'intesa.

Colsi l'opportunità di esaminare la stanza una seconda volta. Avevo già controllato la porta mentre entravamo. Era fatta di legno massello con una maniglia d'ottone; aveva una struttura robusta. Il passaggio era costruito in mattoni pieni, niente cavità, per quanto avevo potuto capire dai colpi che avevo dato. Dentro la stanza, il caminetto sul muro opposto era vuoto, c'era un vaso di fiori secchi sulla mensola e il bordo era coperto di ragnatele, incrostato di polvere d'intonaco. Un tubo del gas correva sgraziato dalla lampada al muro, dove scompariva dietro la lunga tenda che cadeva dall'estremità bassa del tetto spiovente fino al pavimento alle spalle della ragazza. I muri stessi non erano particolarmente degni di nota, coperti di carta da parati increspata e dall'aria umida. Alzai gli occhi al soffitto, perlustrando l'intonacatura nella speranza di trovare qualche piccolo buco o gancio da cui potessero pendere degli oggetti. Per quanto fosse buio, non riuscii a vederne.

Battei le palpebre quando l'inno terminò, fingendo di avere tenuto gli occhi chiusi. Poco dopo ci fu detto di rimetterci a sedere; Noah abbassò la lampada e poi tornò alla porta e incrociò le braccia come un boia sul patibolo.

Mi ridurrà in poltiglia, pensai. Abbi coraggio, William, perché il tuo sarà il colpo piú grande.

Sentii la presa alle mani stringersi. La medium roteò la testa, si tolse gli occhiali, si tirò il velo sulla faccia, poi parlò con una voce chiara, fiduciosa. «Buonasera, amici, ci siete?»

Il circolo sussultò.

20.

Elizabeth emise un uggiolio allarmato quando un trio di colpi secchi risuonò dal fondo della stanza. Come l'altra volta, non potei percepire nessun movimento sotto il tavolo. Lanciai un'occhiata all'indietro verso Noah, con le mani sempre strette nel cerchio. Riuscii appena a intravederlo.

La ragazza parlò. «Amici, volete farvi sentire dalla mamma?»

Silenzio.

«Si è unita a noi anche Lady Carter. Siamo onorati della sua compagnia».

Adelia esclamò: «George, ci sei?»

«Pazienza, Lady Carter» disse la medium con voce ferma. «Lord Carter ci troverà, se la sta cercando».

Io guardai il vago contorno della ragazza dall'altra parte del tavolo, chiedendomi che cosa stesse combinando nel buio. L'avrei saputo presto. Avevo nascosto una scatola di fiammiferi nella tasca della giacca. Al momento giusto, ne avrei acceso uno, cogliendola in un lampo di condanna.

Il pensiero di vederla smascherata faceva fremere il mio corpo di un brivido di pericolo. Naturalmente avrei dovuto essere rapido, perché avevo le dita strette con forza nel cerchio, ma ero certo che l'opportunità si sarebbe presentata, se solo fossi stato capace di mantenere i nervi saldi e stare all'erta. C'era qualcosa nella stanza, qualcosa nella natura ovattata, nella quiete, che aveva l'effetto di drogare i sensi, di infiammarli fino a un punto di sensibilità quasi intollerabile.

«Ed Elizabeth» disse la ragazza, con la voce ancora piú bassa. «La povera Elizabeth cerca suo fratello, che è annegato in mare. E anche il suo piccolo Robert, che è morto da neppure due settimane».

Immaginai Elizabeth nel buio, che si guardava intorno e muoveva le labbra in silenziose parole di preghiera. Alla fine, arrivò un fievole raschiare dal muro opposto. Sentii Elizabeth piagnucolare. La medium emise un canto acuto mentre la sua sagoma nera si muoveva davanti alla tenda.

«Venite adesso, guide» cantava, la lingua che faceva capolino tra una parola e l'altra. «Aiuterete la signora Crawford, stasera?»

Ci furono tre colpi netti e io sorrisi. È cosí che ci tiene in suo potere, pensai, annuendo tra me. Sentii Elizabeth sussurrare. «Signore, nella paura ripongo la mia fiducia in te. Ti prego. Oh, ti prego. Arthur, dov'è il caro Robert?»

Era quasi troppo da sopportare. Mi preparai, perché sapevo che avrei dovuto smascherarli presto. Ahimè, non venne niente, nessun altro colpo, nessun raschiare. Perché la medium non rispondeva a mia moglie? Dai a questa donna qualche conforto, pensai, affinché io la possa disilludere. Ma il silenzio perdurò ed Elizabeth si fece ancora piú agitata. Fai un suono, accidenti a te. Chiunque tu sia, chiunque sia di voi a farlo, fai un suono, se hai un minimo di umanità. Ancora niente; solo un grido allegro dalla strada. Passò un'autovettura rumorosa. Le mie braccia si tesero. Chi era dunque a torturare mia moglie? Chi era seduto in quell'oscurità, a ridacchiare di noi mentre il vuoto silenzio perdurava? A turno, pensai a ciascuno di loro. La ragazza, la madre, la sorella, il cognato, persino zia Adelia. Avrebbe potuto essere ognuno di loro. Il disvelamento era imminente. Li avrei fatti gettare in prigione nel momento in cui uno di loro avesse tirato fuori un trucco. Era un gioco di pazienza; se avessi colpito troppo presto, l'umiliazione sarebbe stata mia. Mia moglie parlò in un sussurro patetico.

«Ti prego. Mio povero Robert, ti supplico, ci dici se sei al sicuro?»

Tirai via le mani, stanco del gioco. «Oh, al diavolo tutti voi» dissi. «Oh, grandi e potenti spettri! Se siete reali, parlate adesso. Il piccolo Robert è nella stanza o no, accidenti?»

Non avevo finito di parlare che uno scroscio di colpi esplosivi si riversò disordinatamente sopra le nostre teste riempiendo l'oscurità mentre il tavolo si sollevò dal pavimento, librandosi sotto le nostre mani, inclinandosi con violenza da un angolo all'altro. Di colpo, con un'enorme forza, la mia sedia fu trascinata all'indietro, andando a sbattere contro Noah, che strillò per il dolore.

«Ohi, Gesú, che succede?» gridò la vecchia.

Ci fu un altro gran schiocco sopra le nostre teste e, prima che potessi prendere i fiammiferi, la mia sedia scattò in avanti, rovesciandomi sul tavolo che levitava di lato come un cavallo selvaggio, e mi schiantò sul pavimento. Caddi picchiando la mascella sul ginocchio mentre un arto ossuto mi colpiva lo zigomo. Riuscii a tentoni a tirare fuori i fiammiferi dalla tasca, disseminandoli sul pavimento mentre un rumore sordo di passi correva lungo le pareti.

Papo!

Trovai i fiammiferi, li sfregai convulsamente mentre un esercito di piedi non visti rimbombava sul pavimento di legno.

Papo, aiutami!

Alla fine uno si accese, illuminando la faccia della medium. Aveva il velo scostato: occhi spaventati mi fissavano, i capelli sciolti le ricadevano sulla camicetta bianca. Il fiammifero mi bruciò la punta delle dita, esaurendosi, mentre io mi giravo intorno, tastando alla cieca in cerca degli occhiali.

Qualcuno sta venendo, papo, aiutami! Non mi piace. Non ci andrò. Non ci andrò.

Furioso, scattai in piedi, mandando il tavolo a sbattere contro il muro. Accesi un altro fiammifero, che però si spense un attimo dopo, ma nel breve lampo colsi un movimento di corpi nel mio campo visivo, facce sbigottite, il tavolo che si librava rovesciato. Accanto al caminetto... una figura alta... o forse era la mia immaginazione... ma no, non poteva essere, perché ebbi la certezza che l'uomo fermo accanto al camino a fissarmi dritto negli occhi fosse...

«Silenzio» sibilò qualcuno. «Ascoltate».

Allora lo sentii, il suono flebile di una donna che cantava, non nella soffitta, ma da qualche parte lontano, al di là delle pareti. La voce risuonò allegra per pochi secondi, poi si fermò.

«Un altro spirito!» fece Adelia.

La ragazza parlò. «Bambino, dove sei? Chi sta venendo a prenderti?»

Lo vedo. Sta venendo a prendermi. Non andrò, papo. È un uomo cattivo.

«Dove, Robert?» esclamò Elizabeth. «William, chiedigli dove sta andando. Chiedigli se è al sicuro».

«Dove stai andando, Robert?» gridai, incapace di controllarmi.

Il tavolo sbatté sul pavimento. Nessun rumore se non respiri pesanti.

«È finito?»

Era una voce scossa, spaventata, e mi resi conto, con mia sorpresa, che apparteneva alla giovane medium. La sua compostezza era scomparsa, sostituita dal timido sussurro di una bambina impaurita. Trattenni il respiro, sforzandomi di cogliere qualcosa nel buio. Il canto forse, o il pianto di Robert. Non l'uomo accanto al caminetto, per piacere. Ma era tutto stranamente immobile.

«Trovate la lampada» disse Noah, ma prima che potesse muoversi la soffitta fu spaccata da una forza invisibile che mi colpí da ogni muro invisibile, come fossimo stati fatti cadere in una vasca d'acqua caldissima ed elettrificata. Fu un fenomeno che non poteva essere visto né ascoltato né toccato, ma niente era piú reale, per me. Mi portai le mani alle orecchie, tracollando per terra, perché la sensazione era cosí violenta, cosí esorbitante, che non riuscivo a pensare o a respirare. E poi, in un attimo, scomparve, e al suo posto arrivò la brezza di qualche campo lontano.

Una voce di donna.

La riconobbi, da un passato di molti anni addietro.

Cantava una melodia malinconica, la voce che s'intrufolava per la soffitta non vista, increspandosi intorno alle nostre teste in fumo.

The Elfin knight stands on yon hill,
Blow, blow, blow winds, blow
Blowing his horn, so loud until
The wind has blawin his blanket away[*]

«No» sussurrai. «Non è possibile».

[*] Il cavaliere degli elfi sta sulla collina, / soffiate, soffiate venti, soffiate / soffia nel suo corno cosí forte / finché il vento soffia via la sua coperta (*N.d.T.*).

21.

Noah aumentò al massimo la luce della lampada color rubino. La stanza comparve tremolando: sedie, persone, cappelli, capigliature in totale scompiglio, come se il tetto della soffitta fosse stato divelto da una tromba d'aria. Guardavo le facce degli altri, stringendomi la camicia al cuore, boccheggiando. Tutti quanti mi fissavano spaventati. Anche loro l'avevano sentito? Avevano percepito l'elettricità?

«Chi è stato?» domandai, annaspando per rimettermi in piedi. «Adesso basta, chi è stato?»

Elizabeth scosse la testa, impietrita. Adelia distolse gli occhi, con un'espressione a metà tra la paura e la curiosità. La sedia della giovane medium era vuota. La trovai ferma accanto al camino, aggrappata al muro, che tremava.

«Tu?» chiesi. «Ammettilo, adesso. Il gioco è finito».

«No, professore» disse lei. «Non avrebbe dovuto accendere i fiammiferi».

«Sbagliato» dissi. «Avrei dovuto accendere mille fiammiferi!»

«Oh, William» disse Elizabeth. «Che ti è saltato in mente?»

La vecchia signora Goligher sbucò nella luce della lampada, tastava con le mani per cercarmi. Non avevo mai visto un ritratto tanto perfetto di follia.

«Lo spirito invocava il suo nome, professore» disse. «Ha sentito le parole con le sue orecchie».

«Oh, le parole le ho sentite eccome!» sbottai, scansando i suoi artigli. «Quello che chiedo è chi le ha pronunciate».

«Robert le ha pronunciate» disse Elizabeth. «Non hai sentito la sua voce?»

Gettai per terra la scatola di fiammiferi per la frustrazione. Noah raddrizzò una sedia rovesciata, ci s'ingobbí sopra e rimase a fissare il pavimento. Mi stupí che gli tremassero le mani. Elizabeth mormorava preghiere, incurante della sua umiliazione. «Robert, Robert, Robert. Padre nostro che sei nei cieli, sia santificato il tuo nome...» Guardò la scatola di fiammiferi accanto alle mie scarpe, alzò gli occhi arrossati nei miei, scosse la testa. «Devi averlo fatto scappare per lo spavento».

Stomacato, attraversai la stanza a grandi passi e spalancai la porta. L'andito era vuoto, il piano di sotto deserto. Richiusi la porta sbattendola, marciai fino alla finestra, aprii la tenda con uno strattone, quasi aspettandomi di trovarmi a fissare la faccia di una qualche apparizione fluttuante. Fuori, le stelle brillavano come spilli sopra i caseggiati. Sotto, il selciato era pieno di pozzanghere di pioggia fresca. Ripensai alla canzone della donna. Non la sentivo da quando ero bambino.

Possibile? Non era l'ultima canzone che mi aveva cantato lei, proprio prima di morire? Se era cosí, qualcuno nella soffitta si era imbattuto per caso in qualcosa di squisitamente privato, perché io non avevo condiviso niente su di lei né con mia moglie né con qualsiasi altra anima viva. Mi girai.

«Imbroglioni» sbraitai a denti stretti. «Non siete altro che imbroglioni, tutti quanti».

«Be'» disse Adelia. «Che maleducato».

«Te lo do io il maleducato» dissi, facendo il giro del tavolo, afferrando i miei occhiali piegati, mantenendo una distanza di sicurezza da Noah che si stava alzando in piedi. «Sí» dissi, agitando il dito verso di lui. «Non mi servono i fiammiferi per vedere una manica di perfidi impostori. Signor Morrison, l'ho vista appostata accanto al caminetto. Quindi? Pensava che l'avrei scambiata per uno spirito? Dove ha nascosto la parrucca? Polizia! Polizia!»

Andai alla finestra e cercai di aprirla, solo per scoprire che era sigillata dalla vernice. «Maledizione, polizia!» Presi a pugni il vetro, poi afferrai Elizabeth per la mano.

«Vieni, Elizabeth» dissi. «Vieni subito».

«Lasciami, William. Smettila. L'hai fatto scappare per lo spavento. Chiedeva il nostro aiuto».

«Chi, Elizabeth? Chi chiamava aiuto? Non era Robert... era... era...»

«Chi era?»

La medium teneva la mano alla gola, il velo ammonticchiato vicino ai piedi.

Risi. «Tu!» dissi in un grugnito. «Sei stata tu, ragazza». Tirai per il braccio Elizabeth, che cercava di divincolarsi. Che fossero le mie dita a lasciarle i segni sui polsi, per una volta, invece degli spiriti. «Vieni, mia cara, basta con questi ladruncoli. Lasciamoli ai loro travestimenti e alle loro sciocche vocine».

Noah sbatté il piede sul pavimento. «Fuori» ringhiò.

«Molto obbligato» dissi con un inchino, lui però scosse la testa. «No, professore, non tu. Kat, Rebecca, mamma, signora Crawford, Lady Carter. Lasciatemi solo con lui, tutte quante».

Elizabeth mi scrollò via mentre io indietreggiavo contro il muro. «Cara, ti prego. Non puoi lasciarmi solo con lui».

Lei si girò a guardarmi, con la vecchia che già la tirava giú per le scale.

Noah increspò le labbra rivolto a Adelia. «Mi spiace, Lady Carter, sarà la sua ultima seduta. Per lei e per la signora Crawford».

«Su, andiamo, signor Morrison, che cos'ho fatto?» disse Adelia, pescando nella sua borsetta con le nappe. «Sono sicura che possiamo arrivare a un compromesso».

Noah sbuffò. «Fuori».

Adelia mi lanciò uno sguardo truce. «Un altro bel successo per il professore, quindi. Mi chiedo, c'è niente che non puoi guastare? Ti dovremo far rinchiudere, di questo passo, perché tu non infligga la tua presenza su qualche altra ignara impresa». Toccò la spalla a Noah con la mano guantata. «La signora Crawford e le bambine hanno bisogno che William lavori. Non la renda vedova». Mi guardò, mentre io cercavo una via di fuga. «Buonanotte, William, e buona fortuna».

Diedi un calcio al caminetto per la frustrazione mentre Noah chiudeva la porta.

«Sarà meglio che la smetti, tanto per cominciare, brutto idiota!» sbottò.

Io mi spostai lungo il muro mentre lui si avvicinava, facendo scrocchiare le nocche. In un momento di puro panico, pensai che mi sarei potuto trovare costretto a saltare dalla finestra. Risi, con la voce cupa.

«Siete tutti dei ciarlatani» dissi, cercando a tentoni la pipa sul pavimento. «Uccidetemi se volete, il vostro posto è in prigione. Una cosa è sicura, quell'arpia non prenderà mai un penny da me». Lui si diresse al tavolo rovesciato, lo raddrizzò con una mano, lo sguardo duro.

«Prova un po' a ridirlo» sbottò.

«Siete degli imbroglioni» dissi. «I rumori di colpi: non sono altro che tacchi sul pavimento di legno oppure un bastone contro il muro».

Fece un lungo respiro lento, scrocchiando il collo.

Proseguii: «Vi aspettate seriamente che io, un professore di ingegneria, creda a un tavolo che fluttua per aria? Be', non ci credo». Gli ridacchiai in faccia. «Mi dica, chi era a cantare?»

Lui strinse gli occhi. «Chi era? Me lo stai chiedendo?»

«Sí, e chi era a parlare per mio figlio? Avanti, andiamo, mi risponda. Pretendo che me lo dica».

Lui chiuse gli occhi, sfregandosi la mascella e i basettoni. Io mi addossai al caminetto. «Siete crudeli, ad approfittarvi di una madre afflitta».

«Ah, crudele, io?» Sorrise. «Parole dure dette da uno che ha lasciato morire suo figlio di diarrea mentre se ne stava a bere sherry e a leggere i suoi giornali di merda».

«Io... io...»

Il suo naso quasi sfiorava il mio, mi frugai disperato nelle tasche, a occhi chiusi. «Ecco, le basta?» dissi, tirando fuori uno scellino e cercandogli la mano. Aprii un occhio e vidi una coppia di occhi neri, grandi come piatti. Sentii un folle panico dilagarmi nelle vene, braccia e gambe mi tremavano giú fino alle scarpe.

«No» implorai. «Non mi faccia male, la prego».

«Noah, basta».

Ci girammo entrambi. La ragazza, Kathleen, stava sulla soglia della soffitta a braccia conserte. L'uomo abbassò il pugno con uno sbuffo.

«Il professore vuole pagarci uno scellino, Kat» disse, sputando sul pavimento accanto alle mie scarpe. Solo in quel momento mi resi conto dell'urina calda che mi correva giú lungo la gamba. Noah grugní. «Qui non ci torni piú, giusto?»

«No».

«Ti annego se ci provi».

«Mi annega, sí, ci credo».

Si allungò avanti, piazzando le mani ai due lati della mia testa. «Fuori di qui, adesso, prima che cambi idea».

Scivolai lungo il muro, i pantaloni bagnati che mi si appiccicavano alle gambe, poi imboccai l'andito oltrepassando la ragazza. Quasi ruzzolai giú per le scale, con le scarpe che mi scivolavano, battei il ginocchio, poi capitombolai sul pianerottolo. Arrivò uno scalpiccio di stivaletti e il ragazzo, Samuel, indicò il mio inguine, starnazzando con la voce chioccia.

«Ehi, ma guarda, il professor Crawford si è pisciato addosso, che gran stupidone! Aspetta quando lo sapranno i ragazzi!»

Svicolai sbalordito, lo superai, corsi giú per l'ultima rampa di scale e uscii attraverso il negozio in strada, dove l'aria fredda mi pizzicò le gambe formicolanti. Non c'era nessuno ad aspettarmi; Elizabeth se n'era andata. Mi avviai con le gambe malferme, poi mi fermai a guardare indietro la finestra della soffitta. I vetri erano retti a stento dall'infisso scalcinato, a metà del tetto incurvato. Era vuota, la tenda nera tirata. Sopra le tegole, nuvole argentee lasciavano cadere spruzzi di pioggia nel camino fumante. Provai a cercare la pipa per avere un po' di conforto, ma mi resi conto che era rimasta sul pavimento della soffitta a nuotare in una pozza della mia pipí.

22.

Dopo la mia funesta intromissione, Elizabeth non mi parlò per le tre settimane successive; non finché abbandonai qualunque vestigia di dignità e la scongiurai di perdonarmi. Alla fine cedette, anche solo per rendere casa nostra piú tollerabile per le bambine. Sarebbe stata mia moglie, disse, solo se avessi accettato che le sedute spiritiche erano reali e avessi promesso di fare ammenda con i Goligher. Acconsentii, pur sapendo di non poterlo fare. Come mi ero ridotto in quello stato? Ero un uomo di scienza, un professionista istruito della classe media, rinomato in Istituto per il suo rigore, il suo intelletto, la sua natura pacata. Naturalmente le ragazze percepivano la nostra inquietudine, esageravano con storie sempre piú elaborate sulla cosiddetta signora in bianco e le sue visite notturne. Fantasie del genere sono spesso il modo che hanno i bambini di gestire la sofferenza. Se i fantasmi sono reali, la morte non lo è. «Papà, Robert è in paradiso?» mi aveva chiesto Helen un pomeriggio, mentre cullava in grembo un uovo dipinto. «Credo di essere stata crudele con lui».

«Crudele, Helen? Quando mai sei stata crudele con qualcuno?» dissi, e lei alzò gli occhi verso di me, traboccanti di lacrime, tirando su con il naso gocciolante. «Non era stato Robert a rompere quelle uova contro il muro» disse. «Me l'ero inventato».

«Be', sei stata proprio birichina, allora» dissi, lanciando un'occhiata verso la porta della camera dei bambini, immaginando i piedini di Robert spuntarne fuori. «Non dovresti dare la colpa agli altri delle tue marachelle».

«Oh, ma non ero stata io a romperle, era...» e, a quel punto, avevo smesso di ascoltare. Nel frattempo, Rose aveva preso l'abitudine di fissarmi a lungo, comparendo all'improvviso negli angoli delle stanze o in cima alle scale, spesso con oggetti che avevo perso, anche se io avrei preferito che rimanessero persi, piuttosto che passare un attimo di piú nella sua inquietante compagnia.

Com'è ovvio, ero ritornato sulla lettera di Hazel. Le sue parole mi si erano quasi impresse a fuoco nella memoria, le sue rivelazioni piú presenti che mai...

Non posso capire cosa o visto e sentito ieri sera e non mi pare giusto che una donna con timore di Dio come me si imischia di queste cose.

Non volio giudicare, non speta a me, lei mi conoscie e io o visuto una vita e so che le sue intenzioni non sono cattive, ma non può venire niente di buono di questi segreti.

Io so che lei è stata tanto infelice signiora C ma poso solo compatire povero signior C che non sa niente di Angeli.

Non giocare con lo amore signiora C, o visto che incontravi quel uomo. Sei una dona sposata signiora C, quando il signior C prima o poi scopre quelo che lui faceva con te alora che cosa farai a quel punto?

Mi ero studiato e ristudiato la lettera in modo ossessivo, come se ogni lettura offrisse nuovi significati.

Sospirai, guardandomi intorno nella sala professori. L'Istituto sembrava molto tranquillo. Un buon numero dei piú giovani era stato reclutato nelle fabbriche tessili per lavorare ai macchinari, mentre un centinaio di ragazzi si era unito all'esercito, alcuni fin troppo acerbi. Non ne servivano molti per lasciare un vuoto marcato, ma sarebbero tornati presto. Spinsi gli occhiali in su, ripiegai il giornale e mi avviai in cerca di Stoupe, che trovai nel laboratorio di fotografia a sistemare alcune piante tropicali davanti a una giungla dipinta su un fondale.

«Ah, William!» disse allegro. «Benvenuto in Amazzonia».

«Ciao, Seamus» dissi, ispezionando una corda del bucato con appese le foto appena sviluppate. «Mi stavo chiedendo se avessi già sviluppato il mio ritratto. Avevo in mente di regalarlo a Elizabeth come ricordo».

«Un ricordo? Vai da qualche parte? Oh, ti prego, non andare in guerra, Crawford, morirei qui seduta stante, se mi lasciassi solo e abbandonato».

«No, no, quello no».

«Ah, grazie al cielo; non ce le hai proprio, le gambe per marciare. Ahimè, non ho avuto tempo, con i ragazzi che mi chiedevano le fotografie per le loro fanciulle e per le mamme, poveri cari. Anzi, mi è stato chiesto di fare un ritratto oggi pomeriggio, anche se il soggetto non è né madre né fanciulla». Scosse la testa, ridendo di qualche sottinteso privato.

«Te l'ho detto?» dissi con noncuranza. «Sono tornato da quella famiglia di presunti spiritisti in Ormeau Road».

«No?» disse lui, arricciando le labbra.

«Sí, sí. Imbroglioni, l'intera combriccola, proprio come pensavo. Nient'altro che una manica di accattoni dilettanti. Le solite assurdità, davvero. Illusioni poco plausibili, tavoli fluttuanti, voci incorporee, campanelle che suonano, quel genere di robaccia. Colpi e cose cosí».

«Niente che turbi una mente scientifica come la tua» disse Stoupe, sprofondato in una pianta.

«Certo che no. Davvero ridicolo. Gliel'ho detto chiaro e tondo. Li ho spaventati a morte, in effetti».

«Sul serio? Che paura sai mettere. Quindi non ci tornerai piú?»

«Oh, no. E neanche Elizabeth. Gliel'ho proibito».

«*Ipse dixit*».

«Sí. Solo...»

Stoupe si girò, con la faccia interrogativa. «Solo?»

Tossii. «Be', devo ammettere, c'è stato un momento... è stata una cosa stranissima. Una gran sciocchezza, ma non potevo non raccontartelo. Onestamente, è piuttosto buffo, davvero».

Gli raccontai della seduta spiritica. Lui rimase a pendere dalle mie labbra, mentre gli riferivo delle voci, dei colpi e dei passi e, mentre parlavo, mi ritrovai a ridere, a infiorettare la storia per renderla ancora piú ridicola finché arrivai al punto in cui mi vennero meno le parole.

«E poi cos'è successo?» chiese stupito, incitandomi ad andare avanti.

«Be'» tentennai. «Be', mi sa che tutto si è fatto silenzioso, fino a quando...»

«Sí?» Aveva gli occhi bramosi.

«Finché qualcuno ha cominciato a cantare».

Si batté le mani sulle guance. «Cantare? Era un messaggio dall'aldilà, secondo te?»

«Senza dubbio l'effetto desiderato era quello, ma naturalmente era qualcuno nella stanza. Sono stati anche fortunati perché hanno scelto una canzone che, per puro caso, aveva un qualche, non so, un qualche significato per me».

Stoupe si avvicinò. «Cos'hanno cantato?»

Stavo per dirglielo quando la porta si spalancò di botto. «*Blow, blow, blow winds, blow!*»

Adelia fece irruzione nello studio con un ampio cappello giallo canarino che stava chiaramente mutando le sue piume gialle. «Buon pomeriggio, signori. William, com'è corroborante vederti tutto intero. Che canzone dolce, non riesco a togliermela dalla testa».

Io mi morsi la lingua. «Zia Adelia». Feci un brusco cenno con la testa. «Devo andare».

«No, no!» fece Stoupe. «Lady Carter, anche lei era presente alla seduta? William mi stava raccontando tutto proprio adesso. Dovete raccontarmi cos'è successo, tutti e due!»

Adelia mi fissò con un sorrisetto da vespa, accomodandosi sulla sedia per la posa. «Avanti, William. Racconta a Stoupe cos'è successo esattamente; raccontagli tutto. Io mi assicurerò che non trascuri nessun dettaglio».

«Benissimo, allora» dissi, digrignando i denti. «Sei stata imbrogliata da una banda di truffatori, poi hai gettato una donna addolorata, impressionabile, a un branco di lupi. È stato un gesto sconsiderato, Adelia. Dovresti vergognarti».

Adelia fece un profondo respiro, prima di fissarmi con uno sguardo sprezzante. «Un gesto sconsiderato? Dovrei vergognarmi? Io credo nel paradiso, William. Ci credo, e non mi scuserò per questo. C'è troppo nelle persone, perché finiscano cosí di colpo. Credo che la bellezza sopravviva al corpo. Credo che la tua povera moglie, come tantissime donne, abbia fame dell'amore che le è stato rubato dalla tomba e dal matrimonio. Mi verrebbe da dire che anche tu hai bisogno di amore, forse piú di chiunque di noi, anche se preferisci sfoderare spiegazioni squallide piuttosto che accettare la bellezza». Rise. «Non sei altro che un arrogante, lí a dire al mondo cosa è giusto e cosa è sbagliato, cosa è vero, cosa è vergogna. A creare un problema dopo l'altro, per poi affannarti a cercare soluzioni. Lord Carter sta senza dubbio vagando nell'aldilà da qualche parte, troppo smarrito per trovare la sua vedova, precisamente a causa di giovanotti come te. Oh, sí! Medici intelligenti che avevano progetti intelligenti, piani ingegnosi. Non si preoccupi, Lady Carter, ripareremo il suo fragile marito con trapani, sostanze chimiche e bisturi. La scienza, William. La scienza medica me l'ha portato via, quando l'amore e la preghiera l'avrebbero tenuto al mio fianco per un altro anno almeno. Quindi, per piacere, evita di gettare il tuo disprezzo su di me, vigliacco pisciasotto». Si puntò un artiglio dipinto al petto. «Sono stata a piú di venti sedute spiritiche. Piú di venti! Non ho sentito una sola parola dal mio George. Mentre a te fanno visita non uno, ma due dei tuoi cari e tu te ne infischi di questa benedizione». Si coprí la faccia con lo scialle prima di guardarmi di nuovo. Aveva gli occhi umidi, il viso determinato. «Chi era? Chi era la donna che cantava?»

«Una persona del mio passato» dissi. «Una persona che mi era molto cara. Perlomeno, questa è l'impressione che si voleva dare, suppongo».

«Quindi è tornata da te. La medium aveva ragione. Aveva previsto tutto».

«Santo cielo» sussurrò Stoupe.

«Ha bisogno dell'aiuto di William, questo dice la medium. Sono tornata, anche se mi è costato caro dopo il tuo brutto scherzetto».

«Aiuto?» dissi. «Impossibile che tu ci creda. Aiuto per cosa?»

«Per salvare Robert, ovvio. Non c'è da stupirsi che la sua anima sia intrappolata nel limbo; Elizabeth mi ha raccontato che non l'hai guidato alla gloria di Nostro Signore. Era un peccatore. Vandalizzava tutto quello che toccava, proprio come suo padre».

Stoupe alzò la mano, una striscia di luce solare che gli solcava il viso ad arte. «È intrappolato» disse. «Intrappolato tra questo mondo e quell'altro».

Mi grattai la testa. «Accidenti, Stoupe, non lo penserai mica sul serio».

«Lo penso eccome, Crawford. Crediamo nella vita dopo la morte, o no? Crediamo negli angeli? Non è cosí ridicolo...»

Invece era proprio ridicolo. Certo che lo era. Eppure volevo credere che la voce di Robert fosse reale. Che fosse stata proprio *lei* a cantare la sua canzone.

«La ragazza sostiene che sei speciale» disse Adelia. «Sono stata lí ieri sera e gli spiriti sono rimasti in silenzio. Abbiamo cantato per piú di un'ora e non sono venuti. Hanno abbandonato quella povera famiglia dopo la tua bravata. Lei dice che parlano solo con te. È disperata; sua sorella e quel gigante d'uomo la trattano malissimo per questo».

Presi l'orologio dalla tasca per guardare l'ora. Ero in ritardo per la mia lezione. «Devo andare» dissi.

Adelia allungò la mano verso di me. «Ti manda questo» disse, mettendomi un foglietto di carta nel palmo. «Ti prega di andare da lei».

23.

Entrai in aula senza salutare, come al mio solito, cancellai dalla lavagna le annotazioni della lezione precedente e borbottai ininterrottamente tra me mentre la classe rimaneva a guardare in silenzio. Presi un gessetto nuovo. *Misurazioni: circonferenza del cerchio, aree del triangolo, del rettangolo, del parallelogramma, del cerchio...*

«La settimana scorsa» dissi, di spalle alla classe per evitare che si accorgessero del mio stato d'animo «abbiamo calcolato l'area di un solido regolare. Come facciamo a calcolare l'area di una figura irregolare senza un planimetro?» Tenni la mano alzata, nell'attesa che qualcuno intervenisse per rispondere. Presi un respiro profondo, feci una faccia seria, e nel girarmi vidi Samuel Goligher che sogghignava dall'ultima fila verso di me, bisbigliando. Decisi di ignorarlo. «Avanti, rispondete. Come si fa se un cerchio è imperfetto?» chiesi con impazienza, facendo con il gesso una serie di puntini sulla lavagna. Ci fu una certa agitazione. Aspettai in silenzio. «Prendete un foglio di carta a quadretti, e fate in fretta; siamo molto indietro».

Appoggiai la fronte alla lavagna, la superficie fredda di conforto per la mia testa dolorante. Si levò un borbottio. Mi girai furente e vidi lo stesso piccolo, sudicio verme che parlava fitto fitto con i suoi vicini, la mano a coprirgli la bocca. Aveva i capelli sporchi di fuliggine, la pelle grigia, lunette nere di sporco intrappolato sotto le unghie. «Goligher» sbraitai. «Fai silenzio e stai attento, dannazione».

Mi rivolse uno sberleffo e si chinò verso il compagno della fila sottostante. «Ehi, Noel, dammi un po' il tuo foglio, su».

«E il tuo, di foglio, dov'è?» chiesi. «L'avrai perso insieme al sapone, suppongo».

Tornai a girarmi verso la lavagna, cercando disperatamente di calmarmi, e disegnai un grande cerchio. «Chi mi dice che forma è? Forza».

«Un cerchio, professore» rispose nervoso uno dei ragazzi.

«Potrà anche essere uno stupido cerchio per un semplice chirurgo o per un misero chimico» sbottai. «Invece, per un ingegnere moderno attento alla verità, questo non è un cerchio, giusto?» Il ragazzo guardò prima me, poi i suoi compagni di classe, balbettando. Mi tolsi gli occhiali, mi sfregai il naso. «Scusatemi, signori» dissi. «Ricominciamo da capo. Visto con occhio fiducioso questo sembra un cerchio, in effetti, ma in realtà non lo è. Pensate a ciò che è nascosto alla vista. Il quadrante di un orologio può sembrare circolare a un occhio profano. Ma se si esaminassero oggetti del genere al microscopio, si capirebbe piuttosto in fretta che sono leggermente asimmetrici, pieni di minuscole imperfezioni. Se un ingegnere non sa riconoscere con esattezza la natura precisa degli elementi con cui lavora, rischia di incappare nei suoi due nemici mortali: la presunzione e l'imprecisione. E l'ingegnere impreciso è letale non solo per sé, ma anche per tutti coloro che ripongono fiducia in lui. Quindi dobbiamo trovare un modo per calcolare l'area di una forma imperfetta. Possiamo pertanto imparare a usare...» sottolineai «la regola di Simpson».

William.

Mi girai. «Chi si permette di chiamarmi per nome?» chiesi. I ragazzi mi fissarono con apparente sconcerto. Feci una faccia seccata e tornai alla lavagna, tossendo per la polvere di gesso.

«Dunque» dissi, cercando di riprendere il filo. «Se abbiamo una regola integrale per un'area equivalente, e naturalmente la regola trapezoidale, che abbiamo visto ieri, è diversa dalla regola di Simpson, allora...»

William.

«Se abbiamo una regola integrale per un'area equivalente...»

William.

Mi girai verso la classe e lanciai il gesso sopra le teste dei ragazzi, mandandolo a sbattere contro la parete in fondo. «Basta, Goligher!» sbraitai. «Smettila di disturbare la lezione o ti mando dal preside, hai capito?»

Goligher alzò la testa lurida dal banco. «Io, signore? Ma se non ho detto niente». I suoi occhi scivolarono sul mio inguine. «Ma è tutto bagnato, professor Crawford».

I ragazzi intorno a lui sbuffarono.

«Smettetela» dissi. «Smettetela di ridere».

Guardai la lavagna. «Dov'ero rimasto? Ricordando che la regola trapezoidale non è la regola di Simpson...»

Papo, quello chi è?

Diedi un pugno alla lavagna, e i ragazzi sobbalzarono sulle sedie ritraendosi da me, che marciai fino al posto di Goligher. Lo afferrai per il colletto e lo trascinai incespicando lungo i gradini bassi fino ad arrivare di fronte alla classe, prima di sbatterlo con forza contro il muro.

«Professor Crawford?»

Mi voltai e vidi Fforde sulla porta dell'aula.

«Sí, professor Fforde?» dissi ansante. «Serve qualcosa?»

Lui guardò il ragazzo. «Ho sentito... del trambusto».

«E io lo stesso. Questo ragazzo sta disturbando la mia classe con le sue voci». Samuel Goligher fece per parlare, ma io schioccai le dita e lo afferrai per il polso, mentre lui si dibatteva e si contorceva.

«Professor Crawford, amico. Attento» disse Fforde, prendendomi il braccio. «È solo un ragazzino».

«Questo ragazzo è un depravato, un bugiardo e ha una cattiva influenza sulla classe» dissi sprezzante. «Grazie per l'interessamento».

Annuii brusco, prima di buttare fuori il ragazzo e chiudere a tutti e due la porta in faccia. Poi mi tolsi la polvere dalle mani e tornai al leggio, deciso a terminare la lezione. Alzai lo sguardo sulla classe, lisciandomi la giacca. «Ebbene, non serve fare quelle facce terrorizzate. Che sia di lezione per tutti. Il professor Crawford non è stupido. Non è uno da prendere in giro. Uno di cui farsi beffe».

Recuperai un pezzo di gesso da sotto la scarpa e, raddrizzandomi, mi resi conto che i ragazzi stavano fissando la lavagna a bocca aperta. Uno dei ragazzi alzò lentamente la mano e io mi girai seguendo il dito teso.

C'erano tre parole scritte in uno spruzzo di polvere di gesso, come fossero state soffiate su colla bagnata:

WILLIAM
MAMMA
ROBERT

«Fuori!» gridai. «Fuori, fuori, fuori, tutti quanti! Basta! Sparite».

I ragazzi scattarono in piedi, scavalcandosi a vicenda, guardandosi indietro con gli occhi pieni di paura. Quando se ne furono andati, chiusi la porta a chiave prima di sedermi a uno dei lunghi banchi in fondo all'aula, fissando le strane parole.

I Goligher avrebbero mai smesso di torturarmi? Quale sconosciuta maledizione mi ero guadagnato per avere cercato la verità? Era chiaro che erano decisi a screditarmi prima che io potessi screditare loro. Fu allora che ricordai il biglietto della ragazza. Infilai la mano in tasca, rimpiangendo la mia pipa migliore, e lo tirai fuori.

L'aspetterò alla serra tropicale del giardino botanico alle sei. Accetti di incontrarmi, per piacere, dobbiamo parlare da soli.

24.

Saltai giú dal tram per Stranmillis e varcai la cancellata di ferro del giardino botanico mentre la luce sfumava. Gli alberi frusciavano all'aumentare del vento, e gocce di pioggia picchiettavano le aiuole di calendule sbiadite. Svoltando lungo un sentiero tortuoso, mi si stagliò davanti la cupola curva della serra tropicale, gli intrecci d'acciaio che brillavano bianchi nel crepuscolo.

Tirai fuori dal taschino l'orologio con un moto di fastidio. La serra sgangherata avrebbe chiuso mezz'ora dopo; probabilmente lei non c'era e l'intera faccenda si sarebbe rivelata un'ulteriore perdita di tempo per me. Ma se invece ci fosse stata effettivamente, lí da sola... ad aspettare me? Un appuntamento davvero stranissimo. C'era un unico modo per esserne sicuri.

La pesante porta di vetro mi si richiuse alle spalle con un risucchio, e io sentii la pelle formicolare in una cortina di aria tropicale. «Dove sei, ragazza, vieni fuori?» dissi a me stesso, con gli occhiali appannati. Passeggiai tra le aiuole; le scarpe sfioravano le felci e risuonavano sulle grate fumanti. Allungai il collo verso il tetto di cristallo, mentre un panorama di palme altissime era schierato sopra la mia testa, i loro goffi ventagli svettanti nell'aria soffocante. «Signorina Goligher?» dissi, schiacciando una foglia grande come un ombrello. «Ho ricevuto il suo biglietto».

Mi venne in mente, con i vestiti già umidi di vapore e di trepidazione, che Noah potesse avermi ingannato con la connivenza di Adelia. Forse si trattava di un'imboscata, per evitare che rivelassi la vera natura delle sedute spiritiche. Mi guardai alle spalle, la schiena tutta un formicolio. «Signorina Goligher? È qui?»

Sentii un fruscio mentre mi addentravo nella serra, passando accanto a fioriture variopinte come pappagalli. Girai intorno a un cactus grande come uno sgabello e me la trovai davanti, in un abito grigio semplice, che mi aspettava. Le lenti dei suoi occhiali rotondi non erano meno occluse degli occhi di sua madre.

«Signorina Goligher?»

«Professor Crawford, è venuto? Non abbiamo molto tempo». Aveva i capelli arricciati dall'umidità, aggrovigliati nella loro lucentezza scura come lana di pecora sul filo spinato. Si passò una mano sulla fronte, goccioline d'acqua le scivolarono lungo il bordo della mano fino alla manica. «Sono contenta che Lady Carter le abbia dato il mio biglietto».

«Quella donna farebbe qualsiasi cosa, al solo pensiero di mettermi in agitazione».

«Sono io?»

«È lei cosa?»

«A metterla in agitazione, professore?»

«Piú di quanto tu possa immaginare, bambina».

«Allora mi dispiace. Come sta la signora Crawford? Spero che non abbiate litigato».

«Non sono affari tuoi» sbottai. «La signora Crawford e io siamo felicissimi, piú felici che mai».

«È una brava moglie».

Sbuffai. «Devi smetterla di fingerti una medium, signorina Goligher. Questo sono venuto a dirti, e basta. È immorale. Da parte mia, devo scusarmi. Mi sono messo in ridicolo con i miei fiammiferi... e con il mio incidente, naturalmente. Non ero in me».

Lei accarezzò un vetro con il dito. «Noah è un mostro. Controlla le persone, fa loro del male». Alzò lo sguardo, tendendo la mano. «Professore, io non fingo di essere una medium. Almeno, non credo».

«E questo cosa dovrebbe voler dire?»

Si tolse gli occhiali, in preda a un dolore privato. «Lei ha sentito le voci. Da dove venivano?»

«Te l'ho detto. Sei tu a produrre le voci sotto quel tuo velo. Non potrebbe essere piú evidente. Quando poi suonerai il trombone lí sotto, pretenderai che crediamo all'esistenza di bande musicali fantasma».

Mi esaminò attentamente, scrutandomi con gli occhi. «Forse... forse dovrei tenere una seduta senza il velo... sarebbe sicuro? Non saprei».

Risi. «Ah ah, sí. E chiedere a tua sorella o a qualche altra mezza tacca di farlo al posto tuo. Sono un uomo indulgente, ma non puoi aspettarti che creda al vostro...» agitai il braccio «... teatrino amatoriale».

«I miei spiriti guida sono le prime voci che ho sentito, professore. Sono stati i miei amici piú cari nei momenti piú cupi». Prese a giocherellare con i polsini della camicetta. «Solo...»

«Solo cosa?»

«Solo che, come lei, avevo cominciato a mettere in dubbio che fosse tutto vero. Sa che mia sorella maggiore, Rebecca, era una medium prima di me? Anche mamma lo era, ma ha perso la seconda vista e adesso sta perdendo anche la prima. Ho cominciato a chiedermi se fosse vero che sentivo gli spiriti. Forse la mia famiglia stava giocando scherzi a tutti. Forse ero pazza».

«Quindi lo ammetti. È tutta una finzione? Non ci sono le voci degli spiriti».

«Non sto dicendo questo, professore».

Mi tolsi il cappello per la frustrazione e i capelli si drizzarono in su. Lei ridacchiò. «I suoi capelli si arruffano come i miei».

«Vero». Feci un passo avanti, con le scarpe scricchiolanti e il sudore che m'imperlava le spalle.

«Me l'ha sempre detto che lei era un bell'uomo, professore».

«Io, un bell'uomo? Chi te l'ha detto?»

«Lo sa, chi, se solo si concedesse di ammetterlo. Sono molti anni che mi parla».

Scrutai il volto della ragazza. «Smettila. Basta».

Abbassò gli occhi, imbarazzata. «Mi dispiace. Certo che mi dispiace. Sto solo dicendo la verità».

«È impossibile, bambina».

Una libellula blu cobalto a strisce gialle le si posò sulla spalla. «Ieri ho compiuto diciassette anni» disse. «Allunghi la mano, professore. Con delicatezza, adesso». L'insetto svolazzò tra noi due, prima di posarsi sulla punta del mio dito. «Ho l'età giusta, cosí dice Noah. So cosa significa». Sfiorò con il dito il dorso dell'insetto, che inarcò il corpo al suo tocco. «Guardi. Non è la cosa piú impossibile che lei abbia mai visto? Ma è reale».

«Perché mi hai chiesto di venire qui, signorina Goligher?» dissi, lanciando l'insetto in aria. «Hai ammesso che le sedute sono false. Come hai fatto a indovinare la canzone di mia madre? Non l'ho mai condivisa con nessuno».

«Ascolti» disse lei, con gli occhi che guizzavano. «Ormai mi staranno cercando. Gliel'ho detto, ho iniziato a nutrire sospetti sui miei poteri. Poi, quando quella sera sotto la pioggia l'ho vista che ci guardava dall'altra parte della strada, dietro i barili, ho saputo che era lei».

«Elizabeth ti ha spiegato esattamente chi ero».

«Mi ha detto che aveva un marito, sí, e che era un uomo gentile ma tormentato. Non sapevo altro. Ma quando quella sera l'ho vista, ho capito che l'avevo già vista mille altre volte. Apparteneva a *lei* e adesso, finalmente, potevo fare in modo che lei la riavesse».

Mi voltai dall'altra parte. «Io credo che le voci siano una recita, signorina Goligher. Mi dispiace. Sono venuto qui per chiederti di non parlare piú con mia moglie. Credo che possa essere pazza di dolore».

La ragazza mise la mano sulla mia. «Ha ragione a dubitare, professore» sussurrò. «Ecco perché le ho chiesto di venire qui. E se fosse tutta una bugia, come dice lei? Se io fossi pazza? Non sono venuta per convincere lei dei miei poteri. Sono qui per pregare lei di convincere me. Io non so che cosa sono».

Arrivò una voce al di là dei rampicanti. «C'è ancora qualcuno? È ora di chiudere».

«Sí» chiamai. «Stiamo per andare via».

«Benissimo, signore, fate pure con calma».

La porta si richiuse e lei rise. «È preoccupato che la vedano con me, professore? Elizabeth sarebbe felice di vederla qui, ne sono sicura. E anche Lady Carter. Ieri sera era di pessimo umore, aveva una voglia disperata di avere notizie dal marito. Non capisce. Tutti i suoi soldi non significano niente per i defunti. Urlerebbero fino a mandare le lapidi in frantumi per una vedova senza un soldo prima di emettere un suono per un re. Non è strano?» Alzò gli occhi. «Se le mie voci sono false, professore, se le sedute sono state uno scherzo che mi è stato fatto perché il mio corpo potesse essere venduto con profitto, gli spiriti non darebbero ancora piú spettacolo per chi offre il compenso piú alto?»

Sentivo nell'aria l'odore della sua pelle umida, il lieve profumo di mandorla. Era bagnata di rugiada, i suoi capelli spiritati erano spolverizzati di goccioline scintillanti. Si spostò, arrossendo. «Io ho la sensazione che gli spiriti siano intrappolati dentro il mio corpo, professore, in attesa che lei li liberi. Per questo è stato mandato da me. Per dimostrare che sono una bugiarda o per scoprire la verità una volta per tutte». Annuí e si girò a giocherellare con il dito su una foglia di palma. «È il suo destino».

«Hai letto troppe favole, bambina».

Lei staccò la foglia, piegandola con le sue lunghe dita come un ragno che acchiappa una mosca. «Smetta di chiamarmi cosí, professore, non sono una bambina. Deve ascoltarmi. Noah dice che non le permetterà di indagare su di me, ma c'è un'alternativa. Lady Carter ha organizzato una serata con alcuni ricchi signori. Si rifiuta di invitarla, ma io insisterò. Lí sarò da sola».

«Tua madre ti accompagnerà senz'altro, no?»

«No, non ci sarà».

«Allora tua sorella? O almeno Noah?»

«Lady Carter è stata chiarissima al riguardo. Nessuno

di loro sarebbe benaccetto nelle grandi case». Tirò su col naso. «Se potesse avere i miei spiriti senza la mia presenza, lo farebbe. È una fortuna che le mie guide mi abbiano insegnato a parlare meglio e a comportarmi come una signora».

«Chiunque abbia insegnato a te, con il giovane Samuel ha fatto un lavoro peggiore».

«Il ragazzo non ha cattive intenzioni nei suoi confronti».

«Ha tutte le intenzioni piú cattive possibili in quella sua testolina malvagia. Digli di smetterla di fare il pagliaccio durante le mie lezioni. Mi ha preso in giro facendo le voci, sai».

«Glielo dirò, se lei verrà a Lismarra House. Si conceda di credere, professore, e allora sarà tutto vero. Se gli spiriti tacciono, fuggirò da qualche parte. C'è una casa per ragazze a Bangor, vicino al mare; ho sempre pensato che mi sarei rifugiata lí se mi fosse successo qualcosa di brutto. E se non lí, allora... be', sono una camiciaia. Una giovane donna. Ho abbastanza cose da vendere». Mi toccò il petto, i suoi occhi le scivolarono all'interno della mia giacca, occhi imploranti. La spinsi via.

«Te l'ho detto, non voglio avere niente a che fare con le tue sedute spiritiche» dissi. «Hanno già danneggiato la mia famiglia a sufficienza».

Kathleen si allontanò e passò imbronciata il dito su una lastra di vetro appannato. «È troppo tardi. L'ha trovata con la sua canzone. Ormai non la lascerà piú andare. Credo stia cercando Robert, che è solo e spaventato e chiama suo padre». Guardò la cupola di cristallo sopra le nostre teste: la sera si stava tingendo d'indaco, la pioggia tamburellava sul vetro. Fissammo insieme il cielo in silenzio finché, con un sospiro, parlò, la voce solenne e delicata. «C'è un oceano di anime in arrivo, professore, riesce a sentirle? Cosí tanti morti. Ogni giorno di piú. Ascolti i suoi cari perduti, prima che le loro voci affoghino nella piena».

Alzò gli occhiali, le lenti gocciolanti di condensa, e mi

passò davanti. «Lismarra House» disse. «A ospitarci è il signor Robinson, dei grandi magazzini. Venerdí, alle otto. La prego di esserci».

La guardai scivolare via tra le foglie bagnate, con un gemito dentro di me. Ero venuto in quel luogo in cerca di una confessione, di scuse, di una promessa di tenersi alla larga. In qualche modo avevo accettato l'invito per un'altra stramaledetta seduta spiritica. Trascinai le mie ossa esauste e sudate verso l'uscita, feci un cenno con la testa al custode, che mi rivolse un sorrisetto prima di far tintinnare le chiavi.

«'Notte, signore».

Fuori, la luce pacifica si muoveva bassa, solenne e morbida. Vagai per il parco, prendendo a calci le foglie cadute. Sarei andato? Cercai la pipa, dimenticando di averla persa, poi tastai qualcosa nella tasca della giacca. Tirai fuori la mano e risi nel vedere proprio la pipa, insieme a una scatola di fiammiferi e a un sacchetto di tabacco legato con un nastrino di pizzo da pochi soldi. Ragazza scaltra. *Donna* scaltra.

Una cena con il signor Robinson dei famosi grandi magazzini, dunque. Avevamo già fatto conoscenza, in fin dei conti. Certo che ci sarei andato.

25.

I negozi erano affollatissimi, la gente spintonava per la strada mentre noi ci aprivamo un varco, con Rose e le ragazze che ci seguivano cariche di scatole e di borse. Io camminavo a passo piú svelto possibile, Elizabeth saltellava per tenermi dietro.

«Ma qual è lo scopo di tutto questo?» disse. «Non abbiamo i soldi».

«Te l'ho detto, è una sorpresa. E per una volta abbi un po' di fiducia in tuo marito, il mio libro sarà pubblicato il mese prossimo».

«Spero che venda».

«Certo che venderà; l'editore è molto fiducioso. Allora, il cappotto e le scarpe ce li hai, che cos'altro indossano le donne?»

«Un vestito con i volant, papà» disse Helen, danzando come una ballerina.

«Potrei mettere quello che ho indossato per il galà, suppongo» disse Elizabeth.

«Quel vecchio tendame logoro? No, no, voglio che tu sia al meglio. Vieni».

Varcammo le porte dei grandi magazzini Robinson&Cleaver, con il portiere che alzò il cappello in segno di saluto, e avanzammo nell'atrio centrale alzando gli occhi a sbirciare il soffitto a volta. Mi girai intorno per orientarmi. C'erano vetrinette lucide piene di qualunque cosa, dai guanti alle cravatte, dai braccialetti ai nastri, banconi di legno di noce correvano in ogni direzione tra colonne di marmo, ognuno con una commessa in attesa di servirci.

Schioccai le dita verso Rose, che era andata a sbattere alla cieca contro un uomo corpulento che portava una lampada a stelo. «Guarda dove vai» dissi. «A essere sincero, non ho mai visto nessuno creare tanto trambusto per portare qualche scatola».

Mi avviai verso le scale, tirandomi dietro Elizabeth e le bambine. Una giunonica capocommessa stava trafficando con una scatola di fiori di seta. «Ci serve un abito da sera» le dissi, guardando oltre, alle sue spalle.

«Per sua moglie, signore?» rispose.

«Non può essere per me, giusto? Su, su, dove li troviamo, gli abiti da sera?»

«Al primo piano, signore, mi permetta di aiutarvi».

«D'accordo» dissi, afferrando una rosa celeste da un ripiano. «E prendiamo anche questa».

Helen corse su per la scala di marmo bianco precedendoci, mentre Margaret faceva del suo meglio per sorvegliarla, ed Elizabeth mi rimproverò di essere stato brusco. Intanto che la donna saliva al primo piano, notai perplesso un basamento vuoto con due cerchi vacanti, dove in precedenza erano collocati i busti del Kaiser Guglielmo II e di sua moglie.

«Avete tolto i vostri clienti piú illustri, a quanto vedo».

«Oh, sí, li hanno rimossi la settimana scorsa, dopo che avevano fatto saltare via il naso del Kaiser. L'imperatrice sentirà la mancanza della sua marmellata preferita dell'Ulster».

«I signori Robinson e Cleaver saranno affranti».

«Il patriottismo prima del profitto, cosí dicono».

«Ottimo» dissi, trattenendomi dal vantarmi che presto avremmo cenato con il suo datore di lavoro. Volevo che fosse una doppia sorpresa per Elizabeth: una cena con nuovi amici insigni e un ricongiungimento con la signorina Goligher, per giunta! La cosa giusta per rimetterci in carreggiata.

Arrivati al reparto degli abiti da sera femminili, lasciai

Elizabeth con la capocommessa e portai Rose alla ricerca degli abiti formali da uomo. Quanto detestavo comprare vestiti, tutto quel tempo in piedi e quell'affaccendarsi intorno a bottoni e colletti. Passammo davanti a un bancone con un assortimento di ombrelli dai colori vivaci, dove un uomo all'incirca mio coetaneo stava decidendo tra uno verde inglese e uno di un giallo particolarmente sgargiante. Insieme a lui c'era suo figlio, un bambino in giacca e pantaloncini corti, con il suo orsacchiotto rannicchiato sotto il braccio. Ebbi una visione di Robert, in piedi accanto al bancone, la copertina con le fragole in mano, escrementi che gli colavano lungo le gambe. Sbattei le palpebre e accelerai il passo.

Il reparto di abbigliamento maschile era un luogo tranquillo, tappezzato a volute bordeaux, con alti scaffali pieni di camicie prêt-à-porter, l'ultima tendenza per il professionista. Scorgendomi riflesso in uno specchio alto, mi feci un cenno di approvazione con la testa, avevo i pantaloni arricciati sopra le scarpe.

«Secondo te i pantaloni sono troppo lunghi, Rose?» le chiesi.

Rose mi guardò incerta, posò la cappelliera e le borse sul pavimento, poi sorrise, indicando un manichino che sfoggiava un magnifico smoking con i pantaloni dalla banda di raso.

«Blu notte? Con quello indosso avrei l'aria del perfetto buffone» dissi, tastando i polsini di fattura elegantissima. «Sembro un buffone qualunque cosa indossi».

Lei scosse la testa, accigliata, poi indicò un altro manichino con sopra una bella camicia con il collo diplomatico. Be', in effetti era davvero un'occasione speciale. Mi feci prendere le misure da un ragazzo brufoloso, anche se rifiutai di fargli avvicinare il metro a qualunque punto del mio interno coscia. Quando tutti gli ordini furono completati, tornai in cerca delle donne, tormentando Rose perché si sbrigasse con la nostra montagna di pacchetti che continuava ad aumentare.

Le trovai accalcate intorno a uno specchio: Helen e

Margaret sorridevano, mentre la signora si affannava con gli spilli.

«Non è bellissima, papà?» disse Helen.

Elizabeth si voltò e si strinse nelle spalle, lasciando andare le braccia lungo i fianchi. Il vestito le ricadeva dalle spalle in foglie di pizzo bianco che scendevano a cascata da una spilla con un cammeo, e riccioli di delicata seta azzurra mettevano in risalto la sua pelle pallida e i suoi capelli ramati.

«Mia cara» dissi. «Non sei mai stata cosí bella. Sarò l'invidia di tutti gli uomini alla festa».

«Festa?» disse lei. «È a questo che serve tutto? Non posso azzardarmi a chiedere quanto costa?»

«Oh, suvvia» disse la capocommessa del reparto. «Che importanza ha, se suo marito ha quella luce negli occhi?»

«Non sono i suoi occhi a pagare i conti».

Sorrisi, prendendola per mano. «Mia dolce moglie, rilassati. Abbiamo sopportato cosí tanto, negli ultimi tempi. A parte il fatto che se non ti compro questo vestito, ora di venerdí non me lo perdonerai mai piú». Rose mi porse il fiore di seta azzurro, che infilai dietro l'orecchio di Elizabeth. «Sei proprio elegantissima, e io lo sarò altrettanto. Ho ordinato pantaloni e smoking blu notte».

Elizabeth sgranò gli occhi. «Ci riscalderai la casa, con i pantaloni blu notte, William? O ci pagherai il gas? O comprerai da mangiare per noi? Alle ragazze servono le scarpe nuove e zia Adelia questo mese non ha detto una parola sui soldi».

«Te l'ho detto. Il libro venderà, abbi fede».

«Fede ne ho, e lo sai. Non è la fede che mi serve. Mi serve un marito assennato. Oh, non guardarmi cosí, non riesco a sopportarlo. Lo so che il tuo libro sarà stupendo, ma tutto questo?» Volteggiò, ammirandosi allo specchio. «E a quale festa dobbiamo andare? Non ho certo bisogno di mettermi in ghingheri per il signore e la signora Fforde».

«I Fforde! Santo cielo, non ci saranno».

«Be', allora dimmi dove dobbiamo andare o me ne tornerò dritta a casa».

«Benissimo allora, se proprio devi rovinarmi la sorpresa. Siamo invitati a cena con il signor Robinson e i suoi prestigiosi ospiti».

La donna si drizzò in piedi. «Non il signor Robinson dei grandi magazzini, signore?»

«Proprio lui».

Elizabeth si portò le mani al viso, incredula. «Santo cielo, e per quale motivo?»

«Per cenare, presumo. Non è forse sottinteso?»

«Ma perché?»

«Cara, devo dire che la tua scarsa opinione dei Crawford rasenta l'offensivo». Mi rivolsi alla capocommessa, che stava tornando con un paio di guanti ricamati color argento. «Glielo dica a mia moglie. La maggior parte delle donne sarebbe entusiasta di andare a una festa del genere, non crede?»

«Direi di sí, signore; non c'è nobiluomo o nobildonna di cui il signor Robinson non sia amico personale. Ecco, lasciate che vada a prendervi qualche gioiello. Ho un paio di orecchini di perle che sono perfetti...»

«No, no, no» dissi. «Non siamo i Rockefeller, Elizabeth ha i gioielli di sua madre».

«Esatto» disse Elizabeth. «Mio Dio, il signor Robinson. Deve averti preso in simpatia quella sera al galà. Vorrà saperne di piú delle tue mongolfiere».

«Dirigibili, Elizabeth. È quello che mi aspetto, sí».

«Anche i guanti?» chiese la donna, con la matita che fremeva dalla voglia di scrivere sul suo taccuino.

Risi. «Sí, sí, anche i guanti».

Insieme ci dirigemmo al bancone, mentre un uomo dai capelli argentati, con un panciotto e gli occhiali a mezzaluna, faceva il totale dei nostri acquisti.

«Elizabeth» dissi. «Porta le bambine a vedere le bambole, per favore».

«Bambole?» chiese Margaret. «Cosa me ne faccio delle bambole?»

Mi accovacciai sfregandomi il mento, pensieroso. «Bambole per Helen, allora. Libri e cose del genere per Margaret».

Si allontanarono, saltellando e tubando sovreccitate. Le guardai andare via in preda all'euforia di un uomo non abituato alle gioie, poi tornai al bancone.

«Ecco, signore, vuole pagare subito o le dobbiamo inviare una nota di credito?»

Guardai il pezzo di carta sotto il suo pollice e per poco non caddi dalla balconata. «È... Credo che abbia commesso un errore».

«Davvero, signore? No, no, è tutto giusto. C'è qualche problema?»

Guardai Rose, che fissava il biglietto impassibile, come la maschera di un samurai giapponese. Respiravo a fatica. «Io... santo cielo, è parecchio di piú di quanto mi aspettassi».

«Capisco» disse l'uomo, rivolgendo uno sguardo d'intesa alla capocommessa. «Signora Morris, sarebbe cosí gentile da riportare questi articoli a posto?»

La signora guardò me e poi Rose. «È sicuro di non poterselo permettere, signore? Sua moglie sarà delusissima, non crede? Sembravate tutti e due cosí felici, era una gioia vedere tanto amore in una giovane coppia».

Guardai lungo la fila di vetrinette e vidi Elizabeth che teneva le ragazze per mano, diretta verso una moltitudine di bambole in abitini a balze. I nostri sguardi s'incrociarono e lei sorrise, arrossendo. Qualcosa mi toccò il braccio e vidi che era la mano di Rose. Stava facendo segno con la testa, apriva le mani come una farfalla mimando una parola con le labbra.

«Libro?» dissi, aggrottando le sopracciglia. «Ah, sí, il mio libro! Il mese prossimo sarò un autore pubblicato, sa?»

L'uomo inarcò le sopracciglia, colpito. «Congratulazioni, signore».

«Grazie. Sí, ora che ci penso, prenderò il credito. Mi chiamo Crawford. Park Avenue 1».

26.

Il venerdí arrivò in fretta e io lanciai gridolini infantili di eccitazione quando sfrecciammo sul ponte a bordo del taxi, l'aria che mulinava dai lati aperti del tettuccio. Lismarra House era un po' fuori città, per cui mi ero concesso un piccolo lusso. La vettura, una Unic importata dalla Francia, mi lasciò impressionato. Il motore scoppiettò su per una bassa collina mentre passavamo fischiando davanti all'ufficio dell'autorità portuale.

«Pensi che mi troverò bene con le altre signore, stasera?» chiese Elizabeth. «Zia Adelia dice che il signor Robinson dei grandi magazzini ha gli amici piú eleganti di Belfast».

«E anche noi, adesso!»

Il taxi sorpassò un cavallo sfinito che tirava un carro carico di sedie rotte. Sorrisi al pensiero della famiglia Goligher accalcata nella sua stamberga umida sopra il negozio mentre noi eravamo diretti alla nostra cena dell'alta società. Era chiaro che la ragazza riteneva di avermi rigirato come voleva lei, nella serra tropicale. Tutte quelle assurdità sulle voci e su mia madre. Be', se voleva una dimostrazione che le sue sedute spiritiche erano delle fandonie, benissimo, gliel'avrei data.

Elizabeth mi strinse la mano, accoccolandosi sulla mia spalla mentre il motore sferragliava e una nuova folata di vento entrava nell'abitacolo. Dopo qualche chilometro lungo Shore Road, l'auto svoltò in un lungo viale fiancheggiato da cedri, con un bel panorama che si apriva sul mare. Lismarra House doveva essere una delle dimore irlandesi piú sontuose: si ergeva in un unico blocco quadrato di arenaria fulgida in mezzo a un ampio prato curato.

Pagai la corsa e aggiunsi una mancia generosa perché il tassista tornasse a prenderci alle dieci. Quando la macchina ripartí, suonando il clacson, salimmo l'ampia gradinata fino al portone lucido, sfregandoci il braccio a vicenda per rassicurarci. Prima ancora che tirassimo la catena del campanello, un corpulento maggiordomo in frac aprí la porta, i capelli lucidi con la riga nel mezzo.

«Buonasera?» disse con un pesante accento continentale. «Posso aiutarvi?»

Elizabeth si spostò nervosa mettendosi dietro di me e stringendosi nella stola.

«Sí, certo» risposi.

I suoi occhi astiosi si posarono sui miei capelli, poi scesero sul mio cappotto. Avrei dovuto spendere di piú ai grandi magazzini. Parlò con sussiego. «Posso chiedere l'invito a monsieur?»

Guardai Elizabeth, con il panico che mi attanagliava la gola. Non avevamo nessun invito. Tutta la serata era stata pianificata sulla fiducia. Sulla parola di... oh, buon Dio, era tutta una forma di vendetta, architettata da Adelia e dalla ragazza?

«Io... non abbiamo l'invito...»

La porta cominciò subito a richiudersi.

«Oh, no» sussurrò Elizabeth.

Proprio in quel momento, si sentí una voce maschile alle spalle del maggiordomo. «Parra, chi stai trattenendo alla mia porta?»

Il maggiordomo si fece di lato, rivelando un uomo dai tratti gentili. Lo riconobbi all'istante dal galà.

«Signor Robinson, buonasera. Il professor William Jackson Crawford dell'Istituto tecnico municipale di Belfast. Questa è mia moglie Elizabeth, indossa uno dei vostri abiti».

Il maggiordomo fece di nuovo per chiudere la porta,

ma il signor Robinson, illuminandosi in viso, lo bloccò. «Aha! Professor Crawford! Ebbene, dovete perdonarmi. Parra, invita immediatamente a entrare i nostri illustri ospiti».

A quel punto il maggiordomo indietreggiò e ci fece passare. Ci presero cappelli e cappotti mentre noi ci guardavamo intorno, ammirando il lampadario elettrico e gli specchi dorati, un fonografo su un tavolo d'ebano circondato da gigli profumati. «Affascinante» dissi.

«Cosa, quello?» disse il signor Robinson, posando un sigaro su un vassoio d'argento. «Vendiamo fonografi in negozio; le piacerebbe averne uno?» Prima che potessi osservarlo meglio, mi diede una pacca sulla spalla e ci guidò nella direzione da cui provenivano chiacchiere educate e un tintinnare di bicchieri. Scorsi di sfuggita i miei capelli e trasalii vedendo quanto si erano gonfiati con il vento. Cercai freneticamente di riabbassarli, salutando gli altri invitati con un cenno della testa.

«Vi lascio agli altri ospiti» disse il signor Robinson. «Parra, dove sono le bevande?»

«William» sussurrò Elizabeth. «Di cosa dovrei parlare? Le donne hanno un'aria cosí raffinata».

«Be', di cosa parlano di solito le donne raffinate alle feste?»

«Dei loro mariti, credo».

«Perfetto, allora parla di quello».

Accettai un bicchiere di champagne mentre ci avvicinavamo a una coppia composta da madre e figlia con due file di dentoni identici, che sostavano impacciate accanto a un tavolo di hors-d'œuvre.

«Buonasera» disse Elizabeth, giocherellando con il vestito. «Siete qui per la cena?»

La donna scambiò un'occhiata strana con la figlia. «Sí, certo» rispose. «Voi no?»

«Sí».

«Splendido».

«Siamo arrivati in automobile».

«Oh».

Io studiavo l'ambiente, canticchiando sottovoce e sorseggiando il mio champagne. Un lampadario dorato pendeva al centro della sala tra stucchi intricati, le pareti erano tappezzate con un motivo a foglie verdi. Pensai alla serra tropicale, mi chiesi se la medium fosse già arrivata.

Un gruppo di ricchi signori stava in cerchio accanto al camino a parlare a bassa voce, con aria concentrata. Mentre cercavo il coraggio di avvicinarmi, entrò Adelia, vestita in un trambusto di seta verde smeraldo, con il collo e il décolleté addobbati da festoni di gioielleria vittoriana. Evidentemente annoiata dalla compagnia, si spostò verso un altro gruppo di donne in abiti da sera scintillanti, mettendosi a tenere banco, prima di individuarci dall'altra parte della sala con un urletto gioioso.

«Elizabeth, sei venuta!» disse, scrutando da capo a piedi i nostri abiti mentre si avvicinava. «Come stai bene con questo vestito, Lillie. Delle centinaia di donne che lo indossano, devi essere una delle piú belle. E William» fece, rivolta a me, con un sorriso a denti stretti. Mi sentii come una mela che sta per essere morsa, ma lei ebbe l'impulso evidente di frenarsi e atteggiò la voce a una cantilena che trovai ancora piú inquietante del suo solito latrato. «Ci sei anche tu».

La piú vecchia delle due donne con i dentoni accennò un piccolo inchino. «Buonasera, Lady Carter».

Adelia ostentò un sorriso. «Signora Weebly, che piacere vederla. E anche la sua bellissima figlia; spero che stiate bene dopo il vostro lutto».

Contento di lasciare Elizabeth, m'incamminai verso l'ingresso della sala, desideroso di esaminare il fonografo, ma il signor Robinson mi notò e mi chiamò. «Professore, non se ne resti lí da solo. Venga, amico mio. Signori, fate spazio al professor Crawford, per favore. A che serve una casa grande se poi stiamo tutti accalcati come pinguini?»

Un secondo uomo, che fumava il sigaro, mi afferrò per la spalla. «È un piacere conoscerla, professor Crawford» disse. «Mi chiamo Cleaver».

Gli strinsi la mano e accettai un secondo bicchiere di champagne dal maggiordomo. «Sono onorato di conoscere i famosi Robinson e Cleaver» dissi. «Anzi, vi devo ringraziare per avere vestito mia moglie».

Cleaver sghignazzò. «Purché non l'abbiamo svestita».

Robinson sventolò il dito verso il socio in segno di rimprovero e rivolse a me uno sguardo serio. «Professore, speravo tanto di rincontrarla, dopo il galà. Che cosa ci racconta di questo suo libro?»

Bevvi un altro sorso di champagne per calmarmi. Sentivo il sangue che già cominciava a ribollire. «È un libro semplice, in realtà, anche se forse non cosí semplice per una mente media; vale a dire, non tanto per la mente *media*, ma per la mente non esercitata, se capisce quello che intendo. Non importa, cosa sto cercando di dire? Il libro descrive nel dettaglio, per usare termini profani, le varie tavole matematiche, le formule e altre cose del genere che ogni ingegnere deve imparare se vuole... be'...»

Mi interruppi. Mentre la lingua mi si era inceppata e faceva i capricci, uno degli uomini in fondo alla sala si era avvicinato al nostro circolo. Era il preside Forth! Prima di riuscire a impedirmelo, avevo ricominciato a parlare, togliendo il monocolo dall'occhio di un giovanotto al mio fianco e reggendolo in alto. «Per esempio, come lo definireste, questo?» chiesi, rivolgendomi agli astanti.

«È il mio monocolo, accidenti, ecco cos'è» esclamò il giovanotto. «Ehi, ma ci si può fidare? Cos'è, una specie di mago da salotto?»

Il preside Forth bevve un sorso del suo whisky, scrutandomi attentamente.

«Sto chiedendo qual è la sua forma» dissi. «Non il suo scopo».

Il giovane sogghignò. «È un cerchio, naturalmente». Si rivolse agli altri. «Dobbiamo recitare i nomi degli animali della fattoria, adesso?»

Sorrisi paziente. «Temo di no, che in effetti non sia un cerchio».

Gli uomini borbottarono, avvicinandosi a esaminare l'anello di vetro che tenevo tra le dita.

«O quantomeno, non è un cerchio *perfetto*, è questo che intendo. Con l'ingrandimento offerto dai microscopi piú precisi e moderni – come quelli, è inutile dirlo, che si trovano all'Istituto tecnico municipale diretto dal preside Forth – scoprireste che questo disco in apparenza liscio e pulito è pieno d'increspature come la baia di Donegal».

Il giovanotto mi riprese il monocolo di scatto, lo ispezionò con attenzione e poi se lo infilò in tasca con un moto di stizza. «Incrinature» disse. «Che sciocchezze».

«Niente affatto» disse il preside Forth. «Il professor Crawford è una delle migliori menti dell'Istituto. Una specie di astro nascente».

Sorrisi, traboccante di orgoglio. «Grazie, preside Forth» dissi con un inchino. «Anche se devo rimarcare che un astro non può nascere. Si tratta, com'è ovvio, dell'ennesima illusione scaturita dai limiti della mente umana». Tesi il braccio verso il lampadario scintillante, rovesciandomi un po' di champagne sulla manica. «Noi percepiamo il firmamento muoversi nel cielo, mentre in realtà siamo noi a levarci, a girare e a cadere, e a guardare dall'asse della nostra stessa prospettiva». Feci un piccolo rutto nel pugno. «Per fortuna, l'applicazione pratica e spassionata dell'indagine scientifica ci spiega oggi piú che mai il mondo e il cielo che ci circonda».

Intervenne un ometto a forma di brocca con il collarino da prete. «Stia attento, se non vuole che la sua scienza offenda la parola di Nostro Signore Iddio».

Sorrisi. «Reverendo, noi ingegneri dobbiamo obbedire a dèi piú potenti del suo».

«Oh-oh» disse il signor Cleaver, facendo l'occhiolino al suo socio in affari che stava ascoltando attentamente.

«I miei dèi» scandii, scarabocchiando per aria. «Precisione. Perseveranza. Pragmatismo». Bevvi un altro sorso di champagne. «Le mie nemesi? Inesattezza. Inesperienza. E...» Diedi un colpetto con il dito al taschino dove il giovanotto teneva il monocolo. «Ignoranza. Esattamente come abbiamo visto con quella nave che in tutta evidenza era fin troppo affondabile, l'imprecisione può solo generare catastrofi per coloro in cui si annida».

Un gentiluomo accanto al preside Forth, che fino a quel momento aveva annuito in segno di apprezzamento, alle mie ultime parole avvampò. Avrei dovuto intuire il pericolo, ma tenni imperterrito la barra dritta.

«Le guerre» dichiarai «le perdono i politici e i generali dell'esercito, ma le vincono gli ingegneri. Ecco perché insegnare alle nostre giovani menti dovrebbe costituire la base stessa del nostro sforzo bellico. La grandezza di una nazione dipende dall'istruzione del suo popolo». Ebbi un singulto, nell'accorgermi che avevo attirato l'attenzione della sala. Il maggiordomo mi osservava dal corridoio, rivolgendo uno sguardo eloquente al signor Robinson, mentre Elizabeth, accanto a Adelia, mi implorava con gli occhi di tacere. «Voglio dire» aggiunsi «che se non siamo capaci di navigare passando in mezzo a qualche iceberg, che speranza abbiamo contro le corazzate monocalibro?»

Scoppiai a ridere, ma nessuno si uní. Nel cupo silenzio, sorrisi al preside Forth che mi fissava attonito con aria torva. Il signor Cleaver indicò l'uomo color barbabietola. «Allora, Lord Pirrie» disse con la faccia birichina, «ha sentito?»

Mi si gelò il sangue nelle vene. Il barone Pirrie? Ex sindaco di Belfast, pro-rettore della Queen's University e presidente dei cantieri navali Harland and Wolff, proprio dove avevano progettato il *Titanic.* Pensai di sentirmi male.

«Mi perdoni» balbettai, facendo un passo verso di lui e rovesciando lo champagne.

Il signor Cleaver ridacchiò. «Pirrie, vecchio lupo di mare, dovresti chiamare il professor Crawford, qui, a progettare le tue navi».

Adelia aveva lo sguardo malevolo di una vecchia megera a un'impiccagione pubblica. Il tempo si fermò. Oh,

Gesú, cos'avevo fatto? Le persone parlottavano tra loro, voltandomi le spalle, e poi, come se le parole mi venissero da una mente del tutto diversa, ricominciai a parlare, fuori dal mio stesso controllo...

«Mia madre diceva sempre che un giorno sarei diventato un grande inventore... che sciocchezza, in realtà, ma questo fanno le madri, no? Credono nei propri figli. Non capiva che i miei progetti erano difettosi... ricordo il suo viso... ricordo la sua voce... com'era orgogliosa quando le offrivo uno dei miei nuovi marchingegni. Fingeva di usarli, anche se le rendevano solo piú complicate le faccende domestiche. In realtà, anche se di lei non parlo mai, ho passato la vita a provare a essere all'altezza delle aspettative di mia madre, voi no? Noi uomini siamo tutti uguali, non è vero? Se siamo capaci di accettare i nostri errori e di lavorare sodo per avvicinarci anche solo alle basi delle aspettative delle nostre madri, allora, anche quando una splendida nave spiazza i suoi stessi brillanti progettisti... anche se il mondo cade a pezzi, l'Impero non affonderà mai».

Il cuore mi batteva all'impazzata. Chiusi gli occhi e ripensai al suo ultimo respiro.

The Elfin knight stands on yon hill...

Dov'era la medium, era presente? Perché l'avevo seguita in un'ennesima mortificazione? Aiutami, mamma, pensai, a occhi chiusi.

Clap.

Aprii gli occhi.

Clap.

Il signor Cleaver mi guardava raggiante.

Clap.

Stava battendo le mani e intanto faceva cenno di sí con la sua meravigliosa testa pelata in segno di approvazione.

«Sentite qua» incitava. «Lei è proprio magnifico, professor Crawford. Santo cielo, Forth, vecchio furbacchione, devi essere orgoglioso di quest'uomo».

«Sí, ben detto!» disse il signor Robinson, unendosi al

socio nell'applauso e incoraggiando l'intera sala a fare lo stesso, prima di alzare il bicchiere.

«Un brindisi all'Impero!» esclamò. «E alle nostre madri!»

Tutti applaudirono; le donne si complimentarono con Elizabeth per l'ottimo marito, distogliendola da Adelia e dalle Weebly per coinvolgerla nella loro conversazione. Afferrai un altro bicchiere di champagne da un vassoio di passaggio, palpitante dell'energia purissima che mi aveva dato l'esultanza della sala. Il signor Cleaver mi diede una pacca sulla schiena. «Forth è proprio fortunato ad averla all'Istituto, professor Crawford. Dica, Lady Carter, perché non è mai stato invitato a una delle sue tediose serate?»

Adelia si avvicinò con un fruscio, posandomi una mano ingioiellata sulla manica. «Il signor Crawford è un mio carissimo amico; sostengo attivamente la sua famiglia da quando ho conosciuto la sua dolcissima moglie agli incontri della chiesa, li ho adottati facendone i miei protetti. Il professor Crawford porta sempre un certo *je ne sais quoi* a qualunque evento partecipi. È sempre un'emozione; non sai mai cosa succederà di lí a breve».

Suonò la campana della cena, il maggiordomo ci invitò a passare nella sala da pranzo ed Elizabeth mi prese sottobraccio mentre ci avviavamo. «Non farmi mai piú una cosa del genere» mi disse all'orecchio in un sussurro. La guardai preoccupato, ma vidi che sorrideva. «Sono cosí fiera di te stasera, il mio maritino intelligente».

Rimanemmo a bocca aperta nel vedere la tavola apparecchiata: stoviglie dorate, bicchieri di cristallo, tovaglioli ripiegati sulla tovaglia bianca inamidata, ricamata con volpi che inseguivano lepri sotto i piatti d'argento. Le sfumature delicate delle candele erano intonate ai petali di albicocco che formavano un ponte sopra uno stagno di foglie verdi di alloro. Mangiai di gusto, tollerando a stento i bocconi minuscoli, eppure il cibo era ricco e vario, accompagnato da un ottimo sherry, vino bianco di Borgogna e due champagne abbinati a una selezione di piatti di carne leggeri. Ci servimmo con dovizia da grandi vassoi di agnello e di pollame, prima di finire per avventurarci su palline di delizioso gelato alla crema con il porto. Sentivo un formicolio alle labbra mentre Elizabeth e io rispondevamo alle domande eccitate dei nostri nuovi amici. La conversazione aveva un ritmo cosí animato intorno all'allegra tavolata che era difficile seguirla, un attimo era seria, quello dopo spassosa. Parlai con fervore di dirigibili e di volo, di nuova matematica, della forza motrice del vapore, di motori diesel, di motori elettrici, di magneti, di lampadine, di orologi fosforescenti. Credo che persino il barone Pirrie mi avesse preso in simpatia, quando furono sparecchiati i piatti del formaggio, e il preside Forth subí forti pressioni da parte del signor Robinson perché al galà successivo fossi ammesso al tavolo d'onore.

«Oh, lo promuoveremo» disse lui. «Lo stiamo addestrando bene. Ma ha ancora qualche trucchetto da imparare, eh, Crawford?»

«Sí, direttore».

«Maggiore Forth, ormai, ragazzo mio» disse il signor Cleaver. «Ehi, Forth, il giovane Crawford sarebbe di sicuro un ufficiale di prima categoria. Gestisci tu il reclutamento irlandese, in fin dei conti. O è troppo basso per sparare?»

Il preside rise. «No, no, uomini come il professore ci servono all'Istituto. Come diceva lui, le guerre le vincono gli ingegneri. Io stesso gliel'ho detto, non è vero, Crawford?»

«Io... sí, direttore».

Proprio in quel momento, Adelia fece tintinnare il suo bicchiere. «Cari ospiti, scusate se interrompo la vostra conversazione affascinante. Quanto piace parlare, a voi uomini». Lanciò un'occhiata accusatoria nella mia direzione. «Spero che abbiate gradito la cena; congratulazioni, signor Robinson».

«Oh, no, Lady Carter» disse il signor Robinson. «Il merito è tutto suo. Non avrei mai saputo organizzare un ricevimento tanto splendido. Ahimè, la mia cara defunta moglie, Caroline, sarebbe stata orgogliosa di avere preparato una cena simile». Distolse gli occhi dal tavolo, perso nel dolore.

Adelia – con la voce strozzata e il labbro che tremolava in una scarsa approssimazione di autentico dolore – rispose che lei era stata orbata del marito mentre il signor Cleaver – scambiando occhiate solidali con piú d'uno degli uomini intorno al tavolo – parlò di non meno di tre figli persi dalla sua famiglia negli ultimi cinque anni. Emerse che, tra tutti, avevamo perso all'incirca tredici famigliari per malattie o incidenti vari nel corso dell'ultimo anno, un numero piuttosto impressionante. La signora Weebly rivelò che sua figlia aveva una gemella fino al marzo precedente. Elizabeth parlò per la prima volta a lungo di Robert, prima di menzionare Arthur, e una delle cameriere, che aveva perso il marito nella stessa tragedia, fuggí via in lacrime; il barone Pirrie a quel punto si scusò, augurandoci la buona notte.

Il signor Robinson si tamponò l'occhio con l'angolo del tovagliolo. «Mi conforta sapere che la mia cara Caroline guarda dal cielo la sua famiglia addolorata. Mi piacerebbe moltissimo parlare di nuovo con lei».

Adelia gli rivolse uno sguardo pregnante. «Forse potrà».

«Oh, no, Lady Carter» disse il signor Cleaver. «Per favore, non ricominciamo di nuovo con il suo spiritismo. Non può essere saggio immischiarsi in cose del genere. Potremo senz'altro unirci ai morti quando verrà il nostro turno di ricevere il colpo fatale».

«Ben detto, signor Cleaver» dissi. «La mia cara moglie è stata momentaneamente indotta a credere agli amici di Adelia che sussurrano ai fantasmi e che io stesso ho avuto la sventura di incontrare. Posso affermare con assoluta certezza che sono degli imbroglioni».

Sentii Elizabeth muoversi al mio fianco. Adelia sorrise. «Sono certa che il professore abbia ragione. Forse è quindi arrivato il momento per la nostra piccola curiosità?» Si alzò dalla sedia e ci fece cenno di seguirla.

«Che succede?» chiese Elizabeth, mentre salivamo l'ampia scalinata fino a una serie di porte-finestre sul pianerottolo.

«Sono qui accanto a te, mia cara» le dissi. «Non c'è bisogno di agitarsi».

In cima alle scale entrammo in un salone rivestito di pannelli di legno, con finestre a bifora affacciate sul mare. L'ambiente era illuminato dal bagliore rosso di una familiare lanterna color rubino. Oltrepassai gli altri commensali e vidi Kathleen Goligher, il velo sulle spalle e gli occhi grigi che baluginavano tra noi con uno sguardo di benigna curiosità. La sua voce era dolce ma insistente, e quando parlò la gente si zittí, docile.

«Signore e signori» disse, posando gli occhi su di me. «Venite, fate silenzio, prendete posto. I miei amici stanno aspettando».

27.

Il tavolo sussultò, ma non appena si fu mosso tornò di nuovo immobile, rifiutandosi di reagire. Alcuni dei commensali avevano già rinunciato, il vicario e il preside si erano subito diretti al piano di sotto, esprimendo il loro sdegno. Io li avrei seguiti, non fosse stato per l'incontro particolare che avevo avuto con Kathleen alla serra tropicale. La procedura, com'è ovvio, era fastidiosamente nota. Aspettai in silenzio ogni presunto fenomeno con un sorrisetto torvo, insofferente, con la testa che mi girava per l'alcol.

«Amici» disse Kathleen sotto il velo. «Dove siete stasera?»

Stavo per proporre una teoria quando il tavolo premette verso l'alto, ruotando in senso orario sotto le nostre dita. La giovane signorina Weebly emise un mugolio, sua madre fu altrettanto colpita. Osservai diffidente la medium, constatando l'abilità con cui eseguiva il suo trucco senza muovere minimamente la parte superiore del corpo. Sbirciando il cerchio, ritenni di poter riuscire a fare un accertamento preliminare senza farmi scoprire, per soddisfare la mia curiosità, e tolsi la mano.

«Mani sul tavolo, oppure la connessione con il mondo degli spiriti sarà interrotta» disse la voce della giovane medium. Feci uno sbadiglio rilassato e mi appoggiai allo schienale della sedia. Un attimo dopo il tavolo fece un salto di una trentina di centimetri, inclinandosi di lato come se fosse trasportato da un paio di maldestri facchini invisibili. La signorina Weebly cacciò uno strillo, i miei vicini mi strinsero ulteriormente le mani. Con finta innocenza, alzai il piede destro dal pavimento per sondare con la punta della scarpa lo spazio invisibile. Evidentemente sfiorai lo stinco della signora Weebly, che emise un guaito, con le dita tremanti. Spostai la punta del piede dall'altra parte, toccando quello che ipotizzai essere il signor Cleaver, il quale borbottò, facendo intervenire Kathleen.

«Calmi, tutti calmi, per favore. Le mie guide sono timide stasera. Forse non sono abituate alle interferenze presenti in questa casa. Sento che sono passati molti anni da quando camminavano in carne e ossa. Alcune sono antiche come la roccia sotto i nostri piedi».

Sbuffai.

«Mamma» piagnucolò la giovane Weebly. «Ho paura».

Io raddrizzai la gamba, spingendo il piede verso Kathleen, aspettandomi di sentire la carne morbida della sua coscia. La mia scarpa doveva essere a metà strada sotto il tavolo, eppure non c'era niente. Mi spinsi a sondare oltre, scivolando sulla sedia fin quando la punta del mio piede dovette essere a pochi centimetri appena dalla vita di Kathleen. Mi stavo giusto chiedendo come avesse fatto a realizzare un trucco del genere, quando mi resi conto con un sussulto che mi stava fissando nel buio, gli occhi scintillanti, il velo tirato indietro.

«Professore» sussurrò, «che cosa sta facendo?»

«Esattamente quello che mi hai chiesto» sibilai sottovoce. «Metto a nudo la verità».

Proprio in quel momento si udí un tintinnio da qualche parte oltre la sala e il signor Robinson sobbalzò in avanti. «Mio Dio, guardate!» disse, mentre una campanella d'ottone attraversava il soffitto sopra le nostre teste e il tavolo continuava a dondolare a mezz'aria tra noi. La campanella tintinnò allegra, passando, prima di scomparire di nuovo dietro la tenda. Un filo di ferro, pensai, come una canna da pesca. Quindi Kathleen non era sola, in definitiva. Non c'era da stupirsene: non avevamo assistito al suo arrivo a Lismarra House. Senza dubbio il maggiordomo francese aveva accettato una bustarella per evitare di ficcanasare. Un brivido mi corse lungo la spina dorsale, nell'immaginare chi si nascondeva dietro la tenda a neanche un metro dalla mia spalla. C'era Noah in agguato lí dietro? O forse sua sorella Rebecca? Studiai le tende come meglio potevo, anche se la luce era troppo bassa per distinguere qualsiasi presenza tra le pieghe. Puntualmente, il tavolo tornò fluttuando sul pavimento.

Il signor Cleaver ridacchiò. «Bene, bene. Eccezionale. Non riesco a capire com'è stato fatto».

Intervenne Adelia. «Nessun mortale può capire le vie del mondo degli spiriti».

«Silenzio» disse Kathleen. «Amici spiriti, non allarmatevi». La sua voce si fece rauca, il suo respiro corto. «Stasera alcuni dubitano di voi. Ci siete ancora?»

Un trittico di tonfi lievi riecheggiò da qualche parte sopra le nostre teste. Quindi c'era qualcuno appostato al piano di sopra.

«Che significa?» sussurrò il signor Cleaver.

«Tre tonfi sono un sí, uno significa no» disse il signor Robinson, annuendo in modo solenne.

«Dimmi, spirito, hai paura?» chiese Kathleen. Tre colpetti secchi vennero dalle finestre, anche se apparivano vuote, tranne che per il vasto mare nero. «Dovremmo lasciarti in pace?» Sobbalzammo tutti all'unisono quando un singolo colpo duro batté sul tavolo. «Vuoi parlarci?»

Kathleen si ritrasse sulla sedia, rannicchiando la testa verso il grembo mentre si sentiva raschiare in un angolo della stanza.

«State guardando?» sussurrò il signor Cleaver. Aguzzando gli occhi, vidi un orologio a pendolo nell'angolo opposto della stanza, che nella penombra s'intravedeva appena. Il raschiare si fece un debole scricchiolio.

«Santo cielo» mormorò il signor Robinson, mentre una forma emergeva dalla cassa della pendola, una porta a pannelli che si apriva, con i cardini che cigolavano.

«È un bambino» disse Adelia. «Lillie, possibile?»

Kathleen si mosse, emettendo un basso gemito sotto il velo, le lunghe dita irrigidite sui braccioli della sedia.

«Robert?» disse Elizabeth. «Sei tu?»

Tale è la natura di un'immaginazione sovraccarica al buio, che certe forme possono assembrarsi nella mente con la stessa veridicità che se si muovessero nella realtà. Quante volte un intruso non si è rivelato altro che un cappotto appeso a un gancio o un ramo alla finestra? Pertanto, non potevo essere certo che la sagoma del bambino fermo accanto alla pendola fosse reale o solo un'invenzione del mio cervello ubriaco di champagne. E poi parlò. Timido... vagando nell'aria scura, sottile come cotone...

Sta arrivando. Chi è quell'uomo, papo? Ho paura.

«Chi sarebbe, bambino?» chiese Kathleen, con la voce nascosta sotto il velo.

L'uomo con le ossa appese, papo. Adesso è piú vicino.

«Dov'è?» chiese Kathleen.

Mi sta guardando attraverso la finestra.

Elizabeth gemeva, le due Weebly gridavano, ma a nessuna delle finestre si vedeva nulla, se non viticci di edera che battevano contro i vetri nel vento.

«Lí non c'è nessuno» disse il signor Cleaver.

La sagoma del bambino indietreggiò verso la pendola, la luce fioca della luna gli metteva in risalto i riccioli sulla testa. Parlava con un filo di voce, appena udibile oltre il suono del nostro respiro.

È nella stanza, adesso. Dove sono le sue ossa? Per favore, papo...

Il signor Robinson si raddrizzò in tensione. «Ehi, che cos'è questa puzza tremenda?»

«Puzza di pesce marcio» disse Adelia. «Oh, che schifo».

In effetti era atroce; un tanfo quasi insopportabile di pesce marcio e alghe aveva invaso la stanza, incrostando l'aria salmastra. Si sentí un tonfo minaccioso accanto a una delle finestre all'estremità opposta della stanza, seguito da un rumore come di un cappottone lungo che sfregava contro il muro a passi alternati, pesanti. Si muoveva verso di noi, avvicinandosi sempre di piú, finché...

«Mamma» disse la signorina Weebly, con la voce che tremava. «Mamma, c'è qualcuno dietro di me».

Tre tonfi sordi vennero dal battiscopa accanto alla sua sedia.

«Mamma, lo sento». Si mise a sedere dritta come un fuso, battendo i denti. «Mamma, mi... mi sta toccando il collo».

Osservai la ragazza terrorizzata attraverso il buio, sforzandomi di capire se c'era qualcuno. Il signor Cleaver si strinse nelle spalle. «Non c'è nessuno dietro di te, sciocchina».

La signorina Weebly rabbrividí. «C'è un dito, vi dico. Sul mio...» Gridò. «Si è mosso, si è mosso! Mi ha stretto il collo, l'avete visto!» Noi non avevamo visto niente del genere, invece, perché di sicuro non c'era nessuno dietro di lei. La ragazza si contorse, liberò le mani e sferzò le ombre. «Vai via!» urlò. «Lasciami stare, ti prego!»

Kathleen si raddrizzò in avanti e batté le mani. «Lasciala andare» gridò. «Spirito demoniaco, lasciala libera».

«Mio Dio» disse il signor Cleaver, con un risolino incerto. «Che spettacolo».

«Chi è?» disse Adelia. «Sei tu, George?»

Un singolo colpo alla parete.

«Sta cercando il bambino nella pendola» sussurrò la signora Weebly, prima di coprirsi il viso con le mani, rendendosi conto di ciò che aveva fatto e rimanendo a bocca aperta per l'orrore. «Oh, mi dispiace tanto, non volevo dirglielo...»

«Stupida donna!» sbottò Adelia.

La giovane signorina Weebly sussultò, a quanto pare il suo assalitore immaginario l'aveva lasciata andare e adesso raschiava il muro nell'ombra dietro di noi con un movimento lento, deliberato, inesorabile. Girò vicino alle porte alle mie spalle, poi scivolò ancora piú in là nella stanza, con i piedi invisibili che battevano sul pavimento a ogni presunto passo.

«No» sussurrò Elizabeth. «Sta andando verso Robert. William, fermalo, presto».

La signora Weebly si alzò in piedi, tirandomi la mano. «Perdonatemi, non intendevo rivelare dov'era il bambino... non la pendola, no, è da un'altra parte! Nel salotto! Volevo dire... oh cielo, oh cielo, cos'ho fatto?»

Ma la figura non le badò, proseguí avanti, avanti, avanti per la stanza. Mi alzai dalla sedia mentre il raspare si avvicinava alla parete in fondo, sempre piú vicino alla pendola. «Per favore, smettetela subito!» sbraitai. «Questo è troppo».

Il suono si fermò da qualche parte nell'angolo opposto, fuori dal bagliore della lampada. Riuscivo a scorgere solo il quadrante offuscato dell'orologio, la cassa era poco piú di una striscia nera. Un cigolio.

«La porta» disse il signor Robinson. «La porta della pendola si sta aprendo. Il ragazzo sarà scoperto!»

Mi alzai dalla sedia, strappando le mani dal cerchio, inciampando mentre mi precipitavo nel buio. Raggiunsi l'angolo della stanza in un attimo, rabbrividendo mentre l'aria mi si ghiacciava intorno, mulinando le braccia alla cieca per trovare la porta nella cassa della pendola, la richiusi di colpo e mi ci appoggiai contro con la schiena ansimando, con le braccia tese per impedire alla cosa strisciante di avvicinarsi.

Alle mie spalle, sentivo il *clack, clack, clack* degli ingranaggi che giravano all'oscillare del pendolo. L'aria salmastra era cosí fredda e umida che era come stare in riva al mare. Il tavolo di colpo parve lontanissimo da dov'ero. Un'isola di luce rubino che brilla sull'acqua nera, circondata da facce preoccupate. Sentii qualcosa vicino. Sentii il suo respiro. Percepii i suoi occhi posarsi sui miei. *L'uomo con le ossa appese.*

«Vattene» sibilai, afferrando l'orologio. «Chiunque tu sia».

E poi parlò.

No, William.

«Chi... chi sei?» sibilai. «Chi è stato? Sei tu, Noah?»

Tu sai chi sono.

Era la voce di un uomo. Bassa, minacciosa, pacata. Il tanfo putrido di pesce marcio mi soffocava; mi portai la mano alla bocca per trattenere i conati di vomito. «Non so chi sei, anche se posso immaginarlo. Perché mi tormenti? Sono qui per smascherare i tuoi trucchi, lo ammetto, ma... ma sarò felice di lasciar perdere, se la smettete di tormentare la mia famiglia; non incrocerò mai piú la vostra strada, promesso. È stata Kathleen che mi ha pregato di venire e...»

Sei stato tu a mettermi su quella nave, William.

Il tempo si fermò, il ticchettio dell'orologio continuava alle mie spalle. Boccheggiai. «No».

La voce emise una bassa risata secca, mentre io sforzavo gli occhi per distinguere meglio la sagoma di ombre che si avvicinava sempre di piú. «No, non puoi essere tu».

Mi hai ordinato di andarmene, William. Vattene, hai detto, o Elizabeth saprà tutto.

Chi altri sapeva del nostro ultimo incontro al porto, la sua faccia disgraziata che mi supplicava di mantenere i suoi segreti? Gli avevo detto che non aveva altra scelta che fuggire, altrimenti sarebbe stato arrestato o fatto a pezzi e gettato in un fosso. Una ragazza cattolica incinta, un mucchio di debiti insoluti.

«Arthur, dovevi andartene. Mi hai pregato di procurarti il biglietto».

Sono annegato per colpa tua.

«Ti comportavi come uno squilibrato» sibilai. «Eri un rischio per Elizabeth e per i bambini! Pensa alla ragazza che ti sei lasciato indietro, ai soldi di cui eri debitore!»

Per i tuoi figli sono un rischio molto piú grande adesso, William. E ho un debito molto piú grande da saldare.

«Io non ti devo niente».

La voce dello spirito s'indurí, la sua bocca invisibile accanto al mio orecchio.

Mi devi la vita, William. Mi avevano messo sotto chiave.

«No, io non ne avevo idea».

Sei stato tu a denunciarmi. Mi hai fatto rinchiudere.

La sua ombra incombeva su di me, l'odore di mare era denso come una zuppa.

«No, niente affatto».

La voce dello spettro era afflitta, le parole sommerse sotto il respiro, come uno sciabordio di onde lontane.

Ho invocato la mia dolce sorella quando li ho sentiti gridare. Ho pregato per i bambini mentre imploravo perché mi liberassero. Quando l'acqua mi si è arrampicata sulle gambe, quando ho capito che stavo per morire, al buio, nel rumore delle preghiere, degli spari e dei soffocamenti, mentre i vetri si rompevano e l'oceano si riversava dentro, ho pensato a te.

«Come potevo sapere che la nave sarebbe affondata, Arthur? Ti prego, perdonami; non ne avevo idea».

La voce s'indurí.

Adesso prenderò Robert e allora vedrai cos'è la morte.

«No, ti prego, Arthur. Non prenderlo, non te lo permetterò».

Si udí una voce lontana, alzai lo sguardo e vidi Elizabeth, in piedi nell'ombra, davanti al tavolo della seduta spiritica, i contorni disegnati dalla luce della lampada. «William, cosa sta succedendo?»

La voce dello spirito si fece di nuovo triste, l'aria intorno a me si mosse.

Oooh-oooh, sorella mia, cosa ti ha fatto?

Alzai le mani tremule. «Resta dove sei, Elizabeth, è... sí, Robert è al sicuro. È perfettamente al sicuro, mia cara. Rimani dove sei, non ti muovere».

Tremando, allungai le mani alla cieca, tastando in cerca di qualcosa di piú o di meno rispetto alle ombre. La pelle sulle dita mi s'increspò di freddo. «Per favore» implorai mentre sentivo qualcosa muoversi nello stomaco, le viscere contrarsi, contorcersi, quella cosa insinuarsi nella carne. «No, lascialo stare» supplicai, con la voce rotta. Mi giunse da dietro il suono soffocato di un bambino che piangeva.

Papo, ti prego. Zio Arthur, smettila, ho paura...

«No, non prenderlo, Arthur. Lascialo stare, ti prego».

Stavo per aprire la pendola e portare via il bambino

quando, di colpo, qualcosa intorno a me cambiò, come se l'aria fredda si fosse incrinata. La mano dentro il mio stomaco sparí, la puzza di pesce marcio si disperse con la stessa rapidità con cui era apparsa. Una melodia aleggiava al di là della stanza; una canzone familiare che risuonava perfettamente a tempo con il ticchettio della pendola.

The Elfin knight stands on yon hill,
Blow, blow, blow winds, blow
Blowing his horn, so loud and shrill.
*The wind is blowing the demon away**

Si udí un tintinnio vicino al tavolo della seduta spiritica. Il signor Cleaver gridò: «Buon Dio, la finestra! Cos'è?» Mi avvicinai a passo incerto verso il centro della stanza per vedere che cosa stesse indicando, poi mi fermai e caddi a terra, con la mano tesa. Al di là della finestra piú alta stava una donna, che non guardava verso di noi ma verso il mare, il lungo abito bianco gonfio al vento.

«Ossignore» sussurrò il signor Robinson. «Professore, sa chi è?»

«Sí» dissi. «Credo di sí...»

Si udí uno schianto colossale e la stanza risuonò di rintocchi discordanti. Mi girai e vidi la pendola che giaceva a faccia in giú sul tappeto, la cassa in frantumi sul pavimento.

* Il cavaliere degli elfi sta sulla collina, / soffiate, soffiate venti, soffiate / soffia nel suo corno cosí forte e insistente / il vento soffia via il demone (*N.d.T.*).

28.

Mi sedetti sulla sedia, agitatissimo, mentre il signor Cleaver mi portava uno sherry. Afferrai il bicchiere, canticchiando tra me.

«Sembra che non stia bene» disse il signor Robinson. «Secondo lei è posseduto, Lady Carter?»

«William» disse Elizabeth. «Riesci a sentirmi, William?»

«*Blow, blow, blow winds, blow*».

Sí. Sí. Era l'antica canzoncina che lei mi cantava da bambino. La stessa che aveva cantato mentre stava morendo.

«Gli facciamo annusare dei sali, magari?» disse il signor Robinson. «Parra, vai subito a prenderli, svelto».

Il signor Cleaver teneva la pipa vicino alla bocca, la barba scomposta, le guance di una disdicevole tonalità di rosa. «Dovrebbe farsi visitare da un medico, dopo essere svenuto in quel modo. Ha battuto la testa? Sembra piuttosto scombussolato».

«Sta bene» disse Elizabeth, accarezzandomi la guancia. «Capita spesso che sia scombussolato».

«Che serata peculiare, Lady Carter» disse il signor Cleaver ridacchiando. «Ehi, maggiore Forth, vecchio mio, ti sei perso un bello spettacolo».

Scossi la testa e battei le palpebre vedendo il preside che mi guardava, con un sigaro tra i denti e un occhio semichiuso. «È vero, Crawford? Mi hanno detto che hai visto un fantasma e sei svenuto. Brutti giochetti da bambini, a mio parere. Non fanno bene alla salute».

«Io... non lo so» dissi, lisciandomi gli abiti in disordine e guardando la stanza.

Kathleen era scomparsa, la lunga tenda giaceva sul pavimento abbandonata, sedie e tavolo erano spariti.

«Se n'è andata» disse Cleaver. «Subito dopo che le signore Weebly sono corse via urlando. Non ha gradito che tirassi giú la tenda per vedere chi c'era dietro».

«Ma chi c'era?»

«Oh, a quel punto nessuno. Devono essere sgattaiolati via prima che si accendessero le luci».

Adelia emise un sospiro di esasperazione. «Non c'era proprio nessuno dietro la tenda, questo l'abbiamo visto tutti. Non mi stupisce che quella povera bambina se ne sia andata; dev'essere impossibile mettersi in comunicazione con gli spiriti per poi vedersi ogni volta messa in dubbio da dilettanti. In tutta onestà, voi uomini sopravvalutate le vostre menti e trascurate completamente le vostre anime. Non mi stupirebbe se il paradiso fosse interamente femminile».

Il signor Cleaver scoppiò a ridere, trangugiando il suo whisky con la mano tremula. «Donna, ecco una perfetta descrizione dell'inferno».

Il signor Robinson, seduto di fronte a me con le gambe accavallate, si accarezzava il mento. «Professore, devo ammettere che la invidio. Appena Lady Carter mi ha detto della sua piccola sorpresa di stasera, ho pensato che forse avrei potuto parlare con la mia cara Caroline». La sua voce ebbe un fremito. «Perdonatemi tutti, ma io l'amo ancora». Mi guardò. «Era sua madre, vero? Questo ha mormorato tra sé mentre era in preda allo stordimento».

Adelia reagí di scatto. «Certo che era sua madre». Si allungò verso il signor Cleaver, dandogli un colpetto sul ginocchio. «La ragazza ha insistito perché lui venisse stasera, sa. A quanto pare, attira gli "amici" piú potenti con cui si sia mai messa in contatto. Non ero convinta che fosse opportuno permettere a un puro e semplice insegnante di unirsi a noi, anche se devo confessare che adesso ne sono felice, foss'anche solo per far cambiare idea a un altro scettico».

Si alzò in piedi, lisciandosi il vestito. «Tua madre deve averti abbandonato quando eri giovanissimo, William. Posso ben immaginare la sua anima straziata».

«È morta di parto» dissi, ripensando alla notte in cui l'avevo persa. «Ero presente quando è morta. La bambina era deforme. Era una femmina».

Il signor Cleaver aspirò dalla sua pipa, ridacchiando. «Io, tanto per dire, non sono convinto. Doveva esserci qualcuno nascosto dietro quella tenda. Doveva esserci per forza! Forse qualcun altro al piano di sopra e qualcuno sul balcone».

«Fili di ferro e magneti, suppongo. E anche dei compari nascosti» disse il preside, girando per la stanza e ispezionando il soffitto.

«Oh, sí, su questo non c'è dubbio» disse il signor Cleaver. «Qualunque donna avrebbe potuto cantare quella strana canzone».

Era vero. Che prova era, in effetti, una donna in piedi su un balcone in una notte di vento? Che prova era la sua canzone malinconica? Ah, ma nessuno sapeva di Arthur. Un freddo moto di nausea mi attanagliò lo stomaco. Nessuno ancora in vita, perlomeno. Un uomo non può nascondersi dai propri segreti, sarebbe come nascondersi dalla propria pelle.

Il signor Cleaver s'inginocchiò per ispezionare la sedia della ragazza, poi fece correre le dita sul muro. «Niente buchi» disse. «Nessun segno di inganno. È stata in gamba, glielo concedo. Una piccola volpe abilissima. Sarebbe un'ottima cosa, amici miei, dimostrare che è un'imbrogliona una volta per tutte».

«Un servizio pubblico» concordò il preside.

«Lei non crede nell'aldilà, preside Forth?» gli chiese Elizabeth, mentre mi accarezzava la mano.

«Al contrario, signora Crawford» disse il preside. «Recluto uomini per la guerra. Ci devo credere per forza».

«Be', allora non capisco. Come può credere nel paradiso ma negare gli spiriti? Ricordi, il Signore Iddio fa per te quelle cose grandi e tremende che i tuoi occhi hanno visto».

«Non ho mai visto né sentito uno spirito, signora Crawford. Né lo vorrei». Il preside scosse la testa in atteggiamento solenne. «È contro Dio».

Il signor Robinson si avvicinò alle finestre, mani in tasca e occhi fissi sul mare. «C'è un medico nel Massachusetts, sapete – un certo MacDougall – il quale ha dimostrato che l'anima pesa esattamente ventuno grammi».

«Ah, davvero» fece Adelia infastidita.

Il signor Cleaver alzò la tenda nera, esaminandola con attenzione. «Mi dispiace, Robinson, amico mio, ma su questo sto dalla parte di Forth. Niente fantasmi ciarlieri per me, e grazie al cielo, aggiungo. Se solo i vivi fossero silenziosi come i morti. Ma ecco, professor Crawford, lei è un uomo di scienza». Si girò verso di me, concitato. «A quanto pare la questione è ancora aperta, nel suo caso. Magari può mettere questa ragazza sotto il suo microscopio? Dimostrare o smentire i suoi poteri una volta per tutte?»

Battei le palpebre. «Era la mia intenzione, signor Cleaver».

«Allora facciamo una scommessa, eh? Io dico cinquanta sterline che è una truffa. Robinson, ci stai?»

«Lo proibisco» disse il preside.

Il signor Cleaver emise un grugnito e mi offrí un sigaro. «Lascia almeno che il ragazzo ci rifletta sopra, Forth. È un mistero piuttosto gustoso, in fin dei conti. Non ti piacerebbe smascherare i furfanti? Capire come hanno fatto?»

Il signor Robinson tornò dalla finestra, grattandosi il mento. «Sarei felice di sponsorizzare il professore affinché indaghi sulla ragazza. Una scommessa però è un trattamento piuttosto dozzinale per una cosa tanto importante, no? Facciamo come fanno gli uomini d'affari. Investiremo cento sterline e ci aggiungeremo tutta l'assistenza di cui potrebbe avere bisogno».

«Cento sterline?» esclamò Adelia incredula.

«Duecento sterline» disse il signor Robinson, avvicinandosi alla pendola sfasciata. «Mi sembra un prezzo equo per dimostrare l'esistenza dell'aldilà. Tra l'Istituto e i grandi magazzini avrà tutto l'equipaggiamento che gli serve». Si chinò sulla pendola, sollevando una scheggia di legno in frantumi. «Accidenti, quest'affare è completamente distrutto. Nessun bambino sarebbe stato in grado di farlo».

«Lo proibisco» disse il preside, alzando la mano. «Non posso incoraggiare questa cosa».

«Getterai il tuo astro piú brillante alle ortiche se ti sfida, Forth?» disse il signor Cleaver, in tono giocoso.

«Certo che no» disse il preside. «Solo che io, semplicemente...»

«Allora ci siamo, Forth. Il ragazzo è libero di fare come desidera. Non vedo l'ora che la sua tesi dimostri che questo credulone del mio socio d'affari si sbaglia. Sfortuna, Robinson». Accese il mio sigaro con un colpo di accendino. «E poi, credo che ai Crawford questi soldi sarebbero utili».

Pensai alla nota di credito del grande magazzino. Al costo delle nuove condutture per la casa, ai vestiti per le bambine. «Il mese prossimo pubblicheranno il mio libro. Non saremo a corto di soldi».

«Sciocchezze!» esclamò il signor Cleaver. «Tutti gli uomini sono a corto di soldi, soprattutto i ricchi. Questo è il capitalismo, amico mio».

«Noi siamo piuttosto poveri, William» disse Elizabeth, con un'espressione di supplica. «Anche con il gentile aiuto di zia Adelia e con il tuo libro». Si alzò in piedi, giocherellando con il vestito. «Mio marito e io abbiamo speso un bel po' di soldi ai vostri grandi magazzini, signor Cleaver».

«Be', allora permettetemi di modificare l'offerta» disse il signor Robinson, fermo davanti a me, con la mano infilata nella giacca dello smoking, il ritratto della filantropia. «Sponsorizzerò le sue indagini e in piú cancellerò il vostro debito presso il negozio, che ne dice? Ci posso aggiungere anche un fonografo». Mi fece l'occhiolino e mi diede una pacca sulla spalla.

Io mi guardai intorno, con un mal di testa lancinante. Non sapevo che dire. Era come se il destino fosse deciso a costringermi a sedute spiritiche continue, per quanto mi sforzassi di evitarle. Attirato in quella soffitta maledetta, adescato nella serra tropicale, indotto dalla mia stessa ambizione ad andare a Lismarra House. E a quel punto, in cui la mia mente era al colmo della debolezza, ogni mia ragione confusa dall'impossibile, mi sfidavano ad applicare le mie competenze scientifiche al mondo pacchiano del paranormale, facendo leva sui miei debiti in aumento. Alzai gli occhi sul preside, che aveva delusione e derisione dipinte in volto.

«Io... Non so cosa dire. Il mio libro...»

«Oh, il suo libro, il suo libro, bah!» disse il signor Cleaver. «Quanto può renderle un misero libro di testo, professore? Mi perdoni, ma è difficile che riesca a riempirci i forzieri».

«Allora, accetta la sfida, professore?» disse il signor Robinson. «Dopotutto, chi altri potrebbe averne i requisiti? Ora che ci penso, era destino che lei venisse qui stasera. Lei stesso, prima di cena, ci ha detto che sua madre desiderava che suo figlio diventasse un giorno un famoso ingegnere. Se trovasse qualche prova inconfutabile del mondo degli spiriti, sarebbe l'uomo piú illustre dei nostri tempi!»

«L'uomo piú illustre?» mormorai, ricordando il terribile resoconto di Arthur sulla sua morte. Era impossibile che fosse Arthur. Forse ero stato suggestionato. Sí, era senz'altro cosí. La ragazza mi aveva suggestionato nella serra tropicale, con ogni sorta di domanda indagatrice, e adesso ero un burattino nelle mani dei Goligher, ricattato dalla mia stessa coscienza tormentata. Mi coprii il volto con le mani, nel disperato sforzo di pensare. «L'uomo piú illustre».

«Il piú illustre degli stupidi» disse il preside. «Il professor Crawford ha una crescente reputazione da difendere. È un elemento apprezzatissimo del mio corpo docente e opera esclusivamente su mia istruzione. Lo sto ancora addestrando».

Lo guardai e ripensai alle statue con i capelli arruffati, al giovane Blithe al tavolo d'onore. Mi stava addestrando a fargli da leccapiedi, mentre i ragazzi di estrazione migliore si godevano un bicchierino nel suo ufficio?

Il signor Cleaver mi fece l'occhiolino, intuendo la vittoria. «Professore, indagherà sulla ragazza o no? Ci dia la sua risposta finale, o forse gli spiriti possono rispondere per lei?»

Mi alzai, appoggiandomi al braccio di Elizabeth, prima di ricadere pesantemente addosso alla parete, battendo il piede sul pavimento. Il signor Cleaver rise, fingendo di guardarsi intorno come se la sala fosse infestata dai fantasmi. «Oh, santo cielo, il colpo di uno spirito! Avanti, amici, solo uno? Fatene un altro paio».

«Ragazzo» disse il preside, scuotendo la testa. «Non farlo, ti avverto».

Io sostenni il suo sguardo, mi tirai su, alzai la scarpa in atteggiamento ribelle e la battei per terra tre volte.

Bang, bang, bang.

29.

Qualche settimana dopo la nostra singolare avventura a Lismarra House, il senso di eccitazione per la serata si dissolse e il progetto proposto perse smalto, alla luce fredda del giorno, come spesso accade ai progetti. Non avevo piú avuto notizie di nessuno dei partecipanti alla cena e avevo informato il direttore che, in definitiva, avevo deciso di non portare avanti la faccenda; gli aveva fatto molto piacere, anche se la mia richiesta di un aumento era stata liquidata in modo sbrigativo. Ero caduto in preda a una malia, tra il cervello alterato dall'alcol e l'effetto anche troppo inebriante della teatralità di Kathleen. Io? A indagare sugli spiriti? No, era un'idea assurda; i signori Robinson e Cleaver mi avevano messo troppa pressione addosso. L'intera faccenda non era stata altro che una farsa. Avrei dovuto concentrarmi sul mio lavoro, trovare pace insieme alla mia famiglia e non affrontare mai piú le visioni inquietanti evocate dalla medium.

Naturalmente, avevo tenuto per me le mie esperienze alla seduta spiritica: le accuse di Arthur, la sua strana storia sull'annegamento, rinchiuso sotto chiave mentre la nave affondava. I Goligher sapevano tutto. Del biglietto che gli avevo comprato per scappare, dei crimini che aveva commesso, del telegramma alla nave condannata. E poi la canzone di mia madre e la voce di Robert. Era un trucco. Un trucco astuto, senza dubbio, ma pur sempre un trucco.

Elizabeth non aveva gradito la mia decisione, com'è

ovvio, e mi aveva implorato di tornare in Ormeau Road per riprendere la sua ricerca di Arthur e di Robert, ma ormai avevo preso la mia decisione. I Crawford non avrebbero mai piú varcato la loro triste porta. L'avevo già detto in passato, ma questa volta la mia decisione era definitiva. E cosí le cose sarebbero rimaste e avrebbero dovuto rimanere, il professor Crawford sarebbe andato avanti con la sua vita monotona, come un qualunque altro uomo normale del suo rango, insegnando all'Istituto, facendo il marito e il padre per la sua famiglia normale. Non fosse stato per la questione del mio libro.

Non aveva venduto bene, ecco. Alcuni college in Scozia avevano mostrato un modesto interesse e una scuola religiosa nel Norfolk ne aveva acquistate alcune copie, ma a conti fatti la mia carriera come autore era avvizzita in boccio; l'editore ignorava le molte lettere che gli inviavo, lasciandoci piú poveri che mai senza la generosità condizionata di Adelia. Nel frattempo, per non lasciarsi sfuggire l'occasione, i tubi in casa erano scoppiati, allagando la sala da pranzo, la finestra della camera di Rose aveva perso due vetri, dal tetto entrava la pioggia e ci preparavamo a un inverno terribile, con le bambine che crescevano come piante di fagioli e i loro vestiti che rimpicciolivano alla stessa velocità delle finanze dei Crawford. Cosí le settimane passavano, il carico di tensione aumentava sulle mie spalle come se si trattasse di mattoni, i mal di testa e la sbadataggine peggioravano di giorno in giorno.

Pertanto, quando in un pomeriggio d'autunno arrivò una lettera dai signori Robinson e Cleaver, mi ritrovai a fissarla con un misto di trepidazione e di speranza.

«La mia pipa» dissi, entrando in salotto. «Ragazze, dov'è finita la mia pipa, accidenti?»

«Sarà nella tua tasca, immagino» disse Margaret, alzando gli occhi al cielo. «Dov'era ieri, e l'altro ieri, e il giorno prima ancora». Stava diventando una ragazzetta troppo intelligente, considerato che teneva il naso perennemente immerso in romanzetti frivoli su storie d'amore insignificanti.

«No, in tasca non c'è, maledizione, e non essere impertinente».

«Che cos'hai in mano?» chiese Elizabeth.

«Questa? È una lettera arrivata stamattina, di Robinson e Cleaver».

«William, non dirmi che ancora non abbiamo saldato il credito. Mi avevi promesso che avresti mandato un assegno la settimana scorsa».

«No, no, non darti pensiero di quello» dissi infastidito, mentre lottavo con le tasche dei pantaloni prima di abbassarmi sul pavimento per cercare intorno ai piedi di mia figlia. «Ho parlato con la banca, disorientando quel piccolo direttore foruncoloso. Trent'anni e direttore di banca, ma si può? Giuro che se dovessi andare di nuovo a supplicarlo, io...»

«William, non dirmi che stai chiedendo un altro prestito».

«Elizabeth» replicai stizzito dal tappeto, «sono forse finito in un universo parallelo in cui le donne sono contabili qualificate?»

«No, William, rimani sempre in questo universo in cui gli uomini sono senza speranza riguardo tutto quello che ha a che fare con i soldi».

Mi sfregai il dorso del naso, il solito dolore lancinante che mi feriva in fondo agli occhi. «Helen, hai visto la mia pipa?»

«Sí, papà, molte volte».

«E oggi l'hai vista»?

«No, papà. Sarà nella tasca della tua giacca».

«Ma insomma! Per l'ultima volta, non è nella tasca della mia giacca. Per l'amor del cielo, potrò mai avere un po' di pace in questa casa?»

Elizabeth si abbassò a sfiorarmi la spalla. «Che cosa dice la lettera?»

«La lettera?» chiesi, drizzandomi per controllare sulla mensola del camino.

«Sí, la lettera di Robinson e Cleaver che hai in mano. Dammela».

Me la strappò di mano mentre io spostavo i libri dagli scaffali. Com'era possibile che una pipa sparisse nel nulla? Pensai alla giovane medium che me l'aveva depositata nella giacca alla serra tropicale. Era qui, in casa nostra, la piccola borseggiatrice? Stavo per tornare nello studio, quando Elizabeth emise un guaito.

«Accipicchia!»

«Hai trovato la mia pipa?»

«No, guarda».

Si era alzata in piedi con in mano un foglietto di carta, e una lettera vergata a mano scivolò ai suoi piedi. «Non può essere vero» disse, scuotendo la testa.

«Cos'è?»

«Un assegno del signor Robinson. Di cinquecento sterline!»

La fissai esterrefatto, poi glielo strappai dalle dita. Eccolo lí, esattamente come aveva detto lei:

Edward Robinson. Pagare al signor William Jackson Crawford la somma di 500 sterline.

Mi accasciai in poltrona, incapace di distogliere lo sguardo dal foglietto. Elizabeth raccolse la lettera dal pavimento e la lesse ad alta voce.

Cari signore e signora Crawford,

spero che questa mia vi trovi bene. Temo che io e il mio socio d'affari non siamo riusciti a dimenticare la nostra serata qui a Lismarra House, e devo comunicarvi la mia profonda convinzione che la vostra medium sia una ragazza dai poteri davvero straordinari. Credo che gli spiriti continuino a vivere in casa mia e i loro incessanti movimenti mi perseguitano giorno e notte. Purtroppo, il signor Cleaver rimane scettico e il nostro dissenso sull'argomento sta provocando un contrasto intollerabile tra noi. Vedo solo una linea d'azione; quella che avevamo proposto la sera in questione. L'autenticità della medium deve necessariamente essere dimostrata, e nessun altro può farlo se non lei, signor Crawford. A quanto ho inteso dal maggiore Forth, dopo la sua visita, sul progetto lei ci ha ripensato, e lo capisco, ma le chiedo di portare a termine il lavoro, come in precedenza discusso, contando sulla mia assoluta discrezione e sul mio patrocinio. Lady Carter mi informa che la famiglia Crawford patisce difficoltà finanziarie, e questo mi addolora molto. Allego pertanto un assegno per un pagamento iniziale di 500 sterline, cui seguiranno altri assegni nel caso i suoi esperimenti richiedano ulteriori investimenti. Le confermo anche che il suo conto con i grandi magazzini è saldato. Vede, io sono un uomo di parola, e lei, professore, lo è a sua volta?

Cordialmente,
Edward Robinson

Fissai mia moglie, ammutolito. Margaret chiuse il libro. «Digli di no, papà, ti ammalerai di nuovo».

«Zitta, Margaret» sbottò Elizabeth, fissandomi, con la lettera che le tremava tra le mani. «Tuo padre sta pensando».

«Perbacco, sono un sacco di soldi, vero?» disse Helen rivolta alla sua nuova bambola, un gingillo dal costo eccessivo e già mezza calva. «Pensa quante bambole potremmo comprare con cinquecento sterline».

«La mia pipa» sussurrai. «Mi serve la mia pipa».

«Bambine!» disse Elizabeth. «Andate a prendere la pipa a vostro padre, svelte!»

Margaret alzò gli occhi al cielo e buttò il libro sulla sedia, seguendo Helen che correva verso le scale cantando.

Elizabeth s'inginocchiò di fronte a me, mi mise le mani sulle ginocchia. «William, non ho chiesto molto nel nostro matrimonio. Mi sono trasferita da casa mia contro i desideri di mia madre. Ho messo al mondo i tuoi figli e ho portato avanti la nostra routine. Ho ascoltato le tue lezioni e sacrificato le amicizie. Ho indossato abiti smessi da altre donne e ho sopportato i commenti di zia Adelia, difendendo sempre la tua lealtà alla famiglia e il tuo lavoro infaticabile. Ho perso una domestica per i tuoi malumori e ho accolto Rose senza lamentarmi. Ho assistito mio figlio morente mentre tu stavi male e ho accettato la tua ultima parola sui Goligher. Ho sopportato piú di quanto tu potrai mai figurarti. Sono stata una moglie fedele e sincera. Ora, ti prego. Ti prego in ginocchio, con tutto il mio amore. William, per piacere, accetta la gentile offerta del signor Robinson. Accetta il suo regalo, se non per te, per noi. O magari per tua madre. Fallo per Arthur. Fallo per Robert». Mi afferrò le gambe, con gli occhi inondati di lacrime. «Fallo per me?»

Guardai il suo povero viso disperato, le labbra tremule. Aveva ragione. Mi aveva sposato, chissà perché, e io l'avevo delusa. Eppure, che soluzione era quella?

«Elizabeth» dissi. «Ho paura».

«Paura di cosa?»

«Ci rovinerà».

«Senza, siamo già rovinati».

Guardai l'assegno, immaginai di entrare in banca quello stesso pomeriggio, il peso che mi si sollevava all'istante dalle spalle, una visione della famiglia che bordeggiava lungo la costa in automobile, il vento in faccia, spensierati. Elizabeth, orgogliosa di suo marito, le bambine in abiti eleganti. Il signor Robinson, il mio finanziatore – no, mio *amico.* Chiusi gli occhi ed emisi un gemito. Non potevo farlo, Margaret aveva ragione, mi sarei di nuovo ammalato, sentivo i bordi della mente stridere come ossa rotte al solo pensiero. Il volto del preside mi apparve nella mente, scuoteva la testa in segno solenne di biasimo. Eppure, che gli importava di me? Mi avrebbe mai promosso? Ero stato invitato a bere un whisky nel suo ufficio, con tutta la sua gratitudine? No.

«Sarebbe una mole di lavoro enorme, Elizabeth».

«Hai le serate; io ti sosterrò, ti sosterremo tutti».

«Mi occorrerebbero delle attrezzature».

«Il signor Robinson dice che te le fornirà».

«Non potrei farlo da solo. Avrei bisogno di un assistente per trasportare le attrezzature, tanto per cominciare».

«Allora ne troveremo uno!» disse Elizabeth, battendo le mani. «Il signor Robinson pagherà».

«Ma di chi potrei fidarmi per una cosa del genere? Un

ragazzo mi sarebbe d'intralcio, si metterebbe a blaterare sulle sue teorie, aspettandosi che io gli dia retta».

Proprio in quel momento si aprí la porta e comparve Rose con un cesto di biancheria, scostandosi una ciocca di capelli dalla faccia. Entrò e allungò il braccio verso di me con un sorriso; aveva la mia pipa in mano.

Elizabeth rise, saltò in piedi ad abbracciarla, poi si girò verso di me, facendo di sí con la testa. Presi la pipa e l'accesi, immerso nei pensieri, mentre il fumo mi avvolgeva la testa. Il dolore dietro gli occhi si attenuò e sul volto mi si allargò un sorriso. Come sarebbe cambiato l'atteggiamento del direttore di banca al vedere il nome del signor Robinson sull'assegno. Ridacchiai, tirandomi i baffi, mentre Margaret entrava in salotto, raccogliendo il suo libro con un sospiro afflitto.

«Vado in camera mia» disse. «A godermi l'umidità».

«Ottimo, ottimo» borbottai tra me, mordicchiandomi il labbro. «Ehi, Margaret, che ne pensi di questo?» Muovevo le dita per aria. «William Jackson Crawford, investigatore dello spiritismo». Mi tirai i baffi. «No, non mi piace molto come suona».

Margaret sbuffò. «Sei professore di ingegneria, papà; non dovresti dimenticarlo».

«No. Hai proprio ragione, bambina, hai proprio ragione. Tu cosa proponi, allora?»

Guardò il romanzo che aveva in mano e arricciò il naso. «William Jackson Crawford...» disse, con il disinteresse di un qualunque genio costretto a occuparsi di un compito banale, «l'ingegnere degli spiriti».

TERZA PARTE
APPARIZIONE

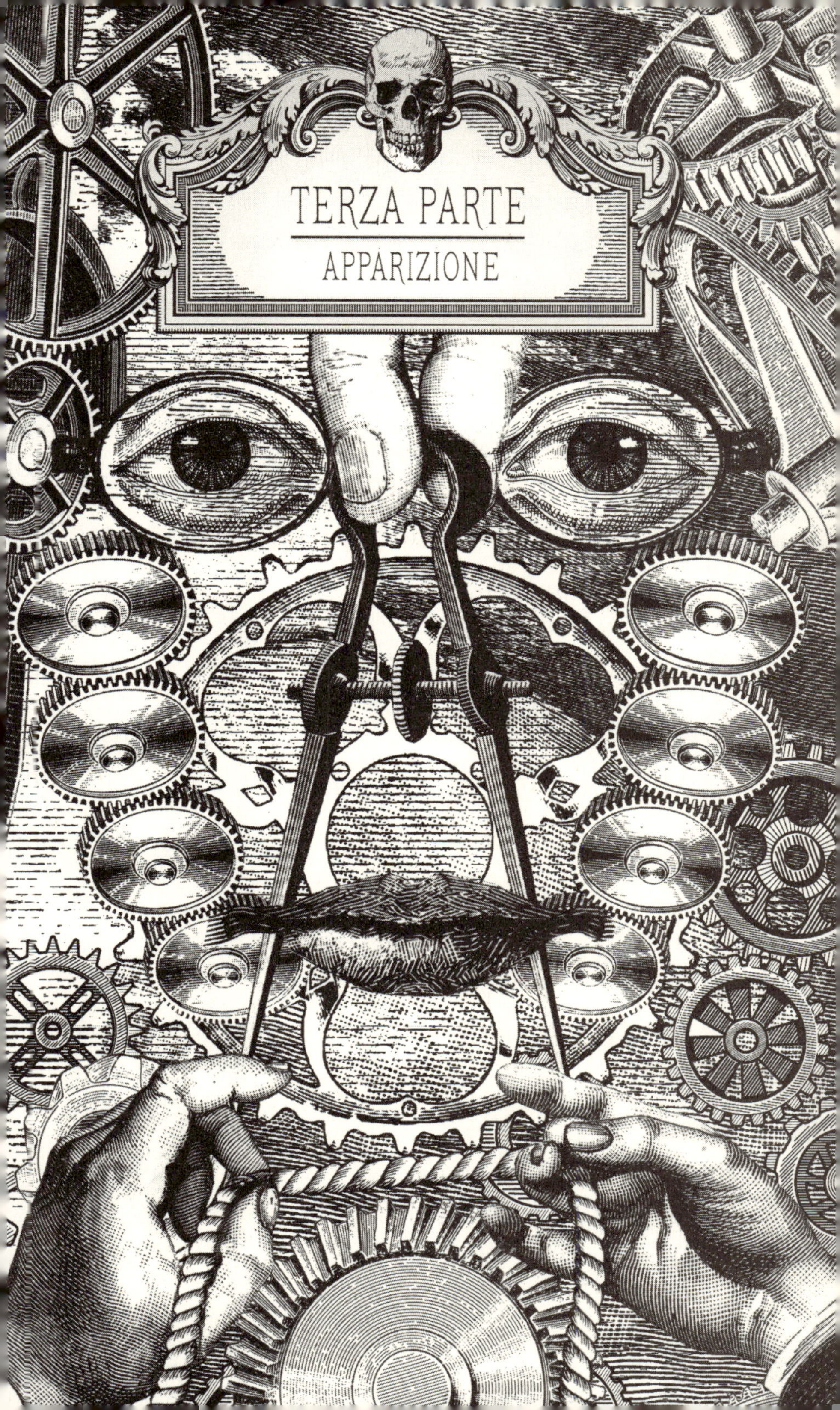

30.

E cosí, in una fredda mattina di fine ottobre, i Crawford si fermarono fuori dalla ferramenta Morrison in un'automobile nuova e scintillante, inseguiti da una folla di cani e di bambini scalzi ed emozionati. Saltai fuori, offrendo la mano a Elizabeth. «Rose» le dissi. «Comincia subito a spacchettare il mio apparecchio, esattamente come abbiamo stabilito, non cincischiare».

«Ehi, suona il clacson, signore!» esclamò allegro un ragazzo a cui mancavano le sopracciglia, i denti e i pantaloni, con un amichetto a cavalcioni sulle spalle. Scossi la testa, lucidando uno dei grandi fanali di ottone con la manica della mia giacca da automobilista.

«Niente affatto» dissi. «Non è un giocattolo. Spostati, ragazzo, e attento a quelle ditacce appiccicose». Un secondo bambino si avvicinò alla macchina reggendo un sasso in alto e spostando bramoso gli occhi infidi sul cofano giallo brillante.

«Non ti azzardare» ringhiai. «Ti farò frustare».

«Ehi, vattene via, lontano dalla macchina del professore» fece una voce irascibile proveniente dal negozio. Era il giovane Samuel Goligher che agitava un martello, i capelli impomatati sotto un berretto elegante, le mani ancora luride di sporcizia. Mi si piazzò di fronte, a braccia conserte. «Prof, vuole che la controlli io, eh?»

Guardai il ragazzo con diffidenza. Intorno all'automobile stava crescendo una minacciosa combriccola di folletti sporchi di fango, che premevano le loro zampette sulla carrozzeria. Fischiai, disperdendo i piccoli disgraziati come topi.

«D'accordo, allora» dissi con un sospiro. «Allunga la mano». Gli misi un penny sul palmo, e le sue dita scattarono sulla moneta non appena gli lambí la pelle sporca. «Sorvegliala bene, Goligher» lo ammonii. «Quanto torno ti ricompenserò con altri due. Al minimo graffio, te ne pentirai».

Peeeep!

Mi girai e vidi una bambina con in braccio un gatto rognoso che aveva sbattuto la fronte contro la trombetta del clacson. Stavo per redarguirla, quando Samuel partí alla carica passandomi davanti e picchiò il manico sul retro delle gambe della bimba, ordinando a tutti loro di indietreggiare, se non volevano una martellata in testa. Annuii soddisfatto, facendo cenno a Elizabeth e a Rose di seguirmi; la cameriera portava un grande cesto da picnic con sopra lenzuola e gomitoli di spago. Dentro, il negozio non era cambiato in niente, se non per una maggiore conflagrazione di trucioli, viti e una miriade di attrezzi di dubbia qualità. Oh, e qualche strato di polvere fresca. Entrai, mi tolsi i guanti da guida e il berretto.

«Famiglia Goligher» annunciai, reggendo in mano la nostra lettera piú recente. «Sono qui per iniziare la mia indagine, come concordato».

La vecchia signora Goligher fece un passo avanti, tastando con le sue dita nodose per orientarsi. «Kat è di sopra che vi aspetta. Siete in anticipo, però».

«Sono esattamente puntuale, vecchia» replicai, sventolandole l'orologio sotto gli occhi ciechi. Lei lo toccò con le sue unghie gialle, leccandosi le labbra. «Oh, non fa niente» dissi, oltrepassandola per raggiungere la tenda lacera e schioccando le dita per fare segno a Rose. «Per di qua, presto, non c'è tempo da perdere».

Salii le scale a balzi, emozionato dall'opportunità di mettere in atto i miei esperimenti. Li avevo pianificati per settimane, inventando ogni sorta di prove ingegnose per cogliere in fallo la famiglia. Si sarebbero trovati sconcertati nell'arco di pochi minuti, e questa volta era stato tutto concordato per iscritto. Niente Noah Morrison a incombere su di me, niente diversivi artefatti. L'uomo che saliva le scale della casa era una persona diversa dalla figura penosa che in precedenza le aveva percorse strisciando. Avevo la mente perfettamente lucida, uno scopo dichiarato e i pantaloni asciuttissimi.

Kathleen mi stava aspettando quando irruppi nella soffitta, dichiarando che ero arrivato. Strano, l'effetto che aveva su di me. Mi sorpresi a ritrovarmi timido, le parole che mi sfuggivano mentre lei, seduta, alzava gli occhi.

«Salve, professore».

«Salve, Kathleen» dissi, togliendomi la giacca. «Non c'è bisogno di avere paura».

«Paura, professore?» replicò lei, sistemandosi la gonna. «È un sollievo per me. Pensavo che mi avesse abbandonato. Noah mi ha tenuta occupata. Ho sentito la sua mancanza».

La vecchia signora Goligher entrò dalla porta, ansimando. «Professore, abbiamo paura per suo figlio. Cosa gli è successo dopo Lismarra House, eh? Kat ci ha raccontato tutto. Come ha potuto lasciarlo in un pericolo del genere?»

Storsi il naso, stiracchiando la schiena. «Non gli è successo nulla, ne sono certo».

«Ah, speriamo» fece lei, avvicinandosi a una sedia. «Tanti spiriti arrivano da Kathleen ultimamente, tantissimi, con la guerra e tutto il resto, quel piccolo tesorino si può perdere in mezzo a loro, ho paura».

Elizabeth si strinse le mani. «Davvero? Robert potrebbe essersi perso?»

Kathleen rispose, tenendo gli occhi fissi su di me: «No, signora Crawford, stia tranquilla. C'è speranza che il ragazzo ci ritrovi. È la forza della loro tristezza a far passare gli spiriti da questa parte. Dobbiamo sperare che Robert non abbia meno paura di prima. Forse la sua defunta nonna lo ha trovato». Si rivolse a me, prendendo il velo dal tavolo e drappeggiandoselo sulle ginocchia. «Era sua madre quella sul balcone, vero, professore? Che cantava quella bella canzone?»

Mi schiarii la voce e mi avvicinai alla finestra. Potevo scorgere i bambini di sotto, che Samuel teneva a bada con il martello allontanandoli dalla macchina. «Era una canzone che cantava mia madre» dissi. «Questo è vero».

«Be', allora, che altra spiegazione potrebbe esserci?» disse la vecchia signora Goligher.

«È ciò che intendo scoprire».

Elizabeth mi prese la mano. «Se tua madre non ha salvato Robert a Lismarra House, potrebbe essere stato Arthur a salvarlo da quello spirito oscuro. Non crede, signorina Goligher? Come l'aveva chiamato Robert?» Rabbrividí. «L'uomo con le ossa appese».

«Oh» mormorò Kathleen, rivolgendomi uno sguardo eloquente. «Arthur in effetti c'era, non è vero, professore?»

«Cosí voleva farmi credere».

Elizabeth continuò a parlare, inconsapevole del sorriso d'intesa di Kathleen. «Robert adorava suo zio Arthur, non è vero, William? Lo idolatrava proprio. Era stato Arthur a regalargli la sua copertina, per tranquillizzarlo. Ti ricordi il gioco che facevano, William? Correvano in giardino facendo quelle pernacchie buffe, fingendo di essere automobili?»

«Questa finestra» dissi ignorandola e grattando il telaio marcio con l'unghia. «Il vetro è allentato. Dovrò menzionarlo nel mio rapporto».

«Ah, be', questo spiega tutto» disse Rebecca dalla porta. «Il professore ha capito tutto, certo. Sarà qualche ragnetto travestito da morto. Ci ha smascherati tutti. Il gioco è finito».

«Non lo considero un gioco, signora Morrison» dissi. «Sono perfettamente consapevole dell'ostilità che prova nei confronti dei miei esperimenti, ma le assicuro che sono stati progettati secondo la migliore tradizione scientifica». Lei sbuffò e si girò dall'altra parte. «Signorina

Goligher» dissi, avvicinandomi alla medium. «Come ho spiegato nel dettaglio nelle mie lettere, vi propongo una serie di esperimenti, condotti in un atteggiamento di totale discrezione, obiettività e accortezza. Sono innanzitutto un uomo razionale e poi un uomo spirituale; quindi vi prego di concedermi i miei sospetti, per ora. Il dubbio, in fin dei conti, è la madre dell'indagine e la nonna della soluzione».

Kathleen corrugò la fronte, come se stesse calcolando una somma, poi si alzò e mi prese le mani. «Benissimo, professore» disse. «Grazie. Lo permetterò. Io e i miei amici non abbiamo niente da nascondere, può fare quello che vuole con me».

Proprio in quel momento entrò Adelia, sbuffando e ansimando, trascinando il suo voluminoso vestito giallo per costringerlo a passare dalla porta, spingendo di traverso il cappello marrone con le piume. «Che il cielo mi protegga, sono arrivata piú in fretta che potevo!»

«Zia Adelia?» disse Elizabeth, sorpresa. «Qualunque sia il problema, non ti aspettavamo».

«Non c'è nessun problema, Lillie» ribatté secca e spazientita, allungando il collo e scrutando la soffitta con i suoi occhietti puntuti. «Dove sono?»

«Chi?» dissi io, sconcertato.

«Il signor Robinson!» disse spazientita. «O il signor Cleaver. O tutti e due?» Venne avanti, il suo andirivieni ridicolo mandò il tavolo a sbattere contro il camino con un tonfo vuoto. «Ho visto l'automobile di fronte al negozio. Davvero magnifica».

Elizabeth aggrottò la fronte. «Ma come, hai visto la macchina di William da Malone Park?»

Adelia ridacchiò, sbattendo le ciglia. «Chiedo scusa, Lillie. Per un attimo ho pensato che tu ti fossi riferita all'automobile dicendo che è la macchina *di William*».

Mi schiarii la voce, con un sopracciglio alzato. «Ah, be', zia Adelia. È verissimo che l'automobile è mia. I Crawford si stanno elevando socialmente, non sapevi? È solo un semplice trabiccolo, tra i tanti generosamente pagati dai signori Robinson e Cleaver. Altrimenti come farei a trasportare la mia nuova attrezzatura per la città?»

«Un'automobile per una famiglia tanto mediocre? Interromperò subito i miei versamenti!»

«Li ho interrotti io per te».

Adelia crocchiolò come un pollo, incapace di proferire parola. Mi girai, sfregandomi le mani contro il freddo pungente. «Su venite, tutti quanti, il tempo stringe, abbiamo un'ora. Signorina Goligher, gentilmente, vogliamo cominciare?»

«Adagio, professore. Stanno arrivando altri» disse Rebecca, tirandosi lo scialle intorno alle spalle.

«Altri?» dissi con fermezza. «Questo è un esperimento, non uno spettacolo».

«Bah, è la schifezza che è».

Nel tentativo di controllare il mio stato d'animo, tirai fuori il taccuino, disegnando le nostre rispettive posizioni all'interno del cerchio. Kathleen era accanto al muro, Elizabeth alla sua sinistra, seguita in senso orario da Adelia, Rebecca e dalla vecchia signora Goligher. Controllai la lampada, le pareti nude, il tubo del gas, il soffitto intatto, la ben nota porta con il pomello d'ottone, il focolare e la griglia, il tavolo e le sedie. Non era cambiato niente. In quel momento, si sentí lo scalpiccio di diverse coppie di piedi salire lungo il passaggio. Quando entrò nella soffitta, con il lungo cappotto sulle spalle come un mantello, Noah mi attraversò con lo sguardo, come se non ci fossi. Notai che si era smagrito in viso, i basettoni sul mento gli si stavano inargentando. Erano tempi difficili ai cantieri navali, il governo ordinava incrociatori come fossero cartocci di pesce fritto. Avevo sentito dire da Fforde che stavano convertendo le navi da trasporto in corazzate «fantasma», con tanto di false torrette e fuochi nascosti dentro fumaioli fittizi. La disonestà era giustificata dalle circostanze disperate, immaginavo, anche se l'espediente del signor Churchill mi appariva piuttosto vergognoso.

Presi posto al tavolo, accavallando le gambe, mentre

un paio di giovanotti in uniforme cachi entrarono dietro Noah, ridacchiando tra loro, ondeggiando nei loro stivali. Kathleen li esaminò da sotto la frangia, arrossendo. Sbuffai e battei la matita sul taccuino, spazientito.

«Questa è davvero una somma scorrettezza. Eravamo d'accordo, niente spettatori. E dove accidenti è finita quell'imbranata della nostra cameriera?» Con perfetto tempismo, Rose arrivò nella soffitta, stringendo il grande cesto di vimini tra le braccia, sbuffando e ansimando. «Era ora» dissi. «Mettilo giú, mettilo giú, dove sei stata tutto questo tempo?» Mi lanciò un'occhiata di scuse, lasciando cadere il cesto nell'angolo della stanza, prima di sedersi lí anche lei come avevamo concordato, studiata attentamente da Kathleen.

«Buffo» disse la medium. «Ho pensato che potesse assomigliare a...»

Esasperato, la interruppi. «Basta, basta. Signorina Goligher, cominciamo».

Ai giovani soldati fu data istruzione di sedersi tra Kathleen ed Elizabeth: una disposizione inappropriata sulla quale stabilii di sorvolare pur di procedere. Alla fine fu tirata la tenda, la lampada fu abbassata e cantammo le nostre preghiere iniziali prima di sederci un'altra volta al tavolo, circondati dall'oscurità.

«Oh, demoni diabolici, verranno di nuovo alla carica?» disse la vecchia signora Goligher, battendo i denti.

«Speriamo» dissi ridacchiando, facendo un cenno con la testa a Rose attraverso le ombre.

«Professore, non sa quello che dice».

Un'altra seduta spiritica, un altro tentativo di svelare la verità. Questa volta, pensai, con la supervisione dell'ingegnere degli spiriti.

31.

Kathleen aveva sí e no aperto bocca che dalla parete di fondo, accanto ai due ragazzi, affiorò un rumore raschiante.

«Ehi» disse uno di loro. «Ci sono i topi!»

«Chiudete il becco» fece Rebecca di scatto. «Ascoltate».

I ragazzi risero, si colpirono a vicenda sul braccio con il pugno facendo dei rumori spettrali, mentre Kathleen ruotava la testa. «Siete con noi, amici? Avete aspettato a lungo. Chi c'è? Per piacere, non venite tutti insieme, dobbiamo trovare il piccolo Robert, è al sicuro?»

Si udí un rombo di tuono lontano.

«Ahi, che Cristo ci protegga, ecco che tornano» disse la vecchia signora Goligher, schiacciandomi le nocche mentre una strana elettricità passava tra le nostre mani.

Da dove veniva il tuono? Il cielo sereno si era annuvolato cosí rapidamente? Forse il rombo proveniva dai cantieri navali: una torre di lamiere caduta da uno degli scafi, un certo numero di sventurati finiti ghigliottinati di sotto. Sorrisi. Quanto tempo ci avrebbero messo le loro povere anime sfortunate a raggiungerci nella soffitta? Ma no, non poteva provenire dai cantieri, perché era un rumore dal carattere particolare, diverso da qualunque tuono avessi mai sentito.

Eppure aumentava, facendosi sempre piú pressante; percepivo una vibrazione bassa e tremolante sotto i piedi. Mi schiarii la voce, cambiando posizione sulla sedia, mentre le lunghe unghie della vecchia signora Goligher mi affondavano nella pelle all'intensificarsi del rumore.

«Elizabeth» dissi. «Non avere paura».

«Ahi, Kat» disse la vecchia signora Goligher, con la voce tremante e gli occhi lattiginosi rivolti al soffitto. «Stanno arrivando, adesso, che il cielo li trattenga, poveri ragazzi perduti».

«Preparatevi» mormorò Kathleen. «Se vengono, che vengano».

«Prepararci a cosa?» dissi, alzando la voce in un grido, mentre il tuono scuoteva i vetri della finestra.

«Tantissime anime» rispose Kathleen gridando da sotto il velo. «Tanti morti in battaglia che adesso combattono per farsi sentire».

La grande tempesta infuriava, imperversando all'improvviso per la soffitta come se mille stivali stessero calpestando il pavimento. Nel frastuono, sentivo il grido lamentoso di innumerevoli voci. La campana di una chiesa rintoccava sopra le nostre teste, mentre i muri tremavano nell'aria mugghiante. Feci per coprirmi le orecchie, la testa era tutta un martellio, ma avevo le mani bloccate sul tavolo.

«George!» gridò Adelia sovrastando il frastuono. «Ti sento, George!»

Se fosse vero o no, non ne avevo idea, perché di sicuro sarebbe stato impossibile per chiunque comunicare, tanto era ampia l'ondata di voci che riempivano...

Annusai. Pesce marcio. Mi tremò il cuore. Feci per ritirare le mani mentre l'aria si faceva fredda, ma erano tenute strettissime. No. No, non di nuovo, non poteva essere. Era tutto un trucco. Tutto teatro. Rimani concentrato, William, rimani concentrato. Girai la testa verso Rose accanto alla porta, ma era troppo buio e poi c'era qualcosa, *qualcuno*, in piedi dietro di me. Ne sentivo la presenza, i peli mi si rizzarono sul collo. Tra i tuoni impetuosi, mossi gli occhi nel buio e lo vidi. La sagoma indistinta di un uomo in piedi contro il muro, il profilo di un cranio glabro e traslucido che brillava nel tremolio della lampada color rubino, un paio di orbite senz'occhi sopra una bocca spalancata. Girò la testa verso di me, avvicinandosi a passi lenti e strascicati, sempre piú vicino, sempre piú vicino alla mia schiena.

«Interrompete la seduta!» gridai, strattonando le mani. «Interrompetela subito». Ma il tuono era troppo forte perché qualcuno mi sentisse e io ero inchiodato al mio posto. Niente poteva impedire a quella sua forma terribile di starmi al fianco. Niente poteva bloccarne le parole, perché infine mi resi conto che era tutto un suo disegno. I primi incontri segreti di Elizabeth, il mio appostamento paranoico fuori dal negozio, persino la morte improvvisa di Robert. Era tutta opera sua. La puzza era intollerabile. Mi sentivo soffocare, vidi un lungo dito d'alabastro avvicinarsi al mio collo e ansimai.

«Arthur?» dissi. «Arthur, sei tu?»

La risposta arrivò chiara e delicata al mio orecchio, come se il frastuono fosse silenzio. Intimo e crudele, parlò...

Ciao di nuovo, fratello.

«Quindi... quindi sei reale, in fin dei conti?»

Sí.

La voce era inconfondibilmente la sua, per quanto ovattata, come se avessi le orecchie piene d'acqua.

«Perché sei qui?»

Lo prenderò.

«Prenderai chi, Arthur? Vuoi dire il povero Robert? Ti prego...» Il dito freddo si spostò sulla mia schiena. «Arthur, perdonami, ti prego, ti supplico. Non volevo che tu annegassi, devi capire...»

Vigliacco.

«No...»

Crudele.

«Non sono crudele».

Hai guardato tua madre morire.

«Smettila, ti prego! Ho fatto del mio meglio per salvarla, te lo giuro. Ero un bambino, ero da solo...»

L'hai guardata morire, William. Oh, sí. Poi mi hai mandato via, ad annegare. Hai permesso a tuo figlio di ammalarsi fino a diventare pelle e ossa. La voce si fece piú acuta, tintinnava come il vento attraverso i vetri rotti. *Oh, William, hai bruciato la sua copertina perché mi odiavi.*

«Non è vero!»

Lo sentii spostarsi dal mio fianco, guardai con orrore la figura girare intorno al tavolo. La luce rossa mostrava le sue ossa che pendevano attraverso un cappotto strappato e scintillante, l'acqua che gli cadeva dalle spalle, i ceppi arrugginiti cui era attaccata una catena che si trascinava dietro al piede. Nessun un altro membro del cerchio lo seguí, tenevano tutti le facce fisse in avanti. Parlò di nuovo, con una voce crudele.

Oh, adesso Robert è qui. Eccoti, mio caro. Prendi la mia mano...

«Prendere la tua mano? Dov'è, Arthur? Lascialo stare».

«Il mio bambino!» gridò Elizabeth, con la voce che fendeva il tuono. «Robert! Riesco a vedere Robert! Lí!» Indicava, a mani tese, l'angolo della stanza.

Io aguzzai gli occhi mentre uno dei soldati balzava in piedi, indicando la figura statica di Kathleen sotto il velo, con le lunghe dita fisse sui braccioli della sedia. «Ehi, ti ho sentito muoverti sotto il tavolo, strega. Ho visto qualcosa».

Il suo amico fece altrettanto, scattò in piedi e tirò indietro le mani di Rebecca. «Ehi, chi c'è laggiú?» esclamò. «Ti vedo». Attraversò la stanza a passo svelto, rovesciando la sedia alla cieca, poi emise un guaito abnorme e si accasciò a terra come un sacco di sabbia. Il fragore cessò immediatamente allorché fu aumentata la luce della lampada: il ragazzo gemeva sul pavimento stringendosi la testa. «Mi ha colpito» disse. «Merda, mi ha proprio colpito sulla testa». Il suo amico era chino su di lui e gli stava dando degli schiaffetti sulla guancia, quando entrò Noah.

«Che sta succedendo?» latrò.

Rebecca si mise a ridacchiare. «Il cretinetti si è spaventato ed è corso contro il soffitto basso, certo. Che buon soldato diventerà».

Mi precipitai alla finestra, aprii la tenda e guardai il cielo terso con gli occhi socchiusi. Di sotto, per strada, vedevo Samuel che sorvegliava l'automobile tenendo il martello sulla spalla come un fucile e trascinando gli stivali nella polvere. Guardò in su, agitando il penny tra le dita. Frastornato, con il cuore in subbuglio, risposi al suo saluto con un cenno.

Quello che avevo sentito era tutto ciò che avevo sperato di fuggire. Tutto ciò su cui avevo ragionato e rimuginato. Eppure non ero ubriaco, questa volta. È una follia negare i propri sensi, eppure non poteva essere. Mi guardai intorno alla ricerca di qualche prova della presenza dello spirito, il mento in alto, annusando l'aria. Mi asciugai la fronte, la mia voce era flebile. «Rose, per favore, trova il mio taccuino e la penna, devo fare subito degli schizzi».

Ai soldati importuni fu debitamente intimato di andarsene, mentre io prendevo il taccuino e con la matita tracciavo segni sulla carta.

«Rose, porta il cesto di sotto per favore, e stai attenta».

«Cesto?» disse la vecchia signora Goligher, girandosi intorno a mani tese. «Quale cesto?»

«Sí, professore» disse Kathleen, seduta e calma, con il velo che le pendeva dalle spalle. «A cosa serviva il cesto?»

«Non fateci caso. Vi scriverò per il nostro prossimo incontro».

«Benissimo» disse lei con una stretta di spalle. «Spero presto, non abbiamo molto tempo».

Adelia si alzò in piedi. «Credo di avere sentito il mio George». Annuí. «Lillie, l'hai sentito anche tu?»

Elizabeth non rispose. Né proferí una sola parola mentre guidavo per tornare in Park Avenue, facendo del mio meglio per concentrarmi sulla strada mentre le visioni tutt'intorno reclamavano la mia attenzione. «Rose» dissi parlandole da oltre la spalla, mentre passavamo sopra il fiume, «hai fatto come ti avevo chiesto?»

Lei annuí, con il volto pallido.

«Saremo presto a casa, Elizabeth» dissi, accarezzandole il ginocchio. «Domani andremo sulla tomba di Robert a portargli dei fiori».

Lei fissava dritto davanti a sé, con il vento che le scompigliava i capelli sul viso, e mi stringeva il braccio in silenzio.

Piú tardi, quella sera, rimasi davanti al cesto di vimini, posato sulla scrivania, la porta dello studio chiusa a chiave. Avevo paura di guardare dentro, accidenti ai miei nervi. Mi guardai alle spalle per assicurarmi di essere solo. Sentivo Rose che lavava i piatti di sotto in cucina, Elizabeth che pregava nella sua stanza.

Mi avvicinai furtivo al cesto, slacciai le cinghie di cuoio e aprii il coperchio. Nascosto dentro c'era il fonografo, proprio secondo le mie istruzioni. «Ben fatto, Rose» mormorai, controllando il cilindro fonografico prima di accenderlo per farlo girare. Osservandolo alla luce del gas, vidi centinaia di piccoli solchi incisi nella cera. Una prova. Ma di che cosa?

Misi in azione l'apparecchio; la puntina seguiva il solco mentre la tromba crepitava e scoppiettava. All'inizio si sentivano delle voci, Rebecca con la sua spigolosità, poi le risate flebili dei giovani soldati, seguite da canti e altre chiacchiere indistinte. Avvicinai l'orecchio alla tromba, trattenendo il respiro. Si sentí un basso rimbombo, come un tuono lontano. Forse un urlo? Poi un altro. Un tonfo. Altro rimbombo. Aggrottai la fronte, pronto ad allontanarmi, quando la macchina produsse uno stridio acuto, facendo tremare il rullo nella cassa di legno. Mi avvicinai. L'ago doveva essere caduto dal cilindro. Estrassi la registrazione, rigirandola con cura tra le mani sotto la lampada. Si vedeva benissimo la debole incisione che correva lungo il corpo del cilindro da sinistra a destra. La seguii delicatamente con l'unghia e mi fermai. Che strano. A metà circa, le scanalature scomparivano completamente. Il congegno aveva finito la carica cosí in fretta? Avevo dato a Rose istruzioni chiare di caricarlo prima di portare il cesto nella soffitta. Forse era stato urtato da un piede per errore? Accidenti a quella donna maldestra. Mi tolsi gli occhiali e scrutai il cilindro con attenzione. Aha. Nella mia ispezione iniziale mi era sfuggito qualcosa. Evidentemente, l'ago aveva ritrovato la cera, proprio alla fine della registrazione. C'era un altro centimetro scarso di solchi, molto piú profondi del resto, la cera era arricciata nel punto in cui l'ago l'aveva incisa.

Risistemai il cilindro nell'apparecchio con delicatezza e lo misi di nuovo in movimento, sfregandomi gli occhi stanchi nello specchio sopra il fuoco scoppiettante. Mi era comparso un secondo capello bianco nella frangia. Lo tirai via e mi girai verso il muro. Il fonografo sibilò e la pipa mi cadde dalla bocca.

Una voce, come immersa nell'acqua, si sentí salire dalla tromba del fonografo. No, non una, ma due voci. Un uomo e una donna in armonia. E il suono di un violino... no, di un bambino che piangeva. Mi avvicinai all'apparecchio...

The Elfin knight stands on yon hill,
Blow, blow, blow winds, blow.
Blowing his horn, so strong and still,
A son has lost his mother they say.
A husband has drowned a brother today.
A father has taken his blanket away.
Blow, blow, blow winds blow,
*Prove me true, or Robert shall pay!**

Giunta alla fine della registrazione, la puntina terminò nel vuoto. L'apparecchio cadde dalla scrivania e si schiantò sul pavimento mentre io andavo a sbattere contro il muro.

«Santo cielo» sussurrai, guardandomi intorno nello studio, prima di scorgermi riflesso nella finestra, con gli occhi che s'intravedevano appena tra le dita. «Santo cielo».

* Il cavaliere degli elfi sta sulla collina, / soffiate, soffiate venti, soffiate. / Soffia nel suo corno cosí forte / dicono che un figlio ha perso la madre. / Un marito ha annegato oggi un fratello. / Un padre ha portato via la sua coperta. / Soffiate, soffiate venti, soffiate, / dimostrami il vero o Robert pagherà! (*N.d.T.*).

Sentii un tonfo sordo sul tappeto, abbassai gli occhi e vidi il cilindro che rotolava verso i miei piedi dal corpo dell'apparecchio. Lo fissai, in preda a convulsioni di terrore al vedere incisi al centro del rullo, dove prima la cera era vuota, quattro nomi.

Agnes, Robert, Arthur, William.

32.

«Adesso ascolta, Rose, ricorda le mie istruzioni, tienile sempre bene presenti in mente, qualunque cosa succeda, hai capito?»

Lei fece di sí con la testa, guardandosi intorno nervosa per la stanza. Eravamo nascosti nella camera da letto del ragazzo, proprio sotto la soffitta; ci eravamo intrufolati di soppiatto mentre nessuno guardava. «Promette di essere un esperimento molto interessante, davvero interessantissimo». Corrugai la fronte, mentre mi frugavo nelle tasche. «Dove l'ho messa, dannazione?» Rose mi porse la pipa. «Grazie. Ora, l'ultimo esperimento ha posto alcune domande piuttosto fastidiose, ricordi?» Era esasperante tanto sembrava distratta, continuava a lanciare occhiate ai vestiti sgualciti ammucchiati sui pioli della scala nell'angolo della stanza. Feci schioccare le dita. «Adesso ascolta, è esattamente questo che intendo per attenzione, devi *ascoltarmi. Osservare.* I miei occhi possono anche essere allenati all'osservazione scientifica, ma io non posso essere ovunque contemporaneamente». Mi accarezzai la testa prima di rovistare irritato nei pantaloni. «Ma dove sono i miei occhiali, accidenti?»

Lei fece di sí con la testa, indicandomi la faccia.

«Ah, sí, grazie». Me li spinsi sul naso, controllando il mio elenco. «Non farmi quel sorrisetto, Rose, per favore, non sei cosí intelligente come credi. Peccato che tu non sappia scrivere, tanto per cominciare, altrimenti ti chiederei di prendere appunti. Dov'eravamo? Sí, i giovanotti all'ultima seduta spiritica sostenevano di avere sentito la medium muoversi sotto il tavolo. Ho una sorpresa per lei oggi pomeriggio, per mettere fine a qualsiasi manovra poco chiara». Fissai Rose con attenzione. «E che altro avevano detto?»

Aveva ricominciato a scrutare la stanza, a ispezionare le pareti. Schioccai le dita. «Ti ho fatto una domanda; fai di sí con la testa se ti ricordi cos'hanno detto». Mimò l'azione, facendo una parodia davvero deliziosa del ragazzo che saltava su dalla sedia e correva nell'angolo della stanza. Sembrava proprio quel vagabondo senza talento visto al cinematografo. E poi si fermò.

«Rose» dissi, alzando gli occhi al cielo. «Che cosa stai guardando?» Stava in un angolo della stanza a fissare il soffitto con una strana espressione. Qualcosa si spostò sulle assi del pavimento sopra le nostre teste. «Ci stanno aspettando» dissi, chiudendo di scatto il mio taccuino. «La domanda di oggi è: qualcuno si aggirava in una specie di travestimento, dopo esserti passato accanto entrando furtivamente dalla porta, oppure... Be', provo imbarazzo a dirlo». Un brivido mi corse lungo la schiena nel ricordare la voce di Arthur. Le sue parole agghiaccianti. Il fonografo che registrava. Doveva esserci una qualche spiegazione di tutto questo. «Oppure c'era uno spirito?» Risi, indicando la catasta di scatole nel corridoio. «Vieni, vieni, non cincischiare, ti tengo la porta».

Le tre donne mi fissarono mentre sfogliavo il mio taccuino. Rebecca parlò. «Slegaci, piccolo depravato» intimò, allungandosi avanti come meglio poteva e digrignando i denti. «Cosí non è giusto. Ehi, tu» disse, rivolgendo un'occhiataccia a Rose, «digli che non è giusto».

Io mi esaminai le unghie. «È inutile parlare con lei» dissi. «È come parlare con l'armadio. A parte il fatto che è qui perché è la mia assistente. Vedete...» Sorrisi. «Voi avete i vostri complici, e adesso io ho i miei».

La vecchia signora Goligher fissò con gli occhi ciechi le due figlie, tremando. «È impazzito, sí. Ci ucciderà».

Rebecca mi guardò storto. «Sí, è cosí, un guaio e basta fin dall'inizio. Slegaci subito o Noah ti spacca i denti e te li infila su per il culo».

Tirai fuori la pipa. «Signore, ieri pomeriggio vi ho inviato un biglietto in cui parlavo di questa procedura e vi spiegavo in termini espliciti e senza ambiguità che, in seguito alle accuse sollevate dai due giovani soldati nell'ultima seduta, avrei avuto bisogno di legarvi le caviglie, ed è precisamente quello che ho fatto».

Accesi un fiammifero, canticchiando un motivetto familiare. Non c'era bisogno di preoccuparsi delle minacce di Rebecca. Noah lavorava ai cantieri navali fino alle ore beate e io mi ero assicurato di arrivare presto. A parte il fatto che non avevano motivo di temermi. Arricciai i baffi, soddisfatto nel vederle legate ben strette. C'era voluta una bella lotta per soggiogare Rebecca, mi aveva aiutato Rose, prima di allontanarsi per ispezionare la finestra. La madre era troppo debole per protestare, mentre Kathleen era docile come un agnellino.

«Allora, siamo pronti» dissi. «Ho misurato il tavolo e le sedie. Rose e io abbiamo legato ciascuna delle vostre gambe con spaghi uguali per avere misure esatte, facendo nodi identici. Siamo disposti esattamente come l'altra volta, a parte l'assenza di Adelia, di Elizabeth e dei due gentiluomini».

«Gentiluomini!» fece Rebecca scoppiando a ridere. «Che battuta. Ahi, torneranno presto nella soffitta a urlarci contro dall'inferno insieme a tutti gli altri, quei due poveri bastardi».

Kathleen si contorse. «Sono legata abbastanza stretta, secondo lei, professore?»

Mi tirai il colletto, battendo il piede sul tavolo della seduta. «Sí, signorina Goligher. Abbastanza stretta, grazie».

La medium aveva fatto un bagno freddo quella mattina, cosí aveva detto, per depurarsi dagli spiriti, dentro e fuori. Quell'affermazione aveva evocato dentro di me un'immagine poco signorile: pelle pallida e brufolosa, bagnata dall'acqua grigia del bagno; capelli neri attorcigliati intorno al collo. Accavallai le gambe mentre mi figuravo le sue lunghe dita scivolare sulla saponetta prima di afferrare il bordo duro della vasca, le sue gambe carnose che rovesciavano schizzi d'acqua densa, lattiginosa, sulle assi del pavimento sudicio. Scossi la testa e tornai nella soffitta, mentre il giovane Samuel mi compariva accanto con una camicia floscia, coperta di fuliggine.

«Ehi, che succede?» disse con la sua voce stridula.

Sobbalzai. «Buon Dio, e tu da dove sbuchi, ragazzo?» dissi, chiudendo il taccuino.

«La mamma mi ha chiamato».

«Non ti abbiamo chiamato» disse Rebecca. «Vattene. Non vedi che siamo legate alle caviglie per l'esperimento del professore?»

«Alle caviglie?» disse il ragazzo. Si accigliò, storse il naso. «Certo, basterà questo, come no! Ehi, prof. Faccio la guardia alla macchina?»

«Oggi no, siamo venuti in tram».

Kathleen alzò la mano. «Il saggio professore ci ha legato i piedi per dimostrare che non possiamo spostare il tavolo. Non è una cosa intelligente?»

«Intelligentissima» fece lui, guardando Rebecca aggrottato. «Che cosa volete che faccia, allora, mentre voi ve ne state qui legate come lepri?»

Lei gli puntò il dito contro. «Sparisci e non farti piú vedere qui, ecco cosa. Vai a giocare da un'altra parte».

Il ragazzo piagnucolò, diede un calcio al muro con la scarpa e se ne andò dalla soffitta, scendendo le scale imbronciato a passi pesanti. Mi pizzicai il naso. «Non avremo mai un momento di pace, a quanto pare. Dov'eravamo rimasti?» Guardai Kathleen, il fumo del mio tabacco le avvolgeva la faccia seria. «Una coppia di giovani gentiluomini che si erano uniti al cerchio ha fatto due accuse molto gravi. Vale a dire, di avere visto uno sconosciuto muoversi nella stanza laggiú vicino alla finestra e che la signorina Goligher muovesse le gambe sotto il tavolo. Per questo, oggi dobbiamo introdurre alcuni controlli. Per esempio: la porta dev'essere chiusa a chiave».

La chiusi debitamente, mostrando alle donne una chiave che avevo fabbricato all'Istituto insieme a un meccanismo di chiusura di mia invenzione. «Pertanto, siamo in un ambiente controllato; qualunque interferenza da parte di terzi è fuori discussione. Rose, siamo soddisfatti della finestra?» Lei diede una spinta all'intelaiatura e si girò facendo di sí con la testa. «Ottimo. Ora, come abbiamo già osservato, le gambe della signora Goligher, della signora Morrison e della signorina Goligher sono legate alle rispettive sedie. Pertanto, è del tutto impossibile che alcuna delle presenti sollevi il tavolo con i piedi. Che altro? Ah, sí. Signorina Goligher, capisco la necessità dell'oscurità, ma sarà senz'altro possibile far fare alla lampada un po' piú di luce?» Le feci un occhiolino scherzoso. «Devo rassicurare i nostri lettori di avere una vista chiara sulle cose».

«I suoi lettori?» chiese Rebecca.

«I miei lettori, sí» dissi. «Ho intenzione di scrivere un resoconto completo delle mie indagini per il giornale spiritista *Light*. Il direttore, il signor Gow, ha già pubblicato una delle mie lettere, che corregge il lavoro di un dilettante con un nuovo rilevatore di onde. *Vibrazioni eteriche*, ma figuriamoci!» Ridacchiai, scuotendo la testa. «Sapete, dubito che abbia preso in considerazione il campo psicoplasmatico».

«Il campo psicoplasmatico?» disse Kathleen.

Sospirai, lanciandole un'occhiata sofferente. «Appunto. Le tue capacità interesseranno di sicuro i giornali di Londra. E poi di Manchester, Liverpool, Birmingham, Dublino, Glasgow e – a quanto capisco dalla mia corrispondenza con il signor Gow – New York e Parigi».

«New York e Parigi» ripeté la vecchia signora Goligher, soffiando aria dalle labbra screpolate. «Diventerai famosa, Kat».

Kathleen si strinse nelle spalle. «Be', sono già famosa nel mondo degli spiriti, quindi sí, posso esserlo anche qui».

Cantammo doverosamente tre inni, con le due donne piú anziane che continuavano a scambiarsi occhiate nervose. Abbassai la lampada, tirai il velo sulla testa di Kathleen, unii le mani al cerchio, controllai i loro polsi e ordinai di cominciare.

Non ci fu alcuno strattone, nessuna carica statica tra le nostre dita. Fissai lo spazio dove il ragazzo ubriaco era caduto dopo aver battuto la testa, poi il piano del tavolo, mentre le propaggini della stanza si facevano sfocate e indistinte. Uno schiocco di dita, il rumore e il brusio della strada sottostante, le voci soffocate di uomini arrabbiati. Ascoltavamo. Andò avanti quaranta minuti, forse di piú. Nessuno parlava, perché ogni volta che una bocca si apriva, esplodeva un'arma o un barile sbatteva e noi ci chiedevamo... sono loro? Sono arrivati? Alla fine, Rebecca parlò.

«Kat. Vengono o no?»

La ragazza, sotto il velo, era assente; piú che una persona in carne e ossa era una bambola coperta da un lenzuolo funebre. Sentivo che mi stava fissando al di là del tavolo ed ero scosso dall'idea insistente che fosse arrabbiata. Non c'era dubbio che la seduta spiritica stesse diventando sempre piú sospetta. A ogni secondo che passava, sentivo una crescente delusione. I colpi, le levitazioni, le voci erano sempre apparsi prontamente e senza fallo.

Passò un altro quarto d'ora prima che Kathleen, finalmente, parlasse.

«Verranno» disse. Poi sollevò il velo verso il soffitto. «Vi preghiamo, amici, venite da noi».

Ma non vennero. Passò un altro quarto d'ora. Mai un tavolo era sembrato tanto inanimato, mai un gruppo di donne tanto ordinario. Quindi era cosí. Non era servito altro che qualche pezzo di spago da macellaio perché la verità venisse a galla. Kathleen Goligher era una truffatrice, alla fin fine. I fenomeni erano falsi. Una o tutte loro erano responsabili del sollevamento del tavolo quando avevano i piedi liberi. Era chiaro che qualcuno s'intrufolava dalla porta per far sollevare gli oggetti, suonare le campanelle, bussare sui muri e mettere in scena gli spiriti. Sbattei le palpebre. Ma allora chi era stato a cantare la canzone di mia madre? Chi aveva parlato nel fonografo? Chi mi aveva minacciato con la voce cupa di Arthur? Avevo rivelato i miei segreti senza saperlo? E a chi? Quel pensiero mi terrorizzava. Quella gente aveva architettato una montatura elaborata unicamente per ricattare un umile professore. Ero una pedina nella loro deliberata, e accuratamente orchestrata, ascesa verso la fama e la fortuna. Oh, sí. Abbindolare uno scienziato altamente qualificato per dimostrare la veridicità dei poteri della ragazza, poi vendere gli spiriti ai ricchi e ai famosi. Quant'ero arrivato vicino a rendere possibile il loro piccolo piano ingegnoso.

Guardai Kathleen sotto il suo sciocco sudario. Immaginai che avesse le guance avvampate per la vergogna, e ben le stava. Gli occhi grigi pieni di lacrime in attesa di fantasmi che sapeva non sarebbero mai arrivati. Se i fenomeni erano impossibili, anche le voci sarebbero state smascherate. Cosa dovevo fare? Concludere la seduta spiritica porgendo le mie scuse sincere per avere scoperto la loro cospirazione? Oppure rimanere zitto, assecondare le streghe per un'altra ora pietosa? Mi dibattevo infastidito, continuando a tenere le mani ferme, riflettendo sul da farsi mentre i bui minuti passavano. A un certo punto parlai. «Perdonatemi, signore» dissi, alzandomi dal tavolo. «Temo di avere...»

«Aspetti, professore» disse Kathleen, tirando via il velo dalla faccia. La vecchia parlò dalla penombra, con le labbra tirate.

«Lo sento, certo che lo sento».

Ero cosí assorto nei miei pensieri che il suono mi era sfuggito. Un lento, sommesso raschiare sul pavimento da qualche parte in fondo alla stanza. Mi risistemai sulla sedia. Le mie mani vennero strette piú forte. Una pulsazione corse tra di noi. Ci fu uno spasmo. Un suono acuto, sibilante come quello di un violino. Si avvicinava, da sinistra verso destra.

«Robert?» dissi. «Sei tu?»

Ci fu un colpo sordo, basso sulla parete di fondo, poi il tavolo si sollevò.

Kathleen emise un gemito profondo sulla sedia, girando da una parte e dall'altra la testa, in trance. Poi sussultò. Vidi la sua pancia gonfiarsi mentre il tavolo levitava. Alla luce rossa della lampada, Rebecca mi guardava attenta con un sorrisino di trionfo. La vecchia signora GolighER piagnucolava, si aggrappava al tavolo e si guardava intorno spaventata. Ero cosí sorpreso che il significato del fenomeno mi sfuggiva, ma alla fine me ne accorsi.

«Aspettate» dissi. «Il tavolo. Sta levitando». Scoppiai a ridere. «Sta levitando e voi avete le gambe legate!»

Ansimai, guardandomi intorno. Quindi non era un trucco? Deglutii. Non era un trucco! Il mio primo vero esperimento aveva dimostrato in modo inconfutabile che le levitazioni erano autentiche.

Il tavolo continuava a fluttuare in una serie di onde che si susseguivano invisibili. Non sentivo alcun movimento intorno alle gambe. L'unica sensazione nelle braccia e nelle mani era la solita elettricità tra le dita. Guardai sotto il tavolo come meglio potevo. Non c'era nessun arto in movimento. Non c'erano leve nascoste. Liberai le mani, premendo giú il tavolo contro una specie di forza elastica.

«Ehi, seduto» disse Rebecca.

«Non ce n'è bisogno, brava donna. Non vede che i vostri spiriti sono contenti? Questo è straordinario, parola mia. Davvero straordinario!» Perlustrai la stanza, annusando l'aria pulita. «Chi c'è, spirito gentile?»

Cercai di spingere il tavolo verso Kathleen, ma lo trovai del tutto rigido, come se fosse tenuto fermo da una staffa fissa.

«Ciao?» chiamai. «Chi sei?»

William, bambino mio.

«Oh, buon Dio. Oh, santo cielo. Mamma, ti sento; tu mi senti? Sono William, tuo figlio». Guardai le donne nella luce rossa, ridendo. «È mia madre, vi dico! Sapevo che era lei. Mamma, perdonami, ho cercato di salvarti quando è nata la bambina, ma ero troppo piccolo, ti ricordi?» Il tavolo cominciò a scendere dolcemente sul pavimento. «Ti ricordi che sono corso a chiedere aiuto, mamma? Non stavo scappando via». Il tavolo scese ancora, l'aria si faceva sottile mentre la luce della lampada tremolava. «Oh, ti scongiuro, mamma, resta, ti prego, ti supplico, non andartene». Cercai di trattenere il tavolo in alto, usando le ginocchia e le mani, ma la forza era troppo grande. «Kathleen, aiutami, per piacere, svelta. Mamma, devi proteggere Robert, riesci a vederlo? Devi nasconderlo da Arthur». Arrivò un colpo, seguito da altri due, i piú delicati che avessi mai sentito. «Mamma, tornerai?» gridai. «Trova Robert, presto».

E poi il tavolo si risistemò sul pavimento, l'elettricità statica sparita dalle nostre mani. Kathleen si raddrizzò, sbattendo le palpebre e tirando via il velo. «Sono venuti?» disse.

«Oh, sí» disse Rebecca. «Sono venuti, eccome».

Io mi ero già inginocchiato sotto il tavolo a controllare che le donne avessero i piedi legati. Erano legati, erano legati. Ecco come doveva essersi sentito Newton. Copernico, Galileo, tutti loro, miei pari! Spinsi via il tavolo, tirai su le gonne di Kathleen per strattonarle i nodi alle caviglie. Gattonai sulle mani e sulle ginocchia fino alla porta, facendo scostare Rose. Era chiusa a chiave, esattamente come l'avevo lasciata.

Kathleen parlò.

«È soddisfatto, professore?»

«Come? Oh, sí, sí. Assolutamente sí».

«Allora è tutto?» disse Rebecca.

«Mhmm?» Avevo già tirato fuori la matita e stavo scribacchiando sul taccuino.

«Ha le prove? Può lasciarci in pace?»

Alzai gli occhi. «Lasciarvi in pace? Santo cielo, no. Ho dimostrato oltre ogni ragionevole dubbio che non è la medium a sollevare il tavolo, ma il signor Robinson non mi paga per questo. Adesso devo dimostrare che cos'è effettivamente a farlo levitare».

«Cosa intende?» chiese Kathleen. «Sono gli spiriti, professore. Li ha appena visti».

«Bambina mia, migliaia di persone hanno assistito a fenomeni paranormali, ma nessuno ha mai spiegato la scienza che c'è dietro. Vi chiedo: qual è il preciso meccanismo che usano per spostare il tavolo? Se riuscissi a trovare la risposta, sarebbe una delle massime scoperte nella storia dell'umanità». Ripresi il taccuino, mordicchiando la matita. «Una leva di qualche tipo. Sí, magari una trave a sbalzo, persino. Una specie di organo o di arto. Immaginate le possibili applicazioni di conoscenze del genere».

Feci il giro del tavolo, ispezionando il pavimento, le pareti, il soffitto. «Sí, un'asta» dissi rivolto in su. «Che emana dal corpo della medium, senza dubbio. Rose, controlla la finestra, non perdere tempo». Scribacchiai furiosamente. «Una specie di struttura plasmatica che si stacca dalla medium attraverso un processo ancora sconosciuto e si attacca al tavolo? Sí, sí, è un'idea straordinaria, ma una spiegazione ragionevole».

Mi alzai di scatto, mentre Kathleen, incerta, guardava la madre e la sorella con aria corrucciata.

«Un'asta, professore?» disse.

L'afferrai per le spalle. «Rispondi a questo. Hai percepito qualcosa che si muove dentro e fuori dal tuo corpo durante le sedute? Qualcosa che cresce verso l'esterno e poi si ritrae di nuovo all'interno?»

Mi frugò negli occhi, lanciò un'occhiata alla sorella, poi scosse la testa. Andai al caminetto, lo presi a calci con finta esasperazione. «Santo cielo, sei proprio una bambina innocente. Senza nessuna curiosità».

«Innocente?» disse Kathleen.

Mi accovacciai davanti a lei, prendendole le mani. «Innocente, sí» dissi, ridendo del suo faccino dolce. «Meravigliosamente innocente».

33.

Che sonno agitato e irregolare ebbi quella notte. Tormentato dalle mie stesse conclusioni, avevo avuto visioni terrificanti di uomini spettrali che si arrampicavano sui muri fuori dalla mia camera da letto, premendo le mani insanguinate contro il vetro della finestra finché l'intera casa non era stata sepolta da un formicaio brulicante di soldati senza volto. Una voce mi chiamava dalla camera dei bambini, ma quando spingevo la porta, una grande ondata si abbatteva nel corridoio, trascinandomi giú per le scale e portandosi dietro Elizabeth urlante. Alla fine, nel cuore della notte, con la luce della luna che era come se si fosse accostata alle tende, mi ero svegliato di soprassalto e avevo visto una donna in piedi in fondo al letto, che era scomparsa nel momento stesso in cui avevo preso gli occhiali. Ero strisciato lungo il materasso, tremando nel pigiama, mi ero inginocchiato a pregare come un bambino, poi le avevo raccontato in un sussurro della mia famiglia, inghiottendo le lacrime, perché avevo avuto la sensazione che mi stesse ascoltando e, oh, che bella sensazione dopo tanti anni di solitudine.

Poi non ero piú riuscito a prendere sonno, ero rimasto in lunga attesa della lenta alba invernale e, quando finalmente era arrivata, mi ero alzato presto per andare all'Istituto, esausto e scarmigliato, con i denti che battevano mentre il nevischio infuriava forte sul fiume. Avevo oltrepassato lentamente gli uomini in marcia verso i cantieri navali, con le facce sepolte nei cappotti grigio ferro, schiavi dei loro scafi rapaci. Ero in qualche modo riuscito a tenere gli occhi aperti per un altro quarto d'ora mentre battevo i denti, per poi incespicare su per i gradini dell'Istituto e aggrapparmi a una colonna per sostenermi nella luce tremolante.

«Professor Crawford!»

Emisi un gemito, vedendo Stoupe che saltellava verso di me in uno stato di forte agitazione. «William, hai una faccia tremenda, sei ancora perseguitato dagli spiriti? Sembri in preda a un'ossessione spaventosa e, d'altra parte, non c'è da immaginare che un investigatore di spiriti non lo sia».

«Che non sia cosa?» dissi, sbadigliando.

«Perseguitato e tormentato, William, perseguitato e tormentato!» Mi guardò dubbioso, esaminandomi la testa, sventolandomi la mano intorno alla faccia e alle spalle come se stesse scacciando una mosca. «Ci sei?» sussurrò.

«Sí, Seamus» risposi. «Certo che ci sono. Qual è il tuo gioco?»

«Non tu, Crawford!» Sbirciò oltre la mia spalla con uno sguardo enigmatico. «Devi essere circondato dagli spiriti, tutti con una voglia disperata di farsi ascoltare. Li hai sentiti di nuovo?»

«Li?»

Stoupe si allungò in avanti sussurrando. «Tua madre, Robert, gli altri spiriti...»

Mi girai verso le scale, scusandomi, ma mi trattenne afferrandomi per il braccio.

«Ero indeciso, davanti al bivio di un enorme dilemma esistenziale, ma ho stabilito che devo assolutamente fartelo vedere. Vieni con me, veloce».

Lo seguii fino al suo studio; era come se i gradini di pietra si muovessero sotto i miei piedi simili ai tasti di un pianoforte. Poco dopo mi ritrovai un'altra volta seduto sulla sedia per la posa e mi guardai intorno con gli occhi annebbiati dal sonno mentre lui armeggiava nel cassetto della scrivania.

«Che gioco è questo, adesso?» brontolai. «Non posso fare un'altra fotografia». Mi alzai, ma lui mi fece sedere di nuovo.

«Un'altra foto?» disse. «Che il cielo ce ne scampi. Stai seduto, questa è una cosa che vorrai vedere, ne sono sicuro». Si pizzicò il naso, scuotendo la testa. «In che pasticcio mi hai cacciato. Il pasticcio perfetto; mi ci sono lambiccato piú di quanto tu possa immaginare, ma sono giunto alla conclusione che non ho il diritto di tenerti nascosta una prova cosí importante».

«Prova?» Sbadigliai, sbattendo le palpebre.

Stoupe mi fissò con un'espressione di grave serietà. «Una prova dell'aldilà cosí terribilmente profonda da farmi perdere il sonno».

Qualcuno aveva dormito a Belfast, quella notte? Stoupe fece un passo indietro, squadrandomi dall'alto in basso. «Devo avvertirti, William, non sarai piú l'uomo che eri quando avrai visto quello che ho da farti vedere. Temo che ti ritroverai piuttosto cambiato, ma devi perdonarmi, faccio solo quello che è giusto. Dimmi». Mi afferrò le ginocchia. «Nutri ancora dubbi sugli spiriti?»

Soffocai uno sbadiglio, perché non volevo inghiottire il fiato di quell'uomo, e aggrottai la fronte. «Certo. I miei esperimenti non sono finiti; rimangono molte domande».

«Infatti» disse Stoupe, mentre andava alla scrivania. Si fece il segno della croce, lottando con qualche tremenda apprensione privata, prima di aprire di scatto un cassetto, proteggendosi la faccia con la mano libera, per poi fermarsi di nuovo a radunare una riserva ulteriore di coraggio.

«Avanti, Seamus» dissi. «Ho delle cose da organizzare per la giornata».

Stoupe chiuse gli occhi. «Sí, sí, Crawford, hai ragione». E a quel punto infilò la mano nel cassetto della scrivania come fosse la lingua di un camaleonte e tirò fuori una busta delle dimensioni di una cartolina, reggendola in alto in un cameo di orrore shakespeariano.

«Cos'è?» chiesi.

«Cos'è?» Stoupe annuí. «È esattamente la domanda che mi sono posto negli ultimi giorni. Pensavo di saperlo, ma poi, la sera di mercoledí scorso, nella camera oscura, io...»

Spostò gli occhi su di me, poi di nuovo sul riquadro di carta, mordendosi il labbro. «Il tuo ritratto» disse.

Corrugai la fronte, piegando le braccia. «La fotografia che mi hai scattato qualche settimana fa? Quindi ti sei deciso a svilupparla, finalmente».

«L'ho sviluppata, sí, anche se, il Signore mi perdoni, vorrei non averlo fatto».

Sospirai. «Sono venuto cosí brutto che non puoi neanche toccarla?»

Stoupe scosse la testa con un sorriso cupo. «Non parlare a vanvera, William. Non sai mai chi potrebbe ascoltare». Si girò verso di me, con la faccia terrea e gli occhi che correvano al soffitto. «Prendila» disse trafelato, mettendomi in mano la busta.

Tirai fuori la fotografia, la girai e vidi un normalissimo ritratto di me con gli occhi fissi su uno sfondo sfocato, pieno di volute marmorizzate. Stavo benissimo nel mio abito. Perplesso, mi rivolsi a Stoupe. «Ma che accidenti ti è preso, amico?» dissi. «Non c'è niente da vedere».

Stoupe emise un gemito, con le mani strette in faccia. «Ma sí che c'è; guarda meglio, se ne hai il coraggio».

Tirai gli occhiali fino alla punta del naso, mettendo a fuoco con gli occhi stanchi. Vidi me stesso seduto in quello stesso punto, su quella stessa sedia, di fronte a quello sfondo particolare, eppure, i miei occhi erano proprio fermi, in definitiva? La mia postura era davvero composta? Forse no, perché a ben guardare osservai una lievissima ombra di disagio sulla fronte. La bocca appariva sottile, come se fossi stato attanagliato da qualche pensiero assillante e fastidioso. Poi mi tornarono in mente gli attimi prima che la macchina fotografica scattasse. La sensazione di formicolio all'orecchio. Il fiato sul collo. Guardai Stoupe, accigliato. «Mi sa che ho un aspetto un po' stranito» dissi. Lui si chinò verso di me con un sorriso mesto.

«William, non la vedi?»

Risi innervosito. «Vedo me stesso. Vedo la sedia. Vedo il disegno bizzarro sullo sfondo».

Stoupe parlò, con la voce che tremava. «Ma non c'era nessun disegno, solo la finestra».

Stavo per spazientirmi, quando notai una cosa strana. Lí, in mezzo a una voluta di fumo grigio pallido, in piedi alle mie spalle, c'era una vaghissima sagoma di donna trasparente in un lungo abito bianco. Avvicinandomi, stringendo gli occhi, riuscii a distinguere il suo ovale allungato, i capelli fluttuanti, la bocca aperta vicino al mio orecchio come se mi stesse cantando una ninnananna distorta, gli occhi neri che mi guardavano fissi. *William.* La riconobbi all'istante.

«È lei?» sussurrò Stoupe.

«Sí» dissi, girandomi a guardare dietro la mia spalla sinistra. Sentivo un brivido percorrermi la mascella. Una scarica elettrica sulla punta delle dita. Un movimento minimo intorno alla punta delle orecchie. Qualcosa mi sfiorò la nuca.

Sorrisi. «Mamma».

34.

Tenevo il suo ritratto sempre con me, al sicuro nella tasca della giacca. Ero certo di averla al mio fianco durante i molti esperimenti sul paranormale, mentre i giorni e le settimane diventavano mesi felici, trionfali. Stava ancora cercando Robert, a quanto Kathleen aveva capito, perché c'erano settimane in cui la soffitta rimaneva immobile, costringendomi in un limbo di attesa fino alla successiva, rassicurante pressione della sua mano sulla spalla. In alcuni momenti mi pareva di sentirla cantare, da qualche parte dietro uno scroscio di burrasca o sotto un rubinetto che scorreva. Piú di una volta la scorsi scivolare dietro gli angoli dell'Istituto. O perlomeno, speravo che fosse lei.

Nel frattempo, con mia grande mortificazione, stavo diventando famoso nel mondo dell'indagine spiritistica, i miei articoli venivano pubblicati ogni settimana sulla rivista *Light*. Nientemeno che Sir Arthur Conan Doyle, a dire il vero, aveva citato il mio lavoro nelle sue conferenze.

«Sei cosí intelligente» si complimentò zia Adelia, ammirando la mia attrezzatura mentre mi muovevo deciso per la stanza. «Lo ammetto! Non me l'aspettavo proprio che saresti diventato un amico tanto caro».

«Silenzio» dissi, superandola per prendere il taccuino e facendo cenno a Rose di seguirmi. Era un giorno di buon auspicio. Per la prima volta, ci ritrovavamo ad affollare il salotto della nostra umile casa di Park Avenue; Elizabeth faceva girare un piatto di sandwich squisiti preparati da Rose. Era un pomeriggio limpido e freddo di tarda primavera, il fuoco acceso scacciava le ultime propaggini dell'inverno.

«Dimmi, William, carissimo» chiese Adelia, dandomi una pacca sulla spalla. «Dove siete seduti al galà, quest'anno? Possiamo sperare di vedere il famoso ingegnere degli spiriti al tavolo d'onore?»

Io mi schernii. «Per fortuna, Lady Carter, saremo al tavolo quaranta. Grazie per aver parlato al preside a nostro favore, ma il suo scetticismo è soverchiante».

«Che vergogna».

«Non ha importanza, sono stato costretto a porgere le mie scuse piú sentite. Comunque sia, non potrò partecipare».

Adelia lanciò un'occhiata di traverso a Elizabeth. «Come sarebbe, Lillie? Non partecipate?»

Feci un sorriso contrito. «Mi hanno invitato a parlare a Dublino. I miei discepoli sono impazienti di sapere di piú».

Elizabeth scosse la testa. «Discepoli, William, ma insomma».

Adelia mise il broncio. «Forse dovrei andarci. Che tipo di pubblico viene a queste conferenze?»

Sospirai, mentre regolavo la bilancia con l'aiuto di Rose. «Uomini e donne, perlopiú».

«Che sciocco, lo sai cosa voglio dire. Sono persone del mio genere?»

«Spero proprio di no».

«Ti diverti a punzecchiarmi, davvero, sei crudele. Non ti sei dimenticato di me, vero, William?» Si chinò, infilando il naso tra i miei occhi e il quadrante.

«Come potrei dimenticarti, zia Adelia?» sussurrai, scambiando uno sguardo confidenziale con il caro Seamus, che stava portando un treppiede attraverso la tenda. «Gli spiriti mi perseguitano meno di te».

«Be', sto ancora cercando George, capisci. Credo che ieri sia venuto da me in camera da letto, che ne pensi?»

Mi raddrizzai, facendo segno a Rose di prendermi la

pipa. «A me sembra abbastanza ovvio, Adelia, che il defunto Lord Carter, Dio benedica la sua anima stanca, non ti cerchi affatto. E non c'è da stupirsi, oserei dire. Senza dubbio, schizzerà fuori dal paradiso come un furetto nel momento in cui tu morirai».

Adelia, con lo sguardo improvvisamente gelido, si raddrizzò urtando la bilancia con la borsa.

Stoupe fece capolino dalla tenda. «È tutto pronto, William» disse, mentre il professor Fforde entrava spingendo un anziano gentiluomo su una sedia a rotelle. Gli girai intorno per andare alla finestra. Era sorretto da una serie di cuscini, visibile a malapena sotto le sue coperte, se non per il cuoio capelluto desquamato, gli occhi pallidi e ciuffi di capelli sfilacciati. Non avevo idea del perché Fforde avesse portato un estraneo con sé, specie cosí decrepito. I miei esperimenti d'altronde attiravano attenzione ovunque, in particolare nei malati. Suonarono alla porta, il signor Robinson e il signor Cleaver entrarono nel salotto seguiti da un terzo signore, alto e filiforme come un ombrello chiuso, con un sorriso allegro e occhi vivaci. Mi tese la mano, parlava con un raffinato accento inglese.

«Buongiorno, professore» disse. Distratto, mi girai, sempre osservato dal vecchio sconcertante in sedia a rotelle che Fforde aveva parcheggiato alla finestra. Non riuscivo a capire se mi stesse guardando o se avesse gli occhi di vetro. Gli sorrisi e tossicchiai, girandomi di nuovo con la finta intenzione di occuparmi di qualcosa, qualsiasi cosa che potesse distogliermi dalla sua attenzione.

«Sí» dissi. «Do il benvenuto a tutti voi, accomodatevi, vi prego, troverete i vostri nomi sulle sedie».

Il salotto era stato allestito come un teatro in miniatura, con due file di sedie rivolte verso la tenda della sala da pranzo. Battei le mani per richiamare l'attenzione. «Signore e signori, fate silenzio, adesso, sedetevi, l'esperimento sta per cominciare».

Margaret si affacciò alla porta e si guardò intorno con la faccia scettica tipica della sua età. «Papà, chi è tutta questa gente?»

«Ah, vieni dentro, bambina» dissi, presentandola mentre lei dondolava le braccia e sospirava. Non potevo certo arrabbiarmi con lei, una ragazzina intelligente da cui si pretendeva che si dedicasse a passatempi oziosi e a umili faccende domestiche. Le strofinai le spalle e la sentii reagire con irritazione.

«Questa è Margaret, la mia figlia maggiore. È una giovane signorinella curiosa e risoluta, con una forte attitudine per la matematica. Un giorno passerò a lei le mie ricerche, sapete. Ha già accettato di continuare il mio lavoro, vero, Margaret?»

Lei incrociò le braccia. «Io vorrei che tu lo interrompessi, il tuo lavoro. Cosa sta succedendo?»

«Un esperimento» sbottò Adelia. «Ragazza petulante, il tuo intelligente papà sta per mostrarci un'altra seduta spiritica». Si rivolse al gentiluomo elegante di fianco al signor Robinson, alzando gli occhi al cielo. «È davvero vergognoso, non è vero? Queste ragazze moderne vogliono fare le importanti. Nessuna delle donne di successo che conosco fa niente di niente».

«Per favore, papà, non la fare qui» disse Margaret, coprendosi la faccia con le mani mentre una delle vicine passava davanti alla finestra e si affrettava ad attraversare la strada facendosi il segno della croce. «È già abbastanza difficile a scuola, senza che terrorizzi i vicini. Non posso neppure restituire i libri in biblioteca. Dicono che le pagine sono possedute».

«Che fortuna sarebbe per loro, se lo fossero» dissi. «Sarebbe la prima cosa di valore sui loro scaffali».

Margaret stava per ribattere, quando Helen entrò saltellando e fece una riverenza al pubblico in un abitino fucsia. «Il pastore dice che il libro sui fantasmi di papà è opera del diavolo».

«Quindi immagino che questo faccia di me il diavolo» dissi, inchinandomi.

«Vado in camera mia a leggere» disse Margaret, fermandosi a guardare il vecchio sulla sedia a rotelle, prima di andarsene con un sospiro. Scoppiai a ridere.

«Se ne va a leggere, riuscite a crederci? La figlia di da Vinci leggeva mentre lui scandagliava l'impossibile?»

Stoupe fece di nuovo capolino dalla tenda. «Da Vinci aveva una figlia? Non credo che fosse il tipo».

«Basta!» dissi. «Siamo pronti, Seamus?» Lui fece di sí con la testa. «Benissimo allora. Elizabeth, mia cara, chiudi le tende per favore. Rose, accendiamo le lampade».

Rose fece come le avevo detto e la luce scintillò dal nostro nuovo lampadario. Era come essere seduti in un teatro in miniatura, le facce brillavano nell'illuminazione a gas, circondate dai nuovi mobili eleganti della nostra casa felice.

«Ci siamo tutti?» dissi, deglutendo nervoso. «Ottimo. Senza dubbio avrete letto i miei libri. Altrimenti, vi costringerò a prenderne una copia autografata al momento di andare via. No, no, vi ringrazio per il vostro sostegno e il vostro incoraggiamento». Alzai un dito. «Gran parte di questo però non sarebbe stato possibile senza l'aiuto di una ragazza speciale. Si chiama Kathleen Goligher. A quanto sostiene Conan Doyle in persona, si tratta di una delle poche medium davvero autentiche che siano oggi all'opera».

Il signor Cleaver stava sussurrando qualcosa al signor Robinson, mentre il professor Fforde bofonchiava accanto all'uomo in sedia a rotelle. Tesi la mano. «Per favore, è richiesto silenzio assoluto». La stanza si zittí. «In tutto l'universo esiste un'unica cosa mirabile quanto la vita. È l'aldilà. Per millenni, le generazioni hanno guardato le stelle, sperando di vedere un firmamento scintillante di anime». Mi inclinai in avanti. «Non sapevano che i loro cari erano molto probabilmente proprio lí, di fianco a loro, a fissare quelle stesse stelle. Sí...» Indicai lo spazio vuoto al mio fianco. «Siamo tutti, a tutte le ore, tutti i giorni, a contatto con i morti». Il pubblico fu percorso da un mormorio, ci furono movimenti nervosi sulle sedie. Allungai la mano verso la sedia vuota accanto a Helen. «Caro Robert, spero che tu sia con noi stasera». Feci un respiro profondo, infilai i pollici nelle tasche del panciotto. «Naturalmente, all'inizio ero scettico».

«Lo eri eccome» disse Adelia.

«Oh, sí, lo ero. Ero cosí sicuro delle mie premature conclusioni che era come se andassi in giro con un sacco sulla testa. Dopotutto, che difesa è una semplice credenza rispetto a un fatto scientifico dimostrato?» Allargai le braccia, agitando i pugni. «Credenze, signore e signori, e fatti. Mai prima d'ora c'è stato un abisso cosí incolmabile tra i due. Questa è l'eredità della scienza moderna, presumo. Tuttavia, stasera sarete testimoni di qualcosa di notevole, di stupefacente, forse addirittura...» Feci un cenno con la testa rivolto a Fforde, mentre battevo le mani. «Di miracoloso!» Il pubblico applaudí, mentre il gentiluomo cordiale seduto tra Cleaver e Robinson esprimeva la sua approvazione in un sussurro.

Senza ulteriori indugi aprii la tenda, provocando un sussulto collettivo: Kathleen stava lí seduta, da sola, al centro della stanza vuota, niente tappeto sull'assito, niente quadri alle pareti spoglie. Portava i capelli raccolti in uno chignon e sbatteva le palpebre: non aveva gli occhiali perché avevo scoperto che la seconda vista non richiedeva prescrizioni. Indossava una veste leggera di cotone, senza cuciture, i seni premevano attraverso la stoffa che si arricciava in pieghe morbide sui fianchi. I polsi e gli stinchi erano legati alla sedia, una corda le girava intorno al collo agganciandola a un palo. I piedi, con indosso le calze, erano chiusi in una scatola a forma di stivale, mentre l'intera sistemazione, sedia e tutto, stava in equilibrio su una grossa pesa industriale.

«Straordinario» sussurrò il vecchio signore cordiale.

Kathleen mi lanciò un'occhiata, preoccupata.

«Va tutto bene, cara Kathleen?» le chiesi, sorridendo rassicurante rivolto al pubblico.

Lei parlò a denti stretti. «Dove sono mia sorella e la mamma, professore? Dov'è Noah? È troppo presto».

«Troppo presto, dici?» Controllai l'ora. «No, no, è l'ora perfetta».

«Mi aveva detto che ci sarebbe stata la cena prima della seduta spiritica».

Avvicinai la bocca al suo orecchio e sussurrai: «Ho mentito. Non fare storie».

Si divincolò tra i legacci, la corda intorno al collo le strozzava la trachea. Le misi un dito sulle labbra, feci un sorriso di rassicurazione al pubblico, poi mi rivolsi di nuovo a lei, a bassa voce. «La tua famiglia arriverà piú tardi, Kathleen. Quando avremo finito».

«Non voglio, professore, io...»

«Zitta, non mettermi in imbarazzo» dissi, tirandole il velo sulla testa prima che potesse dire altro. Il pubblico guardava incantato mentre io mi muovevo dietro di lei, posandole le mani sulle spalle. «Guardate» esclamai. «La donna piú potente che abbiate mai visto».

35.

Un'ora dopo, non c'era piú nessuno con un battito cardiaco regolare nella stanza.

«Straordinario» sussurrò il signor Robinson.

E in effetti era cosí. Troppo straordinario per alcuni, in apparenza. Fforde batté il bastone sul pavimento, alzandosi in piedi vacillando. Risi, perché quello sciocco sembrava sul punto di piangere, tanto era sconfitto dalla prova incontrovertibile della seduta spiritica.

«Ecco» dissi. «Ora può ancora dubitare di me?»

«Quello a cui ho assistito qui stasera, professor Crawford...» Fece un respiro con un notevole sforzo «va al di là delle parole. Al di là della decenza umana. Penso... sí, mi ero fatto un'idea sbagliata della situazione. È proprio ripugnante. Non saremmo mai dovuti venire». Afferrò la sedia a rotelle e la spinse verso la porta, mentre il suo compagno mugolava con piccoli spasmi buffi sotto la sua coperta. Fforde gli diede una pacca sulla spalla. «Su, su, te l'avevo detto che era una pessima idea, certo. I colpi e i lampi ti hanno riportato tutto di nuovo a galla».

Mi piazzai davanti loro. «Forse il suo amico può parlare da solo» dissi. «Visto che si è accomodato in casa nostra, mi piacerebbe sapere che cos'ha da dire». Mi accovacciai e vidi che gli mancava l'orecchio, a parte il lobo che gli pendeva sotto un buco circondato da pelle lucente. In effetti, aveva tutta la pelle smaltata, come fosse stata spennellata di albume d'uovo e le vene disegnate sopra. «Cos'ha da dirmi, amico?» dissi, mascherando il disgusto. «Ha sentito le voci? Il bambino che chiamava suo padre? Lo spirito di donna che cantava? I due che quasi si toccavano le mani?» L'estraneo si agitò, alzando il mento, e io indietreggiai trattenendo il respiro, perché c'era una seconda depressione profonda dove avrebbe dovuto esserci il naso. Eppure, con mia sorpresa, nonostante la decrepitezza, aveva una bella bocca, giovane, in totale contrasto con il resto. Parlò con una voce che mi era familiare.

«È stupendo sentirti di nuovo parlare, Crawford» disse. «Sono maledettamente felice che tu non ti sia unito a noi nel grande gioco, eh?» Alzò la mano, a cui mancavano tutte le dita tranne una. «Non serve un granché per la pesca alle trote, ormai».

Mi coprii la faccia con il fazzoletto. «Blithe?»

«Ciao, prof» disse con un sorriso, i bei denti che brillavano. Era l'unica parte rimasta intatta di lui, perché anche la mascella pendeva in pieghe di tessuto, l'osso sottostante completamente dissolto.

«Mio Dio» dissi, «che diavolo ti è successo?»

«La verità, vecchio mio, è che non lo ricordo. Un attimo prima stavo bollendo l'acqua per il tè, l'attimo dopo... qualcosa stava bollendo me». Mi afferrò per il bavero, attirandomi piú vicino. «Vuoi sentire una battuta?»

«Certo» dissi, sforzandomi di suonare allegro e guardandomi intorno con un sorriso felice. «Avanti, amico, facci ridere come ai vecchi tempi».

Mi sussurrò nell'orecchio. «Dicono che sono fortunato a essere vivo».

Mi scostai. «Mi dispiace moltissimo».

«Ah, prof» disse, con la gola che gli tremava. «Non c'è niente di cui dispiacersi. Ho chiesto io al vecchio di portarmi qui, per poter vedere all'opera il famoso ingegnere degli spiriti. Ho pensato che forse...» S'interruppe, Fforde gli portò un fazzoletto al viso mentre una lacrima gli rigava quello che gli restava della guancia. «Pensavo che magari avrei potuto sentire qualcosa dai ragazzi».

Fforde mi guardava torvo, la mano che fremeva sul

bastone, le labbra spesse che tremavano. I suoi occhi si fissarono su Kathleen, seduta sulla sua sedia. «È diabolico quello che fai, bambina».

«Diabolico?» Sogghignai. «Non sono stati gli spiriti di Kathleen a mandarlo in guerra».

Fforde scosse la testa, dando a Blithe una pacca sulla spalla. «Vorrei che non avessimo posato i nostri occhi innocenti su una cosa del genere. Quanti uomini saranno abbattuti prima che finisca questa decade?»

«Oh, andiamo, signor Fforde» disse Elizabeth. «Sono anni che mette in ridicolo il lavoro di William. Sicuramente ammetterà di avere sentito i colpi e le campane? Non ha visto il tavolo sollevarsi?»

«Li ho sentiti» rispose lui.

«E anche le voci?» disse il signor Robinson. «Lo dica, amico, lo dica che ha sentito le voci».

«Le ho sentite, eccome!» fece brusco, inciampando nel bastone.

Lo presi per il gomito. «Per favore, amico, non voglio litigare. Vorrei solo che si arrendesse all'evidenza». Risi. «È confuso, Fforde, lo ammetta. Non può spiegare quello che ha visto qui stasera».

«Spiegarlo?» Guardò Kathleen. «Non posso».

«Aha! Hai sentito, giovane Blithe? Assicurati di dirlo al preside, va bene? Insisto che segua il tuo esempio e si unisca a noi per una seduta».

Fforde spinse la sedia a rotelle verso la porta, fermandosi sulla soglia a guardarmi. «Ti ho sempre considerato una persona rispettabile, Crawford. Serio e stranissimo, forse. Ma rispettabile. Puoi dirmi, onestamente, chi è a tuo giudizio a emettere quelle voci?»

Pensai al povero Robert condotto verso un mare ghiacciato dallo zio e mi chiesi se mia madre l'avesse salvato. Alzai gli occhi su Fforde.

«Gli spiriti» dissi. «Come può dubitarne?»

Lui osservò la stanza, scrutando ciascuno a turno, con un'espressione grave in faccia. «Come potete voi non dubitarne?»

Spinse la sedia a rotelle verso il corridoio, con la testa malandata di Blithe che ciondolava sopra le coperte. Stavo per seguirli per proseguire la discussione, quando il gioviale compagno di Robinson e Cleaver si fece avanti e mi strinse la mano, con un sorriso radioso che andava da un orecchio all'altro.

«Professor Crawford» disse. «Lei ha superato le mie piú alte aspettative». Si rivolse a Kathleen, le mani giunte in un segno di preghiera riconoscente. «Mia cara ragazza, che poteri ha. Davvero incredibili. Incredibili, dico! In tanti anni non ho mai assistito a niente del genere, e per di piú tutta legata».

Kathleen sorrise stancamente, con le mani poggiate all'insú sui braccioli della sedia. Stava per rispondere, quando l'uomo l'azzittí e mi diede un colpetto sul braccio.

«Professore, è stata un'opera davvero impressionante, sono orgoglioso e fortunatissimo di averla incontrata. Spero davvero che il suo assistente vorrà condividere le sue fotografie. Mi chiedo se abbia catturato le... come le chiamate?»

«Leve a sbalzo plasmatiche» dissi, rivolto a Stoupe. «Sono sicuro che ne abbiamo catturata almeno una; dovremo aspettare finché le fotografie non saranno sviluppate, temo. È la cosa piú straziante, ma vale la pena aspettare. Peccato che non siamo riusciti a catturare le manifestazioni degli spiriti, ma ci riproveremo».

Intervenne il signor Robinson, sfregando il braccio dell'uomo. «Cosa le avevo detto? Non le avevo promesso una sorpresa, nei miei telegrammi? Crawford è davvero il piú grande investigatore spiritistico dei nostri tempi».

L'uomo si rivolse a me, con gli occhi allegri che brillavano come un san Nicola in miniatura, porgendomi la mano. «Sir William Barrett al suo servizio».

«*Sir* William Barrett?»

«Precisamente».

Cleaver mi diede una pacca sulla schiena. «Professore, Sir William è il luminare del movimento spiritista, fondatore della Società per la ricerca psichica». Si appoggiò all'indietro, esibendo il suo gran pancione all'infuori. «Re delle sciocchezze, dico io, anche se adesso mi faccio delle domande».

Intimorito, strinsi la mano a Sir William piú vigorosamente di quanto lui stringesse la mia, chiedendo a Rose di portare il nostro whisky migliore, sapendo che non ne avevamo da offrire. Grazie al cielo, il grand'uomo si schernì con una risata educata. «Non serve, professore. Devo partire. Prima però devo informarvi che sono qui in veste di spia».

«Che cosa intende?»

«Lei ha un ammiratore segreto, anche se è piuttosto impegnato, a parte il fatto» disse, lanciando un'occhiata alla stanza «che l'Irlanda è proprio lontanissima. Doveva avere la certezza che i suoi esperimenti fossero all'altezza, prima di estendere un invito molto indulgente sull'isola madre».

Lo guardai perplesso, mentre davanti a casa si scatenava l'agitazione. Vidi i miei vicini che si accalcavano alla finestra. Si ritrassero quando incrociai i loro sguardi, mentre un grande landò argentato si fermava con un cigolio di fianco al marciapiede. Di lí a poco, comparve un valletto in salotto, porse a Sir William il suo cappello a cilindro e, senza ulteriori indugi, il gioviale signore prese un'espressione di saluto. «Buonasera, professor Crawford» disse. «Il suo invito arriverà a breve. Londra attende l'ingegnere degli spiriti».

QUARTA PARTE

MANIFESTAZIONE

36.

La neve cadeva fitta fitta, come una coltre di piume, mentre Rose e io arrancavamo lungo Regent Street, la mia fidata assistente appesantita da scatole e ceste mentre la folla ci brulicava intorno in un ammasso spaesante di braccia, cappelli a cilindro e ombrelli. Rose incespicò, rischiò quasi di finire sotto le ruote rumorose di un autobus, e io mi fermai seccato ad aspettarla.

«Guarda dove vai, Rose, siamo in ritardo» dissi spazientito, facendomi largo in mezzo a un gruppo di uomini che si accalcavano intorno a un'edicola. «Se perdo la mia attrezzatura, non te lo perdonerò mai». Gettai una moneta da due pence al giornalaio e presi una copia, prima di attraversare Oxford Circus e finire dritto nella traiettoria di un'automobile. «Maledetta città» brontolai, mentre Rose mi aiutava a rialzarmi dal marciapiede. «Che posto infernale. Riportatemi a Belfast».

Proseguimmo la nostra marcia. La guglia della chiesa di All Souls ci faceva cenni in direzione della nostra meta e, di lí a breve, dopo una serie di alterchi furiosi con un mendicante, uno spazzino, una donna che vendeva castagne d'India e un alano mi ritrovai, sfinito e irritato, con i nervi a fior di pelle, di fronte alla Queen's Hall. La famosa sala da concerto avrebbe ospitato quel giorno uno spettacolo di genere ben diverso dal solito e sarei stato io, William Jackson Crawford, a salire sul palco. Emisi un gemito nell'aprire il giornale e vedere la mia fotografia che spiccava sotto la pubblicità di una saponetta, poi alzai gli occhi verso la scritta a lettere argentate che sovrastava il portone: *Venite a vedere l'ingegnere degli spiriti, se ne avete il coraggio. Una prova inusitata dell'aldilà!*

Ci dirigemmo all'ingresso artisti, salimmo fino al camerino che puzzava di muffa, sigarette e attori. Mi guardai allo specchio, ripassai il copione mentre Rose mi faceva la riga e mi lisciava i capelli con la brillantina. Ecco il genere di appuntamenti che avevo: erano passati tre anni dalla memorabile serata di Park Avenue con Sir William e, mentre moltissimi giovani soldati erano morti riempiendo il mondo di un senso di tragedia insopportabile, gli spiriti si erano stretti intorno a noi in una sorta di processo planetesimale, gonfiandosi nella raccolta intimità della soffitta. Spesso eravamo solo Kathleen, Rose e io a gingillarci nel tremolio allegro della lampada e, oh, come preferivo le nostre sedute private alla volgarità del teatro.

Rose fece un passo indietro, fiera del risultato, io girai la testa verso lo specchio e feci un cenno di approvazione con la testa. «Ottimo lavoro, brava. Ora ricorda, devi stare attenta e ascoltare bene per proiettare le diapositive. Il tempismo è fondamentale, hai capito?» Lei annuí, mentre io mi alzavo troppo in fretta e rischiavo di cadere. «Che sciocco» dissi, asciugandomi la fronte. «Sono un po' nervoso, lo ammetto. Ho mal di testa, stanotte non ho dormito». Lei mi porse la pipa e, mentre la prendevo, mi strinse la mano. Le feci l'occhiolino. «Grazie, Rose, cara e fedele assistente. Cosa farei senza di te?» Arrossí, guardandosi gli stivali, tale era la dolce natura della nostra amicizia.

Avevamo condotto insieme centinaia di esperimenti, ideando vari metodi per interrogare gli spiriti attraverso lettere su una tavola di legno o certi colpi associati a determinati significati. Avevo cambiato l'illuminazione, costruito ingegnosi marchingegni con sensori elettrici, pesato, mappato e misurato ogni centimetro del corpo della medium, istruendo la ragazza a cercare solo brevemente Robert e mia madre, prima di passare in fretta al lavoro in corso. Per fortuna, sembrava che Arthur fosse risprofondato nei temuti abissi da cui era emerso, anche se piú di una volta l'avevo percepito nella stanza, la puzza di pesce guasto che precedeva un silenzio spiacevole e pregnante. Senza dubbio, trovava qualche beneficio personale nei miei esperimenti; un sentimento che era chiaramente condiviso dal mondo degli spiriti in generale. La maggior parte dei nostri operatori era di una tipologia estremamente amichevole, ordinaria, adatta alle indagini pratiche, una volta che avevano finito di cianciare di omicidi, tesori perduti e insignificanti rimostranze. In realtà, alla maggior parte di loro chiedevo poco altro che un «sí» o un «no», chiunque fossero, e naturalmente alcuni erano piú versati nella meccanica di altri. In una serata particolarmente entusiasmante, fummo onorati nientemeno che dalla presenza dello spirito di Brunel, anche se aveva idee approssimative sulla meccanica delle leve a sbalzo e sul trasferimento dei pesi e sembrava convinto che il ponte sospeso di Clifton fosse a Llanelli.

Con il passare del tempo, ero diventato, con mio sommo imbarazzo, una celebrità mondiale nell'ambito dello spiritismo, pubblicato in tutto il mondo grazie a un finanziamento di Sir William, citato dai grandi della terra. Avevo in stampa tre libri e un quarto era in arrivo, e un giro negli Stati Uniti era in programma. Al solo pensiero, stavo male dall'ansia.

«Su, vieni Rose» dissi, girandomi dalla toeletta. «Il nostro pubblico ci aspetta!»

Ci incamminammo per i corridoi tortuosi fino alle quinte e Rose preparò il proiettore nel basso rimbombo delle voci al di là del sipario. «Fammi gli auguri» sussurrai, e lei annuí, stringendosi le mani mentre la luce spazzava il palcoscenico. Mi girai, la luce dei riflettori che si riverberava in globi velati sulle tavole lucide, baciai il ritratto di mia madre e uscii tra gli applausi.

«Ehi, dove sono i tuoi fantasmi?» gridò un uomo in prima fila, subito zittito da chi aveva intorno. Gli applausi si affievolirono mentre io afferravo il leggio, tirandomi il colletto con la testa mi girava. Avevo la vastità del pubblico davanti, duemila facce nel buio. Guardai verso le quinte in cerca di sostegno, ma Rose era impegnata a preparare la prima diapositiva. Mi schiarii la gola. «Buonasera, signore e signori». La mia voce era ridotta a un filo, appena uno squittio nella sala da concerto cavernosa.

«Parla piú forte, amico!»

Si sentí una risata, cui seguí un sussulto. Dietro di me lo schermo sfarfallò, una fotografia di Kathleen seduta sotto il suo velo, l'inconfondibile sagoma di uno spirito incombeva sulla sua spalla. Feci un cenno di assenso a Rose, che mi restituí un sorriso.

«Signore e signori» dissi, ricordando il copione. Presi a camminare in tondo, come fossi immerso nei pensieri, augurandomi che le ginocchia smettessero di tremare. «Vi mostrerò alcune delle mie verifiche». Il proiettore scattò, creando un momentaneo buio in sala, prima di proiettare una nuova immagine sullo schermo alto circa sei metri. «Osservate la medium seduta in trance sulla sua sedia abituale. Tutte le foto sono state scattate da uno stimato professore di fotografia dell'Istituto tecnico municipale di Belfast, un uomo d'indole serissima e scientifica. La prossima diapositiva, per favore».

Clic.

Due immagini quasi identiche di Kathleen seduta sulla sua sedia apparvero sopra di me, come i Colossi di Memnone, gli occhi chiusi, la bocca contorta in uno spasmo al di sotto delle mani giunte, un filamento di plasma bianco stretto tra le sue ginocchia e il pavimento. Sorrisi nervoso, sapendo che avrebbero senz'altro suscitato un sussulto.

Che infatti ci fu.

«Calma, signore e signori» dissi, mentre i miei nervi si distendevano. Guardai il pubblico, annuendo. Erano solo persone, e ciascuna di loro era una persona amica. Questo mi aveva detto Elizabeth all'imbarco del traghetto. *Sono i tuoi seguaci, William. Andrà bene, rendici orgogliosi.* «A quanto potete vedere, la medium è immobile, le ginocchia sono unite in una posizione normale, anche se abbiamo il fusto bianco di un'asta plasmatica – qui – che fuoriesce dalle sue regioni inferiori – qui». Sorrisi. «Confido che non ci siano bambini presenti».

Il pubblico rise, tra sussurri e cenni di assenso, e io mi concessi un respiro profondo, asciugandomi i palmi sudaticci delle mani sulle gambe dei pantaloni. «Vi prego di notare che la medium riferisce una sensazione di leggero strattonamento quando si produce l'asta. Ora, ho pochi dubbi sul fatto che all'inizio del fenomeno della levitazione, una struttura sciolta, fibrosa o filamentosa, viene proiettata dalla medium e si attacca alla superficie dura sotto il tavolo e che la forza psichica si applichi poi gradualmente lungo questa struttura, rendendola rigida a sufficienza. Ne avrete visto la descrizione nel mio ultimo libro».

Quanto mi ero entusiasmato, l'inverno prima, a toccare per la prima volta la pelle da rettile di un'asta plasmatica, notandola, simile a una lingua, tra le sue gambe socchiuse. Seguirla verso l'alto, lentamente, sfiorando con la punta delle dita la pelle fresca, squamosa, fino alla sua origine umidiccia.

Feci un cenno verso le quinte per avere la diapositiva successiva: un ingrandimento nitido di una leva plasmatica, le sue vene pallide che correvano intorno a un arto compatto, immortalato alla perfezione dalla macchina fotografica di Stoupe. Un brivido di eccitazione corse tra il pubblico. Era il momento di avanzare verso il proscenio e fissarli con espressione di sfida. Nel farlo, mi stupii della mia bravura sul palcoscenico.

«Un paio d'estati fa mi venne l'idea che la struttura filamentosa consista probabilmente in un cavo composto di tubicini sottili e che qualcosa venga spinto in questi tubicini sotto forma di fluido».

La sala fremeva in un brusio carico di aspettativa. Il proiettore lampeggiò. Indicai l'immagine successiva di Kathleen, con gli occhi chiusi e le gambe un po' aperte. In mezzo alle caviglie rivestite dalle calze, tre aste plasmatiche simili a viticci allungavano le loro dita sul pavimento, protese verso la macchina fotografica. Si udirono deboli strilli dalle poltrone in fondo, mentre un gruppo di giovanotti si avvicinò al palco furtivo e circospetto, pronto a darsela a gambe da un momento all'altro. Indicai la sporgenza nella gonna di Kathleen.

«Alla base della leva c'è una forza di taglio e sotto, qui...» Le cerchiai i piedi. «... un momento di flessione. Ho messo una bilancia sotto la medium. Quando il tavolo viene sollevato, il peso della medium aumenta dello stesso peso dell'oggetto. Ho osservato il perno muoversi sul quadrante di una bilancia industriale alla luce della mia torcia elettrica. Questo dimostra che l'asta della leva a sbalzo è, come ho suggerito, attaccata e formata della materia stessa della medium».

«Dottor Crawford».

Mi fermai, scrutando al di là delle luci abbaglianti. C'era un uomo, in piedi nella galleria piú lontana. Mi schiarii la voce, lo ignorai e andai avanti. «Signore e signori» dissi, facendo segno con la testa per avere la diapositiva successiva. «Vi presento la prima prova fisica di un'asta plasmatica».

Il proiettore lampeggiò e il pubblico sussultò vedendo la fotografia fatta da Stoupe a un piattino di porcellana con un'impronta chiara premuta in una piccola quantità di mastice. «Questo piattino è stato messo sul pavimento vicino al centro del cerchio» dissi, avvicinandomi con sicurezza allo schermo con la mia bacchetta. «Gli operatori sono stati obbligati a dare i loro colpi nel mastice e il risultato è che sono rimaste queste tre impronte. Come potete vedere, le punte delle aste hanno una forma simile: ciascuna consiste in una cavità oblunga, lunga circa due centimetri e un centimetro nel punto piú largo, che dal bordo diminuisce gradualmente fino a una massima profondità di circa mezzo centimetro. Ora, fate attenzione: il pavimento di ogni cavità non era liscio, ma rivestito di una serie di onde o solchi paralleli, che ne mostravano la tendenza ad arricciarsi in prossimità delle estremità lunghe della cavità».

«È un'orma!»

Sbirciai di nuovo oltre le luci per vedere l'uomo in piedi accanto al parapetto della galleria.

«Quella foto» gridò l'uomo «è l'orma di un tacco, si vede chiaramente».

Mi tastai la tasca della giacca, chiedendomi se ci fossero degli uscieri, poi tornai ai miei appunti sul leggio. La sala mi aspettava in assoluto silenzio, spezzato unicamente dal riecheggiare di qualche sporadico colpo di tosse.

«Ora... ehm... consideriamo adesso... il tempo necessario perché le aste di levitazione si trasformino in aste espressamente battenti...»

«Mi perdoni, dottor Crawford, ma ho qualche domanda da farle».

Chiusi gli occhi, toccando la fotografia di mia madre. Lasciami in pace, amico, chiunque tu sia, è proprio questo il motivo per cui non volevo venire. Rose, ferma dietro le quinte, mi faceva segno con la mano di andare avanti. Strinsi i denti. «Sono il professor Crawford, signore, se non le dispiace. Potrà chiedermi tutto quello che vuole nel foyer, quando la conferenza sarà finita».

«Non possiamo discutere adesso delle mie preoccupazioni, professore? Vede, sento il dovere di sollevare alcuni dubbi sulle sue conclusioni. Non cercherei mai di offendere le emozioni piú delicate e piú tenere del cuore umano, ma mi chiedo se il suo particolare ministero di consolazione non sia basato sulla frode. O ispirato dall'avidità, persino?»

Nel pubblico si diffuse un mormorio, una donna gli urlò di chiudere il becco. Sentii una stretta al petto, le mani presero a tremarmi. «La medium non guadagna nulla dalle sue sedute spiritiche» dissi, girandomi verso lo schermo.

«E lei, invece?» fece l'uomo, camminando sulla balconata.

Strinsi forte con le dita il ritratto di mia madre, desiderandola al mio fianco, bramando un soffio d'aria fresca sul collo. «Signore» dissi. «Sono certo che lei avrà condotto centinaia di suoi esperimenti. Forse è anche uno stimato professore di ingegneria?»

Il pubblico rise e gridò: «È improbabile!» e: «Digli di chiudere il becco!»

L'uomo scosse la testa. «Non sono che un umile ufficiale medico, un capitano della Royal Navy, membro del Royal Anthropological Institute, ho studiato medicina al Guy's Hospital e sono membro della Chemical Society».

Una voce gridò: «Vattene via!»

Io risi e allargai le braccia, ma l'uomo non volle cedere.

«Professor Crawford, le interesserà sapere che ho scritto un mio piccolo opuscolo. Vuole sapere come l'ho intitolato?»

«Non particolarmente».

«L'ho intitolato *La realtà o irrealtà dei fenomeni spiritici. Una critica alle indagini del dottor W.J. Crawford sulle levitazioni e i colpi.* Ho buoni amici nella comunità scientifica e nelle redazioni dei giornali che non vedono l'ora di leggerlo. Signor ingegnere degli spiriti, glielo dico subito, lei è un impostore e farà meglio a prepararsi a domande piuttosto difficili».

Mi si gelò il sangue. Aveva scritto un opuscolo? Il proiettore scattò e io trasalii nel vedere dietro di me Kathleen addormentata sulla sua sedia, i capelli neri che le ricadevano sulle spalle, ricordo di lana umida, succhi, materia fecale.

«Tanto per cominciare dalle cose facili» disse l'uomo. «Nel suo libro ci dice che la luce in quella sua soffitta è perfettamente sufficiente per i suoi esperimenti, eppure ha bisogno di una torcia per vedere i numeri sulla bilancia. Come lo spiega?»

«Non ho bisogno di spiegarlo!»

«Oh, e invece sí, signore, e nel mio saggio affronto quest'incongruenza con la massima energia».

«Lei chi è?» dissi, interrompendolo.

«Charles Marsh Beadnell, al suo servizio. Posso venire sul palco cosí possiamo parlare da uomo a uomo?»

«Sí» urlò una donna dal loggione. «Lasciategli chiedere».

«No» abbaiai io, con la voce alterata. Sentivo i capelli sollevarsi per il calore delle luci del palcoscenico, la camicia inamidata era madida sotto il panciotto nuovo, una goccia di sudore mi colò nell'occhio. Rose uscí sul palco in punta di piedi, riparandosi il viso con la mano, e mi asciugò la fronte con un fazzoletto finché non la scacciai con degli schiaffetti sulle braccia, tra le risate crescenti della folla. Il palco s'inclinò come il ponte di una nave che affonda. Caddi nell'acqua nera e gelida. Feci un respiro profondo. «Nel mio libro spiego che la lampada è in genere abbastanza forte da poter vedere con sufficiente chiarezza, una volta che gli occhi si sono abituati al colore della luce...»

«Solo che il tavolo fa ombra su una parte del pavimento? Non vede nulla, lí?»

«Be'... sí. Da cui i miei vari controlli...»

«Quindi, la zona meno illuminata di una soffitta già di per sé male illuminata è esattamente quella su cui dovrebbe concentrarsi maggiormente il suo interesse?» L'uomo scoppiò in una risata incredula, la sua ombra lontana si girò da una parte e dall'altra in cerca di sostegno. «Professor Crawford, se lei può offrire un singolo caso di levitazione in cui il tavolo, lo spazio tutt'intorno, sopra e sotto e tutte le persone sedute e la medium sono visibili con chiarezza, devolverò venti sterline a una causa a sua scelta».

«Lo farò piú che volentieri, signor Beadnell» dissi. «Esistono molte iniziative che hanno bisogno della sua generosità. Ma è qualcosa cui ho già assistito e che ho già documentato centinaia di volte, con tavoli piú pesanti e piú leggeri, di vimini e di materiali diversi di ogni genere».

«Oho! È cosí?»

«Sí, è cosí!»

«Allora o lei è un uomo estremamente credulone o è un truffatore d'infimo livello».

«Come si permette?» tuonai, mentre in sala esplodevano grida indignate e la gente urlava: «Non si fa cosí!» e: «Buttatelo fuori, quello scemo!» Fu però sconcertante che ci fosse anche gente che lo acclamava.

Proprio mentre stavo per abbandonare il palco, il proiettore lampeggiò e apparve Kathleen accasciata sulla sedia, con gli occhi socchiusi. La sala si azzittí all'istante, mentre io puntavo la bacchetta verso di lei. «Perché dovrei convincere un uomo come lei a fidarsi di questa donna generosa e innocente?»

La sala applaudí, incitandomi a continuare, mentre alcuni uomini dalle file piú lontane si mossero tra i sedili dirigendosi verso di lui. Lui guardò dalle due parti, si rese conto di essere in trappola e scavalcò la gente gridando. «È di lei che non possiamo fidarci, professore, e lo dimostrerò con la stampa di quest'opuscolo. Se avrà fortuna, il peggio che le capiterà sarà una grossa multa».

Il signor Beadnell fu afferrato e trascinato verso la porta, ma proprio mentre stavano per scaraventarlo fuori, divincolandosi riuscí in qualche modo a liberarsi e a venire di nuovo avanti; tirò fuori dalle tasche degli opuscoli e li lanciò sui sedili sottostanti.

«Quasi tutte le persone di buon senso preferiranno una spiegazione molto piú semplice dei suoi fenomeni psichici» dichiarò, mentre faceva il giro della galleria. «E cioè che è tutto un trucco di quella ragazza, chiaramente, e spero per il suo bene che lei ne sia all'oscuro. Meglio uno sciocco famoso che un ladro infame».

Marciai dritto verso il proscenio, rischiando quasi di cadere nella buca, e agitai la bacchetta. «Ho assistito a fenomeni che vanno al di là delle energie di questa ragazza, le dico. Ho visto non meno di quattro uomini adulti cercare con tutte le loro forze di spingere giú il tavolo comandato dagli spiriti. Era come provare a fermare una locomotiva. Secondo lei dovremmo credere che questa ragazza sia capace di fare una cosa del genere?»

Beadnell scalciò via un uomo che cercava di afferrargli la gamba e si slanciò in avanti, rischiando quasi di cadere di sotto in platea. «*Populus vult decipi, ergo decipiatur*» urlò con la voce stridula, la cravatta tirata sopra la testa e gli occhiali storti. «Forse dovrebbe illuminarci, signore, sul perché a questi spiriti, che hanno infusa l'energia di un treno a vapore a tutta velocità, non è mai stato chiesto di far levitare nient'altro che un misero tavolo?» Cominciò a disseminare altri opuscoli, ma fu preso per il collo da due giovani soldati, mentre un branco di donne scatenate gli si avventò addosso con le borsette strattonandogli le braccia all'indietro. Di lui presto non si vide se non una mano tesa che stringeva gli opuscoli, la sua voce strozzata che emergeva tra braccia e gambe. «Sono assurde le cose che sostiene!» esclamò, prima di ricevere un pugno.

Stavo per invocare clemenza, quando mi accorsi che il pubblico stava raccogliendo i fastidiosi opuscoli di quell'uomo dal corridoio, li leggeva e mi indicava. Che quei delinquenti lo riducano in briciole, pensai. Che lo facciano a pezzi, quell'eretico. «È giusto» dissi, incrociando le braccia. «Dategli quello che si merita».

Clic.

La sala sprofondò per un momento nel buio, prima che l'apparecchio riprendesse vita, proiettando un paio di immagini quasi identiche. Sopra di me si stagliava Kathleen, con la testa che sembrava ruotare da un lato all'altro della sala, gli occhi che si aprivano e si chiudevano, le dita della mano sinistra che stringevano e lasciavano il bracciolo della sedia. Nel frattempo quel Beadnell gridava passi del suo opuscolo.

«Voi – *uuuff* – non siete meglio dei – *arg* – selvaggi che vogliono uno spirito dietro al tuono e al terremoto – *ahiiii!* Vi fissate sulle pagliuzze e non vedete le travi, oh, no, non fatelo, vi prego! – *aaargh!* Qualunque fenomeno descritto in questa robaccia scadente è spiegabile in termini fisici e – *ahiaaa!* – o stanno prendendo in giro lei, oppure – *ohi, non le dita!* – è lei che prende in giro questa brava gente!»

Il pubblico ci fissava, muovendo gli occhi dall'uno all'altro: alcuni avevano le facce inorridite, altri erano divertiti, altri ancora si dirigevano all'uscita scuotendo la testa e lanciando occhiate nervose verso il palco. «Posseduto» sentii dire a una donna, rivolta all'amica. «Il professore pazzo gli ha aizzato contro gli spiriti maligni».

«Oh» gridò un uomo con fare violento, venendo a passi decisi verso il palco con le maniche arrotolate fino ai bicipiti. «Ha ragione Beadnell, l'ingegnere degli spiriti è una frode. Ehi, ridateci i nostri soldi».

«Sí» esclamò una donna anziana, sventolando l'opuscolo. «Anch'io rivoglio indietro i soldi».

Presi la foto di mia madre dalla tasca. La faccia sembrava essersi mossa, come spesso accadeva nei momenti di tensione: gli occhi erano piú neri, la bocca piegata all'ingiú, la mano tesa in fuori. Sbattei le palpebre.

Clic.

Si udí un grido, l'uomo si bloccò dov'era, con uno stivale sul palco. Mi girai e vidi Kathleen in piedi davanti alla sedia, la faccia dura, come se stesse per parlare, la testa circondata da una corona di spiriti dall'aria furiosa. «Brava, Rose!» esclamai, sfrecciandole davanti mentre correvo verso il fondo del palcoscenico e ci precipitammo su per le scale, diretti al camerino, dove le scaraventai l'attrezzatura tra le braccia per poi scendere a rotta di collo verso l'ingresso artisti.

«Ehi, signor ingegnere» disse il custode, mentre gli passavo davanti in tutta fretta, «questo è per lei». Gli strappai di mano il cartoncino, spalancai la porta e vidi una folla di persone che aveva già bloccato l'uscita e sventolava i biglietti, chiedendo di riavere i soldi indietro, mentre altri mi supplicavano di autografare i loro libri. «Siamo in trappola» dissi. «Rose, proteggimi».

Proprio in quel momento, un'elegante autovettura argentata si fermò, la porta si aprí di scatto e Sir William mi chiamò da sopra le teste della folla. «Su, professore, salga, presto».

Mi feci largo con un ruggito energico, sgomitando tra la gente, saltai a bordo e richiusi la portiera mentre i pugni picchiavano sui finestrini. «Adesso vai» ordinò Sir William all'autista, che partí immettendosi in Regent

Street, lasciando la povera Rose bloccata in mezzo al tumulto. Mi appoggiai all'indietro, con la testa in subbuglio. «Sir William, grazie per avermi salvato».

«Folla impressionabile, eh?»

«C'era un uomo» dissi, guardandolo turbato. «Sta pubblicando un opuscolo tutto su di me, Sir William. Mi ha chiamato imbroglione! Devo tornare subito a casa e annullare il mio tour».

Sir William si girò sul sedile. «Annullare il suo... Certo che no, professore! Figliolo, lei è l'ingegnere degli spiriti. I miei amici e io abbiamo speso una fortuna per i suoi esperimenti. Annullare il tour per un opuscolo? No, no, è fuori discussione».

«Ma mi metteranno in ridicolo».

«E allora?» disse, scoppiando a ridere. «Non c'è uomo di successo al mondo che non sia ridicolo. Si aspettava che tutti credessero ai suoi spiriti, senza metterli in dubbio?»

«I miei esperimenti sono indubitabili».

«Be', ma allora ci siamo, vede? La gente dubita sempre e solo delle certezze, altrimenti dov'è il divertimento?» Mi diede un colpetto sul ginocchio mentre giravamo intorno a Trafalgar Square. I leoni indossavano cappucci bianchi di neve. «Pensi a quante persone contano su di lei. Pensi alle anime perdute».

«Continuerò i miei esperimenti» dissi. «Ma non terrò mai piú una conferenza».

Sir William fece una risata asciutta. «Vedremo, professore. Forse è stato saggio e ha messo da parte i soldi che le abbiamo dato, eh? Ci serviranno fino all'ultimo centesimo per rimborsare la cancellazione dei biglietti».

Non li avevo risparmiati, certo che no. Come avrei potuto? Park Avenue era di fatto una casa nuova, tutti gli impianti e gli arredi erano stati sostituiti, le fondamenta rinforzate contro il fango che minacciava di far finire l'intera strada in mare. Elizabeth aveva speso soldi anche per comprare abiti eleganti, mentre le ragazze erano state iscritte alle scuole migliori.

«Avanti, professore» disse Sir William, vedendomi accigliato. «Ci riprenderà gusto, non si preoccupi. Ma prima l'aspetta un incontro importante, con qualcuno che non vorrà saperne di questi dubbi assurdi. Non lo vorrà deludere, mi creda».

Guardai il cartoncino che avevo in mano. Sopra, a caratteri dorati, c'era il nome di un club per gentiluomini, sul retro c'era il mio. «Chi devo incontrare?» chiesi.

«Lo vedrà. Esca, adesso, veloce. Oh, e...» Mi puntò contro un dito guantato, la faccia altrimenti gioviale che mi guardava severa. «Ricordi. Ha visto gli spiriti con i suoi stessi occhi. Li ha sentiti. Li ha fotografati. Ecco perché è qui. Non ci deluda».

La strada era deserta, se non per una donna dai capelli rosso fuoco, ferma accanto a un lampione lí vicino. Feci un passo di lato, mentre la macchina ripartiva, e alzai gli occhi verso una serie di finestre oscurate. Nevicava sempre piú fitto, i fiocchi mi s'impigliavano sulle ciglia mentre aspettavo, dopo avere tirato il cordoncino del campanello d'ottone.

«Ehi, cerchi compagnia?» disse la donna, scostandosi dal lampione e avvolgendosi lo scialle sulle spalle.

«Niente affatto».

«Peccato, non mi dispiacerebbe farmi scaldare un po' da un bel giovanotto come te».

«Lasciami in pace» dissi, tirando di nuovo il cordoncino.

«Ma io non ti conosco?» La donna si stava avvicinando, lasciava impronte nella fanghiglia, la pelle nuda delle caviglie arrossata dal freddo. «Ma sí che ti conosco! Sei quello degli spiriti, giusto?»

Mi girai a guardare lo Strand, la vita che scorreva frenetica, e pensai di fuggire a rifugiarmi nella tranquilla intimità della mia stanza d'albergo ad aspettare Rose. Avrei guardato la città imbiancarsi, al sicuro dietro la mia finestra. Tirai di nuovo il cordoncino tre volte e feci un passo indietro, pronto a darmela a gambe.

«Può trovare la mia bambina, signore?» disse la donna. «È morta solo la settimana scorsa».

Mi stavo riparando il viso da una raffica di vento improvvisa quando la porta si aprí e comparve un cameriere dal naso aquilino, che sbirciò fuori stringendo gli occhi per individuarmi. Portai la mano al cappello in segno di saluto. «Presto, amico» esclamai. «Ho un invito». Gli porsi il cartoncino e fui introdotto all'interno.

La porta mi si chiuse alle spalle sbattendo e la puzza di cherosene e di sigaro mi soffocò come un cuscino d'aria mefitica. Il valletto mi scosse la giacca. «Ora è al sicuro, signore. Da questa parte». Ci avviammo per un corridoio rivestito di pannelli di legno, le scarpe procedevano ovattate sulla moquette verde smeraldo. Un anziano gentiluomo in abito da sera ci passò accanto con un cenno cortese della testa, mentre noi ci addentravamo sempre di piú, imboccando un altro corridoio piú lungo che a sua volta dava su una serie di salottini privati, finché arrivammo a una piccola stanza foderata di seta verde, illuminata da applique a specchio che nascondevano candele. Un piccolo fuoco allegro ardeva sotto rami festosi di agrifoglio, la finestra era incorniciata da tende pesanti legate da cordoncini dorati.

«Ehilà?» dissi, sistemando la giacca, proprio mentre una faccia faceva capolino dallo schienale di una poltrona in pelle. Indietreggiai, a bocca aperta.

«Aha!» fece l'uomo, alzandosi dalla poltrona con uno scatto di ginocchia, gli occhi carichi di eccitazione. «Ma guarda, il famoso ingegnere degli spiriti è arrivato, finalmente».

37.

«Caro professor Crawford, non so come esprimere la gioia pura, il conforto spirituale e la rassicurazione che io e la mia cara moglie abbiamo tratto dai suoi esperimenti. Lei è un'autentica ispirazione».

La voce di Sir Arthur Conan Doyle era calda e pastosa, abbellita da un'inflessione scozzese; ogni parola sprizzava il piú sincero entusiasmo. Non mi ero mai imbattuto in tanta giovialità e cortesia personificate: dai baffoni spioventi agli occhi socchiusi, in lui c'era una gioia garrula e irrefrenabile, come se il suo corpo fosse una macchina guidata da uno scolaretto sfrenato. Mi lasciò andare la mano e mi osservò, ergendosi in tutta la sua corpulenza come un padre orgoglioso.

«Guarda, Harry!» esclamò allegro. «Il professor Crawford è con noi, finalmente». Chiuse un occhio. «Non riesco a esprimere a parole l'importanza del suo lavoro prodigioso».

«È gentilissimo» balbettai.

«Ehi, Harry, saluta il nostro ospite, ti va?»

Fino a quel momento il compagno di Sir Arthur era rimasto in silenzio, ma a quel punto scattò su dalla poltrona con un sospiro annoiato, il caminetto acceso che gli crepitava alle spalle. Lo scrutai, faticavo a distinguerne il volto. Era un uomo tarchiato, con un fisico da pugile, alto forse un metro e settanta, con le gambe corte e una massa di capelli ricci su una testa sproporzionatamente grossa.

«Ho letto i suoi articoli, professor Crawford» disse, con un accento peculiare. «Il suo lavoro è piuttosto esauriente, glielo concedo».

Sir Arthur mi guidò al tavolo. «Deve perdonare le modalità del mio invito, professore, ma era mio preciso desiderio che passasse inosservato. Tale è il fardello della celebrità, eh? Non mi sorprenderebbe se fosse una fatica anche per lei, con tutte quelle stramaledette foto sui giornali e via discorrendo. Diventa sempre piú difficile sfuggire alla propria reputazione, vero, Harry?»

Lo straniero annuí. «È un bell'impiccio».

Presi un bicchiere d'acqua, mentre Sir Arthur ridacchiava malinconico. «Un impiccio. Ah-ah, ben detto, Houdini. Ecco una catena da cui non puoi liberarti».

Il bicchiere mi si rovesciò di mano, facendomi cadere dell'acqua in grembo. All'improvviso, in preda al totale sconcerto, riconobbi nientemeno che Harry Houdini, fanatico di barili e assurdo negazionista del paranormale. Lui rise e mi afferrò la mano al di là del tavolo, mentre io lo guardavo a bocca aperta, la mascella spalancata come un paio di manette.

«Lei è professore d'ingegneria in Irlanda, a quanto so?» disse, con la dentatura squadrata che brillava nel buio.

«E lei è uno scettico».

Sir Arthur si batté sul ginocchio. «Vedi!» esclamò. «Ti avevo avvertito, il professor Crawford non lascia spazio ai convenevoli quando si tratta di indagini scientifiche!» Si allungò in avanti, picchiettandosi la manica con il sigaro spento. «Harry, è meglio che ti prepari a rimangiarti le tue parole».

Houdini sospirò. «Che dire, professore? Ho studiato i medium per anni e sono piú lontano che mai dal credere nella genuinità delle manifestazioni spiritiche».

Sir Arthur mi guardò carico di aspettativa, ma io non seppi fare altro che tamburellare le dita sulla sedia. «Avanti, amico» disse il grand'uomo. «Lei è un docente, o no?»

«Sí, certo» risposi.

«Allora gli faccia una lezione, per amor del cielo, gli faccia una lezione! Per quanto mi riguarda, io non riesco a convincere Harry, quindi deve farlo lei per me».

Pensando a Beadnell e ai suoi opuscoli, mi si rivoltò lo stomaco. Houdini si appoggiò allo schienale e mi guardò con un sorrisino divertito, la testa inclinata.

«Be'...» dissi, spingendomi gli occhiali sul naso, trattenendomi dall'allungare la mano per prendere il ritratto di mia madre. «Molte migliaia di persone credono che l'uomo sopravviva alla morte, signor Houdini, e di certo io sono tra queste. Quando se ne va, è solo il corpo fisico a morire, o quantomeno la maggior parte di esso...»

«La maggior parte?» m'interruppe Houdini.

«Esatto, ho trovato prove convincenti del fatto che la nostra anima porta con sé un residuo del nostro io fisico nell'altro regno».

«Le ha trovate?»

«Sí».

Houdini si allungò in avanti, studiando la mia faccia. «Le ha trovate?» Ero come ipnotizzato da quell'uomo energico, nonostante si muovesse appena. C'era qualcosa di minaccioso in lui, a dispetto dei lineamenti piacevoli; il labbro superiore formava un perfetto arco da bambola sopra il mento con la fossetta. Il naso aquilino e le sopracciglia larghe gli incastonavano gli occhi in due curve altrettanto perfette. E che occhi! I piú intensi che avessi mai visto. Brillavano come fossero fatti di vetro e illuminati dall'interno.

Sir Arthur mi prese il braccio. «Il movimento aspettava da tempo una mente scientifica come la sua, professore» disse. «Con il suo aiuto, accenderemo il fuoco dell'entusiasmo sugli altari gemelli dell'immaginazione e della conoscenza. Allora potremo finalmente smascherare gli scettici e i detrattori per i cretini che sono».

«Non sono uno scettico» disse Houdini. «Semplicemente, quando vedo l'inganno ho la capacità di riconoscerlo». Studiò intensamente la mia faccia, come se mi stesse decostruendo in profondità, dalla pelle fino al cranio. Mi spostai a disagio, sentendomi come un insetto immobilizzato sotto il suo microscopio. Non avevo acconsentito a questo incontro, né avevo dato il permesso a chicchessia di rivedere il mio lavoro a distanza. Mi tirai i baffi, le braccia mi tremavano ancora dopo il teatro. Ripensai a quello che Sir William mi aveva detto in macchina e mi schiarii la voce. «Solo chi ha visitato di persona il circolo Goligher può avere la minima idea dell'entità delle forze in gioco» dissi. «Lei non può sperare di figurarsi la straordinaria varietà e intensità dei fenomeni prodotti».

Houdini si allungò all'indietro, accavallando le gambe tozze e scoprendo un paio di calzini gialli a strisce verdi. «Oh, sono certo di poterli immaginare alla perfezione» disse. «I suoi libri contengono alcune affermazioni straordinarie».

«Affermazioni straordinarie corredate da prove straordinarie!» disse Sir Arthur, battendo animatamente il pugno sul bracciolo della sedia. «La signorina Goligher è pura come un agnello».

Houdini si grattò i denti con l'unghia. «Mi piacerebbe molto conoscere la sua megera, professore».

«E sono sicuro che anche lei sarebbe felice di conoscerla. Se avesse studiato Kathleen con la perfetta attenzione che ho avuto io...»

«Perfetta attenzione?» disse Houdini, drizzandosi di nuovo in avanti, la luce del fuoco che gli brillava negli occhi.

«Esatto» dissi.

Houdini mi guardò sibillino. «Mi perdoni, professore, può dirmi che ora è?»

Feci un sospiro spazientito, andai con la mano al taschino del panciotto ma, alzando gli occhi, vidi quel maledetto orologio che oscillava come un pendolo dalla catena stretta tra le dita di Houdini. Irritato, glielo strappai via.

«Oh, Harry» brontolò Sir Arthur. «Sei un incorreggibile esibizionista, non ti fa onore».

Houdini fece schioccare la lingua. «Mi perdoni, professor Crawford, non ce l'ho con lei. Sto solo dimostrando quello che intendo dire. Scommetto che riuscirei in due minuti a cogliere il suo agnellino sul fatto mentre batte il piede e fa levitare i tavoli con le gambe».

«È una totale assurdità» dissi. «Ho studiato a fondo gli operatori con centinaia di esperimenti, signore. Ho pesato la ragazza su una bilancia, ho ottenuto le impronte dell'asta nel mastice, ho condotto vari esperimenti di tipo meccanico ed elettrico e so piuttosto bene come si producono i fenomeni».

Toc.

Trasalii e mi guardai intorno. Non avevo mai sentito il colpo di uno spirito senza la medium al mio fianco. Kathleen era lí? Robert? Il rumore era arrivato da sotto il tavolo. Mi spostai sulla sedia, cercando sul pavimento.

Toc. Toc.

Houdini mi guardava con la fronte aggrottata, seguendo il mio sguardo.

Toc. Toc. Toc.

I colpi arrivavano piú forti, come colpi di martello sul legno, ma non c'era traccia di movimento, nessuna sensazione elettrica intorno alle mie dita.

«Gli operatori» sussurrai.

Sir Arthur batté le mani. «Ehi, Houdini. Il professore ha portato i suoi spiriti a conoscerti».

Il mago alzò lo sguardo e mi fissò con un gran sorriso. «Ascolti di nuovo e osservi attentamente». Contò alla rovescia con le dita, formando con le labbra i numeri: 3, 2, 1...

Toc.

Sgranò gli occhi, annuendo. «Mi sto muovendo, professore?»

«No».

«Osservi» disse, girandosi di lato rispetto al tavolo. Arrotolò i pantaloni all'insú, mostrando uno stinco nudo grande come un prosciutto. «Lo vede?» Premette il pollice su un muscolo interno, a pochi centimetri di distanza dalla tibia.

«*Extensor digitorum longus*, muscolo estensore lungo delle dita» disse Sir Arthur.

Houdini annuí. «Precisamente. Adesso guardatelo attentamente». Si sentí un altro colpo e vidi una piccola esplosione nel profondo della sua carne. «Un muscolo interno della gamba» disse, sfilando il tacco dalla scarpa. Aveva il piede nudo, quello che avevo preso per un calzino giallo e verde altro non era che una striscia di stoffa dai colori vivaci che terminava appena sotto la caviglia. Mosse le dita lunghe e prensili. «Spiriti guida» intonò. «Ci siete?» Vidi i muscoli accanto allo stinco viaggiare in un'onda di vibrazioni quasi impercettibili lungo la gamba, dove – con un fremito momentaneo dei tessuti – le ossa della caviglia cambiarono posto come fossero biglie, facendo scattare le ossa del piede contro il pavimento.

Toc.

«Perbacco» fece Sir Arthur in un sussurro. «Stai dicendo che la ragazza di Crawford ha in qualche modo trovato lo stesso metodo?»

«Oh, è improbabile» disse Houdini, riabbassando la gamba dei pantaloni. «Di regola avrei ipotizzato qualche complice, ma forse il professore ormai li avrebbe smascherati. Potrebbe trattarsi di un congegno, come una suola molleggiata nello stivale. Mi interessava solo dimostrare che il professore, con tutta la sua competenza, non può prevedere ogni tipo di raggiro».

«Ridicolo». Scoppiai a ridere. «La signorina Goligher non porta stivali. Oltre al fatto che i colpi sono solo uno dei molti fenomeni, non da ultimo la levitazione del tavolo utilizzato per la seduta».

Houdini puntò il dito verso di me con un sorrisetto da elfo. «Ho letto delle levitazioni del tavolo della signorina Goligher. Devo ammettere che fanno parecchia impressione, considerata la giovane età. Ma un dettaglio l'ha tradita».

«Davvero?»

«Sí, davvero. Come la chiama lei? La "forte scossa spasmodica" che corre per il cerchio all'inizio di ogni seduta spiritica?»

«Ho documentato quella sensazione, sí» dissi.

«Ah, ma l'ha capita, professore? Perché, secondo lei, dovrebbe esserci un movimento del genere prima che il tavolo si alzi?»

Ebbi un moto di fastidio. «Un'energia psichica passa tra le persone sedute, mentre gli operatori muovono particelle di...»

Houdini allungò la mano dall'altra parte del tavolo e afferrò le mie mani mentre uno spasmo intenso passava tra di noi. Sobbalzai, provai a tirarle via ma la sua stretta era troppo forte per me e poi, ecco che il tavolo si sollevò.

«Adesso» disse Houdini, perfettamente immobile sulla sedia, stringendomi forte le dita mentre il tavolo mi sfiorava il bavero della giacca. «Mi guardi con molta attenzione».

Il tavolo si sollevò ancora, oscillando delicatamente mentre Sir Arthur, le mani sulle guance, ridacchiava allegro come un bambino in culla.

«Guardi, professore» disse Houdini. «Guardi i miei piedi».

Mi chinai di lato verso il tappeto e vidi che le dita dei suoi piedi stringevano le gambe del tavolo. Era una cosa davvero stupefacente, perché la postura della parte superiore del suo busto sembrava priva di qualunque relazione con quella della parte inferiore. Il tavolo levitò piú in alto, dondolando dolcemente e poi, con un'abile torsione, in un movimento liscio si girò di fianco.

«Vede» disse Houdini, puntandomi il dito sul petto. «Questo ho imparato a farlo con molti anni di pratica. Una persona piú minuta, con meno forza nei muscoli del tronco, potrebbe produrre un effetto simile, anche se quasi certamente dovrebbe abbassarsi sulla sedia per afferrare le gambe e, anche con molte ore di allenamento, la tensione iniziale dei piedi contro il tavolo creerebbe una scossa nella parte superiore del corpo».

«Kathleen ha i piedi legati alla sedia» dissi.

Houdini alzò la mano, la mia cravatta gli penzolava tra le dita. «I nodi si possono sciogliere».

«Accidenti a lei» sbottai, stringendomi il colletto aperto. «I nodi non potrebbero essere piú stretti di cosí».

«Allora si sfila gli stivali».

«Non ha gli stivali, gliel'ho detto».

«Allora un complice».

«La stanza è chiusa a chiave. Ha appena detto che non avrebbe potuto essere un complice».

«Ho detto forse. La porta potrà anche essere chiusa a chiave. La stanza? Mai».

Battei il piede, sdegnato dalla sua arroganza. «Le mie verifiche sono a prova di qualunque trucco».

«Catene, fili di ferro, botole, vani nascosti, magneti, attori occulti. Professore, mi dispiace, ma le ho viste tutte». Si appoggiò allo schienale, il tavolo tornò sul pavimento. «È da non credere fino a che punto possano spingersi questi delinquenti».

«Impossibile, le dico. Me ne sarei accorto, se ci fosse stato qualcuno nella stanza. Avrei visto qualcosa».

Sentii un botto venire dal muro e mi alzai in piedi.

«E l'avrà visto, professore» disse Houdini, con la sua voce che mi giungeva all'orecchio mentre guardavo altrove. «Le sarà passato sotto il naso, cosí vicino da sentirne l'odore. Ma proprio al momento giusto la sua attenzione sarà stata altrove. Forse un rumore, un grido, un improvviso movimento o un lampo. L'arte di fuorviare».

Mi riaccomodai sulla sedia, sfregandomi il naso, e mi accorsi che il mago non era piú dall'altro lato del tavolo. «Dov'è?» dissi, guardando accigliato Sir Arthur, il quale mi restituí un'occhiata gongolante, scuotendo la testa.

«Ci è seduto sopra» mi arrivò una voce all'orecchio. Tastai tra le gambe cercando la sedia, ma toccai la curva dura di un ginocchio umano. Scattai su indignato, imprecando. Lui si raddrizzò, buttò a terra un cuscino, poi mi lanciò con noncuranza la cravatta al collo come un anello al luna park. «Nel suo libro dice di avere percepito la presenza di altri esseri nella stanza. Lei li prende per i suoi operatori, io ho idea che siano qualcosa di piú banale».

«Ho registrato le voci».

«Un cilindro sostituito, preparato in anticipo».

«Non condivido i miei piani con nessuno prima di svolgere gli esperimenti».

«Non sono messi per iscritto? Non ha uno studio? Un'assistente? Qualcun altro in casa?»

«Le voci... gli spiriti... sanno delle cose. Segreti sconosciuti ai vivi».

«I segreti non esistono». Houdini si rivolse a Sir Arthur. «Come il nostro famoso amico ha dimostrato nelle sue storie impareggiabili, bastano una domanda intelligente, una mente acuta, un occhio addestrato a cogliere gli indizi e le nostre trame piú nascoste vengono messe a nudo. Un piccolo dettaglio, una minima osservazione, un pizzico di scaltra congettura e... voilà! Eccoti messo a nudo».

«Questo non posso negarlo, Harry» disse Sir Arthur. «Anche se paragonare queste ingenue spiritiste al mio investigatore è del tutto inadeguato. È come mettere a confronto un pesce e una volpe».

Houdini lo provocò. «Suvvia, Arthur, ammetterai che il professore è un libro aperto, non meno di quelli che ha scritto».

Sir Arthur ridacchiò. Strinse gli occhi mentre io mi spostai a disagio sulla sedia. «Professore» disse lui studiandomi, con un occhio chiuso. «Lei fuma la pipa, si è imbattuto in una ragazza con i capelli rosso fuoco fuori dal club e tiene la fotografia di una donna amata nel taschino sinistro della giacca. L'identità di questa donna credo sia... la sua defunta madre».

Allibito, guardavo dall'uno all'altro a bocca aperta. «Come fa a sapere queste cose?» dissi. «Com'è possibile?»

Sir Arthur fece un gesto noncurante con la mano. «È semplicissimo, proprio come dice Harry. Lei è un uomo che ama avere tutto sotto controllo. Chiunque abbia letto i suoi libri lo saprà, grazie ai suoi esperimenti esemplari, anche se un po' ripetitivi. Un'osservazione confermata anche dalla simmetria precisa dei lacci delle sue scarpe».

«Cos'hanno a che fare le mie scarpe con le pipe, le ragazze con i capelli rosso fuoco e le fotografie?» dissi.

«Tutto, ragazzo mio, tutto! Un uomo controllato è assai piú facile da leggere di un uomo imprevedibile. Un esame sommario della manica destra della sua giacca rivela una zona vistosamente sgualcita nella parte superiore, di cui non c'è corrispondenza nella manica sinistra, da cui si evince che lei ripete spesso un movimento del braccio destro di traverso, verso il petto. Un movimento che si potrebbe spiegare se lei suonasse il violino, ma basta un'occhiata veloce ai suoi polpastrelli per escludere quest'inferenza, il che significa solo una cosa: che ha l'abitudine di allungare la mano verso il taschino sinistro. L'orologio avrebbe potuto essere una spiegazione plausibile, non fosse che dal trucco fatto prima da Harry abbiamo scoperto che lo tiene nella tasca bassa del panciotto. Oltre al fatto che la giacca sta piatta sul petto, per cui qualunque cosa ci tenga dentro dev'essere abbastanza sottile da non interferire con il modo in cui la stoffa ricade sul corpo. Un foglietto di carta, un portasigarette o un biglietto da visita. Ma perché un uomo dovrebbe allungare la mano ripetutamente, giorno dopo giorno, per un pezzo di carta o un biglietto da visita? Lei non è un commesso viaggiatore né un agente di polizia. E dai denti e dalle unghie vedo che, se fuma, non fuma sigarette. Molto probabilmente la pipa. No, dev'essere qualcosa di un maggior valore sentimentale, perché ho notato che ha allungato la mano per toccarla quando Harry l'ha sfidata. Lo fa solo quando è sotto pressione. Avrebbe potuto essere la foto di un figlio perduto, magari. Di una moglie o persino di un'amante. Ma no. Nell'organizzare la sua visita, non ho ricevuto richieste di portare sua moglie e la sua famiglia a Londra. Nelle generose disposizioni che avevo dato a Sir William, avevo detto con chiarezza che non occorreva che viaggiasse solo, eppure ha preferito cosí e, fra tutti, si è fatto accompagnare unicamente dalla cameriera che le fa da assistente. Ho pensato che potesse essere la sua amante, ma quando l'ho vista sui giornali con il suo carico di scatole mi è parso improbabile. Un'amante segreta, dunque? Neppure, ripensando alla prenotazione fatta per lei al Charing Cross Hotel. Una camera singola con un letto singolo e niente camere contigue. Nessuna amante».

«Potrebbe essere la fotografia di chiunque» dissi.

«Non ci portiamo dietro la fotografia delle persone che vediamo spesso, professore. I ritratti sono costosi e preziosi e, naturalmente, non può essere la foto di un bambino perduto».

Pensai a Robert. «E perché no?»

«Perché un uomo adulto non cerca rassicurazioni nei propri figli quando ha un momento di sconforto. Cerca in loro il proprio scopo, sí, e li protegge con tutti i mezzi e le risorse che ha. Ma un uomo impaurito sul campo di battaglia non invoca i figli o le figlie. E neppure un professore messo alle strette da un mago. No...» Sir Arthur picchiettò il dito sulla mia giacca, con il sopracciglio alzato. «Chiama sua madre».

Senza pensarci allungai la mano verso la fotografia ma mi bloccai mentre Houdini scoppiava a ridere.

«Bravissimo, Arthur, che spettacolo. Ma come facevi a sapere della ragazza dai capelli rosso fuoco?»

«Lizzie?» Sghignazzò, agitando la pipa intorno alla testa. «Non c'è uomo del club che non adeschi. Sta fissa lí, come i lampioni».

M'imbronciai mentre i due ridevano, congratulandosi a vicenda. Possibile che fossi un libro aperto, come sosteneva Houdini? Possibile che i Goligher avessero davvero indovinato i miei segreti piú oscuri solo guardandomi le maniche della giacca? Alzai gli occhi. «Ho avuto anch'io il sospetto che la ragazza fosse un'imbrogliona, signor Houdini, quando l'ho incontrata per la prima volta. La medium si attiene a un elevato standard morale nella vita quotidiana».

Houdini fece una smorfia. «È sempre cosí. Si chieda

che cosa ci guadagna da quest'amicizia. Lei dice che i suoi spiriti hanno una voce, ma quella della signorina dov'è, eh?»

«Professore, gli faccia vedere le sue fotografie» disse Sir Arthur. «Esposizioni perfette, che catturano quelle sue aste ectoplasmatiche; le ho viste nel suo ultimo libro, ne ho qui delle copie, che ho avuto in prestito dalla Società per la ricerca psichica».

Le sbatté sul tavolo di fronte a Houdini, che ne prese in mano una. Era uno scatto ravvicinato degli stivali di Kathleen, con un filamento di ectoplasma che si allungava sul pavimento. Houdini aggrottò la fronte e la passò a Sir Arthur, poi prese una seconda foto di Kathleen che fissava dritta la macchina fotografica, con un'asta bianca di ectoplasma che spuntava con chiarezza dalla gonna di percalle verso la base del tavolo della seduta spiritica. Alzò gli occhi. «Ha ispezionato i suoi orifizi?»

«Come, scusi?»

«Santa pazienza, amico» disse Sir Arthur. «Ispezionare i suoi orifizi, ma che razza d'uomo sei?»

«È una domanda pertinente. In base alla teoria che lei espone nel suo libro, queste cosiddette aste plasmatiche appaiano dai genitali e dall'ano della medium, per cui le chiedo: ha mai ispezionato quelle parti della medium prima e dopo i suoi esperimenti?»

«No, ovvio che non l'ho fatto».

«Benissimo» disse Houdini, prendendo un'altra fotografia. Mi sorrise cordiale. «Forse dovrebbe farlo».

Chiusi gli occhi, sfregandomi il naso. «Lei ha scritto, signor Houdini, che non potrebbe ricevere benedizione maggiore dell'opportunità di parlare con la sua santa madre. Ebbene, sta vedendo un uomo che ha fatto esattamente questo. Sono felice di aver dimostrato che Kathleen è una giovane onesta e una medium autentica. Ho trovato mia madre e troverò mio figlio».

Vidi la faccia di Houdini cambiare, come se gli si fosse spenta la luce negli occhi. «Questo glielo invidio, professore» disse. «Sinceramente, glielo invidio».

Sir Arthur si alzò in piedi, mi prese le mani. «Evviva, evviva! La sua opera è straordinaria, professor Crawford. Sono convinto che lei abbia qui una delle prove piú stringenti che l'umanità conosca. Sapevo che sarebbe riuscito a convincerlo».

«La ringrazio, Sir Arthur».

«Il mondo l'aspetta, amico. Qualunque mondo sia».

Houdini si alzò dalla sedia e rimase in piedi accanto a Sir Arthur. «Grazie per il suo tempo, professore».

«Non c'è di che» dissi, guardando entrambi prima di rendermi conto che era arrivato il momento di congedarmi. Raccolsi confusamente le mie cose, farfugliai i miei ringraziamenti e imboccai il corridoio, dove mi fermai a prendere la pipa, appoggiandomi al muro nella penombra. Era vero? Avevo appena bevuto un bicchiere con Sir Arthur Conan Doyle e Harry Houdini? Sorrisi, scuotendo la testa. Aspetta che lo sappia Stoupe... Mi allungai verso la porta, socchiudendola di un mezzo dito per dare un'ultima occhiata ai miei nuovi amici. Dovevano essere convinti che me ne fossi andato, perché li sentii parlare di me a bassa voce. Le parole di Houdini si distinguevano appena, nel crepitio del fuoco.

«... ho visto questa grande ondata di spiritismo dilagare nel mondo, Arthur. Fa presa sugli uomini, specie tra chi subisce un lutto».

«Tu esageri, Harry. La conoscenza del mondo degli spiriti porta conforto».

«Produce disgrazie, compresi i suicidi di uomini che immaginano di trovare la felicità con i propri cari al di là del velo. È piú pericoloso di quanto tu creda».

Sir Arthur parlava piano, e io tesi ulteriormente l'orecchio. «Quindi, se le cose stanno cosí, che idea ti sei fatto del nostro nuovo amico, il professor Crawford?»

Houdini schizzò una goccia d'acqua nel fuoco. «Devo confessare che mi ha sorpreso. Sembra di una credulità sconfinata. Mi aspettavo di piú». Alzò la mano. «Voglio dire, guarda qui». Rigirò qualcosa tra le dita.

«Oh, ma che diavolo hai lí, mascalzone?»

Mi aspettavo di vedere il mio orologio, e invece mi resi conto con orrore che aveva in mano il ritratto della mia cara madre.

«È la fotografia che aveva in tasca» disse Houdini. «Mi sono dimenticato di restituirgliela. Ti sbagliavi, non è una foto di sua madre, in fin dei conti».

«No?»

«No».

Sir Arthur ridacchiò torvo, accendendosi la pipa. «Che tipo strano».

E a quel punto, sotto i miei occhi increduli, Houdini gettò la foto nel fuoco.

«Povero professor Crawford» disse il mago scuotendo la testa. «A me sembra pazzo».

38.

Litigammo furiosamente, Elizabeth e io, mentre eravamo in macchina diretti in Ormeau Road.

«Ti ordino di farlo, Elizabeth».

«Non se ne parla, William. È una cosa bestiale. Non è... non è cristiano».

Scoppiai a ridere. «La devota, virtuosa, santa Elizabeth ha sacrificato la sua cristianità tanti anni fa sull'altare pagano eretto per il suo accidenti di fratello».

«Mio fratello era un brav'uomo. Non avrebbe mai fatto una cosa del genere a una ragazza innocente».

«Tu non hai idea di quello che ha combinato. Non ne hai la minima idea. Forse un giorno te lo racconterò. Comunque, benissimo, potrà farlo Rose, la mia fida assistente». Feci segno alla cameriera, rincantucciata sul sedile posteriore, che mi guardava accigliata. Quella scontrosa non faceva che tenere il broncio, da quando l'avevo lasciata a Londra davanti al teatro. «Parla ora o taci per sempre. No? Niente? Allora siamo a posto, è deciso».

Attraversammo il ponte e risalimmo la bassa collina fino al negozio, dove una folla in attesa ci aspettava all'ombra di un tendone nuovo, elegante. In vetrina c'era un grosso cartello: *Casa di Kathleen Goligher, medium di fama mondiale e dello strabiliante ingegnere degli spiriti.* Due dei miei libri erano esposti accanto a una selezione di articoli di giornale, tra cui uno che era stato scritto nientemeno che da Sir Arthur Conan Doyle, mio amico intimo. Si fece avanti un giornalista. «Ingegnere degli spiriti, signore! Di qua». Sorrisi per la fotografia, il pollice infilato nella tasca del panciotto, il cappello alzato in segno di saluto.

«È un grande giorno per gli spiriti» dissi, mentre il flash esplodeva, scatenando risatine deliranti in un gruppo di giovani donne.

Stoupe si fece avanti allegro tra la folla, battendo le mani e saltando da un piede all'altro. «Un giorno davvero memorabile, William» esclamò. «State indietro, tutti quanti, fate spazio!»

«È l'esperimento piú importante di tutti» dissi io, lucidando i fari di ottone dell'automobile, osservato da una cinquantina di ammiratori affascinati che Samuel era impegnato a tenere indietro, con le braccia e le gambe dinoccolate coperte a malapena dal vestito elegante, che però gli era già diventato troppo piccolo. «Salve, prof» disse ghignando con un incredibile vocione. Gli feci un cenno e gli lanciai uno scellino, mentre Noah usciva a salutarci, e rimanemmo lí insieme, tre uomini benestanti, con le mani sui fianchi, ad ammirare l'elegante scritta dorata sulla vetrina del negozio: *Famosi materiali idraulici Morrison.*

«Bel lavoro» dissi.

«Sí, prof, bel lavoro davvero» disse Noah, dandomi una pacca sulla spalla. «I ragazzi, lí, dell'Istituto han fatto tutto per bene, eh. Entrate, su, prima che vi fanno a pezzi».

Gridai a Rose di sbrigarsi con l'attrezzatura e lo seguii, firmando qualche autografo mentre fendevo la folla. Proprio mentre stavo per entrare nel negozio, una mano guantata mi afferrò per il braccio. «William».

Sospirai spazientito. «Sí, Adelia».

«William, non mi fanno entrare». Venne avanti nella folla, con il cappello di traverso, gli occhi imploranti.

Noah incrociò le braccia. «Non si entra senza permesso. Istruzioni del professore».

Adelia mi rivolse uno sguardo disperato. «William, sono settimane che non ti vedo. Sto ancora cercando il mio caro George. Vorrai negare un po' di conforto a una vedova in lutto?»

Feci una faccia dubbiosa, mentre mi sfilavo i guanti da guida. «L'unico a negarti conforto è il tuo defunto marito. Quanti anni siete stati sposati?»

«Trentasei».

«Un uomo non si è mai guadagnato tanto abbondantemente il proprio posto in paradiso. Dev'essere un santo». Tirai via la mano e, girando la testa, le parlai dandole le spalle. «Dubito che riuscirai mai a rimetterti in contatto con lui; mi sembra incontrovertibile che tu sia morta per lui quanto lui lo è per te».

All'interno, il negozio era una visione davvero splendida: perfettamente ordinato, i muri rivestiti di eleganti scaffali nuovi, una lunga vetrina che correva lungo tutta la parete opposta con un registratore di cassa nuovo di zecca. L'impianto elettrico era stato installato dietro mie precise istruzioni, le luci che rimbalzavano con vividezza nitida sull'intonaco rifatto, come dentro una fabbrica. Lo attraversammo per andare sul retro e salimmo la scala, ridipinta di fresco, che portava al primo piano. Nel riassettarmi, feci venire Rose al mio fianco, allontanando Elizabeth, poi bussai alla porta di Kathleen. Si aprí e sbucò la vecchia signora Goligher, gli occhi chiari che guizzavano da una parte all'altra, sospettosi.

«Buongiorno, signora Goligher» dissi. «Sono io, l'ingegnere degli spiriti, sono tornato da Londra. Il soggetto è pronto? Mi faccia passare, è troppo tempo che non la vedo».

La vecchia fece una smorfia. «Oh, professore, è tanto malata, malatissima. Ehi, perché non facciamo un altro giorno?»

«No di certo» dissi provocatorio, scambiando con Noah uno sguardo dolente. Spinsi la porta con il piede, spalancandola, e infilai la testa dentro. Kathleen stava seduta sul letto nella sua camicia da notte di cotone bianco, le mani strette tra le gambe. «Su, su, Kathleen» dissi. «Niente indugi, è un esperimento importante per convincere i miei amici di Londra. Fuori c'è già un giornalista, insieme a un certo numero di sostenitori». Spinsi Rose dentro la stanza. «La mia assistente Rose si è gentilmente offerta di effettuare l'ispezione dei tuoi orifizi e ci vorrà meno di un attimo». Richiusi la porta. «Il libro sta vendendo benissimo, Noah. Questo esperimento costituirà un capitolo importante della prossima edizione».

Sorrise. «Giorni felici, prof».

«Ci lascerai tranquilli, come d'accordo?»

«Tutto come vuole».

Gli strinsi la mano e tirai fuori la matita, mandando istruzioni attraverso la porta, mettendo la spunta su ogni apertura della medium che veniva controllata. Oltre la porta, Kathleen emise un piccolo strillo. Inarcai le sopracciglia. Dopo alcuni minuti e molta opera di persuasione, la porta si riaprí di uno spiraglio.

«Hai finito, Rose?» chiesi, cercando di sbirciare oltre la sua spalla possente. Lei aprí la porta del tutto, lasciando vedere Kathleen, avvolta in un lungo scialle, gli occhi umidi, le lunghe dita che ricadevano indolenti lungo i fianchi. «Stupendo, questa dammela». Le presi con due dita la biancheria intima sporca e la misi in una busta sigillata per ulteriori indagini. «Ottimo». Mi fece un sorriso scialbo. Tornai ai miei appunti, mentre salivamo alla famosa soffitta, sempre controllando la mia lista. «Dimmi, Rose, cos'hai trovato?» Lei scosse la testa. «Niente in bocca, no? Hai esaminato a fondo tutti i punti particolari in cui ti avevo chiesto di cercare?»

«Li ha esaminati» disse Kathleen, con la voce piatta.

«La nostra Kathleen era vuota e genuina, professore» disse Rebecca, vivace. «È un buon soggetto per i suoi esperimenti, sicuro».

«Lo è senz'altro, signora Morrison. E fino a che profondità hai controllato esattamente le sue parti anteriori, Rose?» Tenevo in mano la matita, pronto a scrivere. «Puoi farmelo vedere con la mano».

Lei appoggiò l'indice sulla prima nocca, poi lo fece scivolare fino al polso.

Kathleen emise un sospiro. «Piú di cosí non poteva, professore. Piú di quanto servisse, se solo si fosse fidato di me, questo è sicuro».

Scrissi con furia, sforzandomi disperatamente di nascondere sulla pagina la mia eccitazione. Elizabeth, nel frattempo, ci seguiva salmodiando tra sé come una suora.

«Povera Kat» disse la vecchia signora Goligher. «Come siamo arrivati a cose del genere?»

«Chiudi quella stupida bocca, mamma» sibilò Rebecca, con un sorriso rivolto a me per ingraziarmi. «Il professore sta solo facendo le sue opere buone».

«Giustissimo, giustissimo» dissi, guardandomi intorno nella soffitta. «Ricordate, se completiamo questo esperimento nel modo corretto, non vi chiederò di ripeterlo».

Presi la mano di Kathleen nella mia e la strinsi, conducendola fino al camino e sussurrandole all'orecchio. «Ricorda la serra tropicale, ragazza cara. Sei stata tu a pregarmi di dimostrare i tuoi poteri». Le lisciai i capelli dietro l'orecchio, le diedi un bacio sulla guancia. Lei si guardò intorno, aggiustandosi le maniche.

«Che cos'ha fatto?» chiese.

La soffitta assomigliava all'interno di un pacco appena incartato, rivestito di strisce di nastro adesivo preso all'ufficio postale. Ogni angolo, raccordo, spigolo, fessura, armadio, asse del pavimento, telaio della finestra, davanzale, vetro, battiscopa, chiodo di quadro e tutto il resto era sigillato per impedire che entrasse qualunque cosa fosse piú che una boccata di fumo. In effetti, c'era piú nastro adesivo che stanza. Non potei non ridere.

«Allora, Seamus?» dissi.

«Stupendo» disse Stoupe, ridacchiando. «Che Houdini faccia marameo a questo».

Sogghignai a quel pensiero, mentre ispezionavo il nastro intorno allo stipite della porta, prima di legare saldamente i piedi di Kathleen alla sedia. Rose aveva tagliato le unghie dei piedi alla medium proprio come le avevo ordinato, perché vedevo che sanguinavano. Com'era diventata docile; lo sfoggio di carattere che mostrava in precedenza durante gli esperimenti era un ricordo attenuato, lontano. Ero certo che, se fosse stato presente, Houdini sarebbe rimasto impressionato dalla sua ingenuità. Diedi istruzioni a Stoupe, a Rebecca, alla vecchia signora Goligher e a Elizabeth di prendere posto, poi chiusi a chiave la porta della soffitta e mi misi la chiave nella scarpa. Cominciai a sigillare la porta con il nastro adesivo, facendo molta attenzione a coprire l'apertura sopra, sotto e sui lati, in modo che né un uomo né una termite potesse passare senza strappare la carta. «Aiutami, Rose, per favore» dissi. «Tu sai cosa fare».

Prima che potessero proferire parola, le Goligher furono legate e imbavagliate con strisce di mussola strette, esattamente come la medium. Rebecca aveva guardato legare la sorella e la madre con un sorrisetto di superiorità, finché non era stato il suo turno, e di colpo si era scatenato il pandemonio.

«William, caro» disse Elizabeth. «Che stai facendo, non avevano acconsentito a questo?»

«Bavagli» feci io. «Un altro controllo necessario. Per favore, non lamentatevi».

«Ma cosa ti è preso? Cos'è successo a Londra?»

«Non fa niente» dissi, avvolgendole un bavaglio intorno alla testa e tirandolo con forza.

Lei mi fissò sconcertata, mentre io passavo a uno Stoupe sbigottito, che lottò e si dimenò, tenuto fermo dalla cameriera. Kathleen mi guardò, tremando, le dita delle mani e dei piedi tese contro le legature. Mordeva il bavaglio, scuotendo la testa.

«Figliola, fidati di me» mormorai. «Dimmi di smettere e smetterò, te lo prometto, ma ricorda che sarai per sempre ammantata di dubbio e io sarò costretto a trovare una nuova medium». I suoi occhi si riempirono di lacrime. Drizzai la testa. «Kathleen, io devo assolutamente dimostrare al mondo, una volta per tutte, che i miei spiriti sono reali. Non capisci? Altrimenti Harry Houdini in persona dirà a tutti che siamo degli imbroglioni, e allora cosa succederà? Devo salvare tutti noi dal ridicolo». Mossi i baffi, mentre una lacrima le scendeva sulla guancia. «Dobbiamo rivendicare il rispetto che ci spetta. Non salirò mai piú su un palcoscenico per farmi di nuovo interrogare in quel modo. Onestamente, se tu sapessi l'imbarazzo che mi hai provocato quel giorno, non te lo perdoneresti mai. Ti prego». Le strinsi il mento con delicatezza. «Non farmi arrabbiare, sarebbe crudele».

Kathleen chiuse gli occhi, tremando. Di fianco a me, Elizabeth piagnucolava, dondolandosi sulla sedia, mentre Rebecca mordicchiava il bavaglio, contorcendo le spalle. La vecchia signora Goligher soffocava, le labbra blu, gli occhi lattiginosi che sporgevano. Anche Stoupe sembrava innervosito, la stoffa gli segava le guance paffute.

Il loro spavento era del tutto infondato, perché non avevo in mente niente di crudele. Per che cosa avevo lottato, giorno dopo giorno, per piú di cinque anni? Per dimostrare l'onestà di Kathleen, ovvio. Per aprire un varco nella morte, il grande spartiacque; per riversare il bacino di anime perdute in questo mondo ignorante. Forse, a quel punto, un afflitto e pentito Houdini avrebbe potuto supplicare di essere messo in contatto con sua madre attraverso l'impareggiabile mediazione di Kathleen.

Liquidai Kathleen mettendole una mano gentile sulla spalla, poi la imbavagliai debitamente una seconda volta facendo passare una corda attraverso la mussola e tirandole la mascella a forza di stringere la legatura. Mi feci male alle dita: l'annodai cosí stretta che doveva avere la lingua premuta in fondo alla gola. Mi allungai in avanti. Le sussurrai all'orecchio: «Te lo chiedo di nuovo, Kathleen. Ti fidi di me?» Lei ondeggiò, alzò gli occhi, con il sudore che le imperlava i capelli. Scosse la testa mentre le tiravo il velo sul viso.

39.

Mi tolsi via la polvere dalle ginocchia e chiesi a Rose con un sorriso allegro se la porta era sicura. Fece solenne di sí con la testa. La squadrai, tirandomi i baffi. Mi dava una sensazione di disordine lasciare uno dei presenti alla seduta senza bavaglio, d'altra parte l'idea di imbavagliare una muta mi sembrava ingiustificata.

«Cominciamo» dissi, parlando all'aldilà. «Operatori, sarà difficile per voi, forse».

Chiusi la tenda. «Ci avete istruito per molte ore, illuminando questa soffitta sudicia con la vostra conoscenza. Vi ringrazio per la vostra pazienza».

Mi sedetti, misi la mano sulla lanterna. «Questa sarà la seduta piú strana che abbiate mai conosciuto, amici. Nessuno dei presenti può cantare inni, oggi, nessuno può spostarsi sulla sedia, né sussultare, né invocare o fare domande. Nessuno tranne me, perché sono tutti imbavagliati. Vi prego di dire agli altri amici operatori di non temere. I controlli sono ideati per dimostrare che le vostre voci sono vere». Pensai alla cara fotografia che s'increspava nel fuoco. «Mamma, ti prego, parla oggi e con la tua voce silenzieremo gli scettici per sempre. Allora saprò che sei reale, una volta per tutte».

Sorrisi a ciascuno di loro a turno, indirizzando il bagliore della lampada come un faro fantasma. C'era la vecchia signora Goligher che mordeva e strattonava la stoffa tra i denti; lí, Rebecca che si dibatteva contro i legacci, accucciata sulla sedia; lí, Stoupe che si guardava intorno cinguettando come un canarino; lí, Elizabeth che tremava in una specie di trance impaurita; lí, Kathleen illuminata dalla luce piú intensa, con la testa che si muoveva sotto il velo. Adesso ero io, non lei, a essere protetto dall'ombra del pannello di latta.

«Mamma» dissi nel buio. «Ti supplico di usare ogni grammo della tua energia spirituale e ogni fibra plasmatica per apparire. Spero che la mia voce sia forte abbastanza, anche da sola, per arrivare fino a te, al di là del velo. Forse potrai finalmente mostrarci le tue leve plasmatiche...» Guardai il grembo di Kathleen, sommerso sotto pieghe misteriose. «... lasciarci intravedere da dove provengono».

A quel punto, innalzai il mio canto in lieta preghiera, a pieni polmoni e da solo, finché i muri stessi risuonarono del mio inno solitario. Quando infine mi fermai, mi sentii rassicurato da una sottile carica elettrica che mi passava fra le dita cariche di aspettativa. «Ah, sí» mormorai. Il tavolo fu scosso da un colpo di mazza. Mi venne da ridere al pensiero di Houdini che assisteva a una cosa del genere. Nessuno dei presenti poteva essersi spostato sulla sedia per muovere il tavolo; era impossibile che un qualunque tirapiedi si fosse intrufolato strisciando non visto nella stanza sigillata. Ispezionai i loro piedi mentre risuonava un secondo tonfo.

«Ci siete?» chiamai. Che gioia nel mio cuore, una serie di tre colpetti sommessi giunse da qualche punto vicino al muro opposto. Ripetei la domanda, con gli occhi puntati sotto il tavolo ammantato di luce fioca, in cerca dello scatto di un tendine nei piedi di Kathleen. Non ci fu. Annotai rapido le mie osservazioni sul taccuino prima di dare istruzioni al tavolo di levitare. I minuti passarono. Imperterrito, intonai un altro inno prima di chiamare a gran voce.

«Operatori? Mamma?» Eppure, sembrava che i fenomeni fossero svaniti senza spiegazione. Gemetti, guardando Rose in cerca di incoraggiamento. «Ehi, c'è qualcuno, per favore?» dissi, mentre il resto del cerchio mi guardava con occhi impauriti, contorcendosi sulle sedie.

«Mamma, se il mio esperimento fallisce, sarà un disastro». Guardai implorante le sagome intorno al tavolo, sentendomi di colpo solo. Rebecca mugolava, fissando Kathleen che mordicchiava il bavaglio sotto il velo.

«Perché non fai levitare il tavolo?» dissi. «Ti prego, solleva il tavolo, mamma».

Rimanemmo seduti almeno un'ora. Mentre aspettavamo, l'aria si fece afosa e stantia, il respiro di Kathleen diventò sempre piú affannoso. Il cerchio era irrequieto mentre io cercavo di concentrarmi. Poi, proprio mentre stavo per interrompere la procedura, ci fu un altro tonfo basso in fondo alla stanza, mentre qualcosa mi palpeggiava il ginocchio.

«Finalmente» dissi, allungando la mano tra le gambe per sentire l'ormai familiare arto robusto, lungo e scivoloso. Freddo, come la pelle di un rettile, con un residuo umido. Lo seguii con la punta delle dita tremanti, allontanandolo dal ginocchio, scivolando piú giú. Lentamente, con molta circospezione, tenendo le dita a contatto con la leva, abbassai la testa sotto il tavolo, scrutando nell'oscurità. Avevo visto le aste plasmatiche nelle fotografie di Stoupe, com'è ovvio; ora avrei smentito gli scettici con i miei stessi occhi. Il tavolo fu scosso con un colpo. Vidi i miei compagni drizzarsi, solo Kathleen rimase immobile. Era impossibile vedere qualcosa con chiarezza nella penombra intorno ai piedi; man mano che i miei occhi si adattavano, però, riuscii a scorgere un viticcio pallido che si allungava nell'ombra tra le ginocchia della ragazza. Era un cordone ombelicale pulsante di un materiale bianco, fibroso, incrostato di qualcosa di leggermente sfavillante, cosparso e punteggiato qua e là di macchie scure. Ansimai ammirato nel vederlo. Aveva l'aspetto di qualcosa non del tutto vivo. Un'anguilla scolorita e raggrinzita, con una testa bulbosa.

«Sí» mormorai. «Affascinante». L'asta premeva sotto il piano, il suo bulbo scintillante contro il rovescio del legno, sollevando l'intero tavolo dal pavimento.

«Mamma» sussurrai. «Parlerai?»

William.

Era lei! Oh, cara, dolce provvidenza. Erano passate settimane senza traccia di lei, da quando era bruciata per mano di Houdini. Era proprio nella sua natura generosa apparire in un momento tanto nevralgico.

William, non l'ho trovato.

«No?» dissi. «Povero Robert perduto».

Proprio in quel momento mi figurai Houdini nell'angolo della stanza, gli occhi che scintillavano sopra il camino. Allungai la mano al di là del tavolo e scostai il velo dalla testa di Kathleen per assicurarmi che il bavaglio fosse ancora al suo posto. Lei si torceva, fissandomi alla luce rossa della lampada, annaspando per la stoffa tra i denti.

«Ah ah!» esclamai trionfante.

Le stai facendo male, William.

«Lo so, mamma».

Sei crudele.

«Oh, per amor del cielo, non ti ci mettere anche tu».

Crudele con Robert. Ormai è andato sotto.

«Allora lascialo andare» dissi con un ghigno. «Non ha piú importanza, l'uomo con le sue stramaledette ossa appese può averlo. Hai sentito, Arthur? Non mi interessa! Sono felice che tu sia annegato, diavolo d'un egoista incosciente! Sono felice di averti fatto salire su quella stramaledetta nave e felice di aver mandato il telegramma».

Elizabeth emise un lungo lamento e svenne, accasciandosi in avanti sulla sedia.

Io gridai. «Vieni, mamma, adesso dimmi, dove sei? Come fai a parlarmi?»

Girati, William, e vedrai.

«Girarmi?» Le spalle s'imperlarono di sudore gelido, sentii formicolare i peli sulla nuca. «Che cosa vedrò?» Lentamente, spostai lo sguardo verso la porta della soffitta, senza sapere che cosa aspettarmi.

Rose.

Era seduta sulla sua sedia, immersa nell'ombra. I nostri occhi s'incrociarono nella luce rossa della lampada. La sua mascella... si aprí.

Ciao, William.

Mi raggelai, scrutando il buio. No, era impossibile. Non poteva essere. Ipnotizzato dal buco spalancato della bocca, girai la lampada color rubino verso la sua faccia. «Rose?» sussurrai. «Rose, sei tu che parli? Sei sempre stata tu?»

Il mio William. Il mio caro bambino. Non è stata colpa tua.

Mi avvicinai. La voce sembrava salire dall'esofago di Rose, senza interferire con la lingua, che le stava tra i denti come un mollusco morto. Al giungere della voce, i suoi occhi fissarono i miei, scuotendo la testa.

The Elfin knight stands on yon hill,
Blow, blow, blow winds, blow.
Blowing his horn, so strong and still,
Dead so long but living today[*].

«Sí» mormorai, accostando la faccia alla sua bocca, toccandole la gola per sentire i muscoli che si contraevano intorno alle sue corde vocali rotte. «Sí, mamma, canta ancora».

The Elfin knight stands on yon hill,
Blow, blow, blow winds, blow.
Blowing his horn, so strong and still,
A mute is singing my song today[**].

«Lo sentite?» Mi girai verso il circolo, mi guardavano impauriti, Rebecca si dondolava in modo cosí aggressivo

* Il cavaliere degli elfi sta sulla collina, / soffiate, soffiate venti, soffiate. / Soffia nel suo corno cosí forte e calmo, / morto da tempo ma oggi vivo (*N.d.T.*).

** Il cavaliere degli elfi sta sulla collina, / soffiate, soffiate venti, soffiate. / Soffia nel suo corno cosí forte e calmo, / una muta canta oggi la mia canzone (*N.d.T.*).

che finí per schiantarsi per terra. Stoupe annuiva vigorosamente, mentre Elizabeth emise un gemito, rinvenendo dal suo stordimento giusto in tempo per assistere alla mia rivelazione.

«Lo spirito sta suonando Rose come un violino!» dissi. «Lo vedi, Elizabeth? Oh, Houdini, ne sentirai parlare eccome, e anche tu Beadnell, sciocchi che siete!» Corsi alla finestra ad aprire la tenda, picchiai sul vetro per attirare l'attenzione della folla sottostante. «Finalmente l'ho dimostrato!» esclamai, sventolando la mano. «Guardate, l'ingegnere degli spiriti ha fatto la sua piú grande scoperta!»

Tornai di corsa da Rose. «Parla di nuovo, donna, ti guarderò giú per la gola». Ma lei mi spinse via, si addossò al muro, con le mani tese per impedirmi di avvicinarmi.

«Accidenti a te» sbottai, avventandomi con le dita frenetiche sul nastro che sigillava la porta per assicurarmi che non fosse stato toccato. Sí, sí. Lo strappai via per aprirla, lanciai un'occhiata alle scale vuote fino al pianerottolo di sotto con un grido di trionfo, prima di mettermi a girare per il pavimento, tirando le corde intorno ai loro piedi sotto il tavolo. Tutti legati. I loro polsi? Tutti legati, per Dio. «Eccoti servito, Houdini, brutto imbecille». Mi tirai su di scatto, tolsi il bavaglio a Stoupe con uno strattone.

«Hai visto, Seamus?» dissi, tirandomi via i capelli dagli occhi. «La levitazione e la voce che arrivava attraverso Rose?»

«Ho visto» disse lui, con la faccia incredula. «Ero convinto che la tua cameriera fosse muta, cosí mi avevi detto».

«Infatti!» esclamai, facendo su e giú per la soffitta, con le mani sui fianchi, ridendo. «Che Beadnell lo metta pure in dubbio». Abbassai il bavaglio a Elizabeth sul mento. «Svegliati, donna, tuo marito c'è riuscito di nuovo». Mi rivolsi a Rose. «Hai sentito la voce dello spirito sulla tua lingua?» La cameriera mi guardò imbambolata, masticando l'aria come una mucca. Andai dritto da lei, le afferrai il volto e le cacciai le dita in bocca, pigiando sulle tonsille mentre lei ansimava tra i conati di vomito. «Hai la gola calda. Bollente! Deve essere una specie di attrito plasmatico». Mi asciugai la mano e tornai alla finestra a guardare la folla che aumentava, i poliziotti che allontanavano la gente dalla strada, Noah e Samuel che vendevano amuleti agli astanti. Chiamai il giornalista con un cenno facendogli segno di salire, appuntai le mie scoperte e ordinai a Rose di liberare i miei valorosi compagni di seduta.

Rebecca urlò: «Katie, pazzo bastardo di merda. È soffocata!» Si precipitò da Kathleen, le tirò via il velo, le strappò corda e bavaglio. La medium aveva i capelli incollati alla faccia, il collo venato di blu, gli occhi grigi che roteavano, le labbra gonfie e morsicate, sangue sui denti. Tornò in sé con un rantolo tremendo, stringendosi la gola, frastornata.

«Kathleen» dissi. «Che donna potente sei».

Poco dopo il giornalista entrò e si guardò intorno.

«Santi numi» disse con un sorriso radioso, guardando le sedie rovesciate, le donne in scompiglio. «E qui che cos'abbiamo?»

«La Storia» dissi. «Ecco che cos'avete. La Storia con la S maiuscola».

Mi piazzai dietro Kathleen, con le mani ben salde sulle sue spalle tremanti. «Avanti» dissi. «Lascia che quest'uomo ti scatti una fotografia. Sono qui, sei al sicuro».

40.

Il preside Forth, seduto alla scrivania, mi guardava leggermente di sbieco. Si accese una sigaretta, si grattò la testa.

«Ho sentito che continui con le indagini sul soprannaturale, Crawford?»

«Vanno egregiamente» risposi, mordicchiandomi i pollici.

«Cosí leggo». Tirò fuori dal cassetto una copia del *Belfast Telegraph* e la posò sulla scrivania tra me e lui. Sorrisi, abbassando gli occhi sulla mia foto, in piedi orgoglioso dietro Kathleen.

«Un articolo molto lusinghiero» dissi. «L'hanno ripubblicato anche a Chicago, cosí mi ha detto il mio editore».

«Davvero?»

Il preside posò un libro sopra il giornale e, vedendo che era uno dei miei, arrossii.

«Ah, ecco» dissi. «Gliene avrei regalata una copia io, preside Forth. Non c'era bisogno di comprarlo».

«Non l'ho comprato» disse il preside. «L'ho confiscato».

«Confiscato? A chi?»

Si arricciò i baffi. «Non ha importanza» disse, allungandosi sulla scrivania per offrirmi un bicchiere di whisky. «Devo chiederti di essere del tutto sincero con me, Crawford. Da uomo a uomo. La nostra conversazione non uscirà da questo ufficio».

Feci un piccolo sbadiglio, rifiutando con un cenno della mano l'offerta del whisky. «Offusca la mente» dissi, accendendomi la pipa.

«Ho letto il libro e ho guardato le tue fotografie. Finora ho chiuso un occhio sui tuoi esperimenti. Faccio del mio meglio per ignorare le attività extrascolastiche del personale».

«Molto saggio».

Lui mi rivolse un sorriso triste. «Crawford, in questo mondo completamente impazzito, speravo che tu fossi una persona semplice, affidabile. Non avrei mai immaginato che ti saresti trasformato in...» Alzò il mio libro. «... questo».

«Questo?» chiesi.

«Abbiamo tutti sentito parlare delle tue gesta con il famoso Houdini. Sei sulla bocca di tutti, qui in Istituto».

«Gesta è una parola grossa» risposi. «L'ho incontrato brevemente insieme al mio caro amico, Sir Arthur Conan Doyle, e l'ho corretto su alcune questioni, tutto qui. In realtà, non avrei potuto intrattenermi con lui molto piú a lungo, era davvero ottuso». Arricciai il labbro. «Uno scettico tremendo». Mi staccai una scheggia di unghia dal pollice e la feci cadere sul pavimento. «Un tipo noioso, come lei e il vecchio Fforde».

Il preside cambiò posizione, a disagio. «Il professor Fforde mi aveva espresso alcune preoccupazioni, dopo avere partecipato a una seduta spiritica a casa vostra. Credo sia stato una settimana prima che morisse, possa quel vecchio soldato riposare in pace. E poi il povero Blithe, naturalmente».

«Sí, il povero Blithe».

«Tutti e due ti erano molto affezionati, Crawford. Non credo che tu l'avessi capito. Erano anche molto preoccupati per te. Come lo sono anch'io».

Mi allungai in avanti, dando un pugno alla scrivania. «Fforde si era opposto ai miei esperimenti fin dall'inizio».

«Si opponeva al fatto che ti rendessi ridicolo. Mi disse che sentivi delle voci».

«Grazie al cielo è vero che le sento, le voci. Non sarei un granché, come ingegnere degli spiriti, se non le sentissi».

«Le voci di tua madre e di tuo figlio morti?»

«Si dà il caso di sí».

Il direttore prese in mano il mio libro, lo sfogliò fino a una certa pagina.

«In quasi tutte le sedute spiritiche...» lesse ad alta voce, con il sopracciglio alzato «... il rumore che accompagna gli spasimi per la nascita del plasma è udibile con chiarezza. Con calze di seta sottili, l'attrito sui fili del plasma che si stacca è inconfondibile». Arricciò i baffi. Io sbuffai, borbottando tra me quelle parole che conoscevo benissimo, mentre lui proseguiva. «Ci sono forti prove che i tessuti molli del corpo della medium diminuiscano di volume. Specie dalla vita in giú...»

«Direttore, conosco abbastanza bene il mio libro».

Il preside si tolse gli occhiali e mi guardò dritto negli occhi. «Tessuti molli?» disse.

Sorrisi con indulgenza. «Lei è uno scettico, lo accetto».

Il preside diede un colpetto al libro. «Sei ancora giovane, Crawford. Uno stimato docente presso un istituto scientifico di prestigio a livello mondiale. Avevi un bel futuro solido davanti. Insomma, ti avevo assegnato il posto vicino al mio al galà, dopo che era stato pubblicato quel tuo bel libro di testo. Bastava solo che non perdessi la testa».

«Al tavolo d'onore? Davvero?»

«Sí, Crawford. Avresti rimpiazzato quell'assurda Lady Carter. Poi, la farsa a Lismarra House con quegli sciocchi bottegai, Robinson e Cleaver. Una volta eri una brillante speranza. Perché hai buttato tutto all'aria con queste assurdità?» Scaraventò il mio libro sul tavolo. «Ho sentito dire che fai un bel po' di quattrini, quindi devo renderti merito per questo, immagino. Non sia mai detto che il preside Forth è un anticapitalista, ma voglio proprio sperare che per te non sia troppo tardi. Ti chiedo adesso, in questo preciso istante, di pentirti di questa follia seduta stante e vuotare il sacco. Dimentica i fantasmi e spiega al mondo che è stato tutto, non so, una montatura intenzionale o non so cosa, ideata per mettere alla prova la credulità dell'uomo medio».

«Una montatura?»

«Un male necessario, un esperimento sociale di bassa lega: chiamalo come vuoi, ma devi metterci la parola fine. Lo dico in qualità di tuo datore di lavoro, ma anche come mentore e amico».

Mi alzai, lisciandomi i pantaloni. «Temo che lei abbia frainteso la situazione. Io sono un uomo onesto e di certo non si tratta di un inganno. Mi chiede quale profitto ne ricavo?» Alzai il libro. «Il profitto non si misura in sterline e in pence. Questo libro, il mio lavoro, cambierà il significato stesso della vita e della morte. Rivoluzionerà l'esistenza umana nel tempo a venire». Sospirai. «Conan Doyle dice la stessa cosa».

Il preside si sfregò le tempie. «Ah, davvero?» Fece una risatina ironica.

«È il piú celebre scrittore dei nostri tempi» dissi.

«Una qualifica perfetta per un idiota».

Gli puntai il dito contro, pieno di indignazione. «Gli spiriti sono reali e se ha davvero letto i miei esperimenti, non può avere dubbi». Mi sedetti di nuovo. «Venga a una seduta spiritica e vedrà».

Rise amaro. «Neanche per sogno, questo è certo. Oh Signore, mai mi sarei immaginato di sopportare una follia del genere dopo la guerra. Ero convinto di avere visto gli abissi piú neri dell'umanità, e invece eccomi qui». Allungò di nuovo la mano verso il cassetto, poi si fermò. «Questa è la tua ultima possibilità. La tua ultimissima possibilità di dire la verità. Credi o non credi nei tuoi fantasmi?»

«Piú di qualsiasi altro uomo in vita» dissi, a braccia conserte.

«Vedo che non ho scelta. Adesso rispondimi: tu hai visto tua madre in una fotografia, non è cosí?»

«Sí» risposi, sconcertato.

Il preside posò un oggetto in mezzo a noi, di fianco al giornale. Io lo guardai con una risata nervosa, incerto su come interpretarlo. «E questo cos'è?» chiesi. «Una maschera mortuaria proveniente da una trincea, forse?»

Fece un sorriso cupo. «Avanti, Crawford. Non riconosci la tua stessa madre?»

Guardai la maschera. «Mia madre?» dissi, con il sorriso che svaniva. Pensai al suo viso dolce nel mio ritratto. L'oggetto sulla scrivania era ovale, bianco, grande all'incirca come un piatto. Lo presi in mano, lo girai e rabbrividii. C'erano due occhi, dipinti in sbaffi grossolani sulla faccia, la forma goffa di un naso e, sotto, la linea malferma di una bocca, disegnata in modo frettoloso con un gesso rosso. La maschera aveva minuscoli fori di spillo in cima, con dei fili di cotone nero annodati ai bordi.

«Se ci hai creduto davvero, mi dispiace moltissimo». Il preside unì le dita ad arco, fissando la maschera. «Ho parlato con il professor Stoupe, stamattina, e l'ho affrontato sulla questione delle sue fotografie. Quello squinternato ha confessato tutto, sembrava un po' angosciato. Qualcosa che aveva a che fare con un vostro recente incontro in Ormeau Road?» Si sfregò gli occhi, scuotendo la testa. «Lo chiedo a te, Crawford, chi può rispondere del cuore degli uomini?»

Alzai gli occhi su di lui, poi tornai a guardare la maschera. Non riuscivo a trovare le parole per parlare, perché il significato di quell'oggetto era tanto impossibile quanto evidente. Il preside sospirò e batté tre volte le nocche sulla scrivania.

«Entra, Stoupe».

Mi girai e vidi il mio amico che faceva capolino dalla porta. Venne avanti, con gli occhi che fissavano per terra.

«State calmi, per cortesia» disse il preside. «Adesso, Stoupe, credo che tu debba una spiegazione a Crawford».

Il buffo ometto mi guardò imbarazzato, giocherellando con la giacca. Sfiorai la maschera e la girai a faccia in giú. «Seamus? Come sarebbe?»

Stoupe fece spallucce. «Una piccola burla, William» disse. «Per puro divertimento, un piccolo imbroglio, tutto qui, ma è andato tutto fuori controllo. Tu sei venuto da me per un ritratto, ricordi? Soffrivi moltissimo per tuo figlio ed eri molto triste. Poi sei stato un po' brusco con me, per cui io...»

«Per cui tu cosa, Stoupe?»

«Chiamami Seamus, per favore. Uno dei miei studenti aveva lasciato una maschera nella nostra scatola dei costumi, cosí quando ho frugato nell'armadio, be'...» Mi guardò, con i lucciconi agli occhi. «William, devi ricordare quant'eri odioso quando dicevi che gli spiriti non erano reali. Io ti voglio molto bene, ma quando ti metti un'idea in testa diventi insopportabile. Mi davi dello stupido perché ci credevo, mi prendevi in giro e poi, proprio mentre stavo per scattare la foto al mio bell'amico, mi hai chiamato grasso».

Avevo la gola secca. Mi sentii pervadere da un brivido cupo. Non riuscivo a sopportare di guardarlo. «Mi hai fotografato con una maschera sopra la testa e mi hai fatto credere che fosse mia madre morta».

«Non ho detto niente del genere!» protestò lui. «Sei tu che l'hai riconosciuta». Fece un passo verso di me. «All'epoca non mi aspettavo che tu ci credessi e non avevo intenzione di mostrartela, cosí l'ho tenuta nascosta per settimane, vergognandomi di me stesso. Poi tu hai comunque trovato tua madre, attraverso la ragazza Goligher, e ho pensato che magari fosse un segno».

«Un segno, santo cielo» disse il preside. «Un segno».

«Sí, un segno, direttore» disse Stoupe, giocherellando con la cravatta come uno scolaretto. «Ho pensato che forse erano stati gli spiriti a farmi fare la foto e, del resto, che male poteva fare?»

Il preside sventolò la mano in segno di esasperazione. Quindi Houdini aveva ragione sulla fotografia, in definitiva. Il mio prezioso ritratto, portato sul cuore in mille momenti di gioia, non era altro che il ritratto di uno sciocco e di una maschera pacchiana.

«Caro amico» disse Stoupe, tendendomi la mano.

«Non sei mio amico» sbottai, scostandomi dalla scrivania. Lo spinsi via per passare, uscii dall'ufficio a grandi passi e salii i gradini dello scalone a due a due. Li sentivo che mi chiamavano mentre arrivavo al terzo piano e correvo fino in fondo al corridoio, le finestre luminose che mi brillavano davanti mentre passavo, i piedi che battevano forte sul pavimento lucido. Verso la fine scivolai, andai a sbattere contro il muro, spalancai la porta dello studio fotografico e da lí andai dritto nella camera oscura, illuminata da una luce rosso sangue come un'odiosa soffitta qualunque.

C'erano lastre fotografiche sparse ovunque, foto sviluppate ammonticchiate sul bancone. Mi misi a rovistare lí in mezzo, facendo cadere a terra le facce che scartavo, ma non riuscii a trovarla. Poi mi ricordai dove quel bugiardo ripugnante conservava le foto piú preziose, mi precipitai alla sua scrivania e aprii il cassetto con uno strattone. C'era un fascio di fotografie di giovani uomini nudi in posa come antichi campioni olimpici e, sotto, una pila di telegrammi. Li sparpagliai sulla scrivania, per cercare piú in fondo. Ah. L'immagine familiare di Kathleen sulla sedia, che sorrideva mentre dei viticci bianchi le serpeggiavano tra i piedi sul pavimento, il plasma distanziato come non l'avevo mai visto prima. Aggrottai la fronte e ne presi altre. C'era l'immagine di Kathleen presa dal basso, con leve bianche che le crescevano dalle orecchie, dalla bocca, dal centro e dai piedi. Aveva gli occhi incrociati come un pagliaccio, la faccia sfocata, e rideva. La esaminai meglio, mi venne un conato di vomito nel vedere dei viticci che non erano attaccati a niente, stesi intorno alle sue caviglie come... come mussola. Mentre continuavo a cercare, con la bile che mi saliva in gola, arrivarono altre immagini, molte, molte altre, immagini schiaccianti, ciascuna delle quali era un chiodo che mi si piantava nella testa. E poi, oh, maledetta cripta di un cassetto, proprio in fondo stava una copia del mio caro, dimenticato ritratto con mia madre alle spalle. Piú nitido rispetto a quello che avevo avuto io. No, non era affatto mia madre.

Era la stessa, rozza maschera che c'era sulla scrivania del preside.

41.

Mi sedetti nel laboratorio, sulla sedia per la posa, tastando il finto ritratto. Per settimane avevo sognato di stringere di nuovo mia madre tra le mani, ma a quel punto, guardando quell'inequivocabile babbeo, fui felice al pensiero che Houdini l'avesse gettato nel fuoco perché, se ci avessi posato sopra gli occhi, avrei provato piú strazio di quanto chiunque ne avesse mai patito. Guardai la copia del mio libro che aveva avuto il preside, la sfogliai. Conoscevo ogni parola a memoria e, oh, quanto mi faceva male al cuore pensare a quelle pagine piene di esperimenti, uno dopo l'altro. Erano tutti un inganno? Trovai uno dei miei primi diagrammi, uno dei preferiti. Un'asta plasmatica che sollevava un tavolo. Strappai la pagina prima di premermela in bocca prima con le dita e poi col pollice, masticandola fino a ridurla a cartapesta, per poi farla gocciolare in un rivolo sul pavimento.

Nel corso degli anni avevo trascorso piú ore di quante potessi ricordare a calcolare la distribuzione del peso, gli angoli di levitazione, il trasferimento di forze soprannaturali. Pensai a Houdini e allo scettico Beadnell. Fissai ancora una volta la fotografia. Perché Stoupe aveva mentito? Perché ero stato sgarbato con lui? Era il genere di cattiveria che ci si poteva aspettare da un amante respinto, non da un collega o da un amico. No, si era goduto la fama e il denaro, infilandosi di straforo nelle foto sui giornali, vendendo i suoi dipinti dilettanteschi agli appassionati di fantasmi, partecipando a cene eleganti. Aveva soprannominato sé stesso il fotografo degli spiriti. Oh, sí! Gliel'avevo sentito dire, prima di partire per Londra. Quella piccola, sporca cornacchia.

Sentii chiamare in lontananza, mi resi conto che in meno di un minuto avrebbero fatto la loro comparsa sulla porta del laboratorio. Mi precipitai dentro la camera oscura, dove Stoupe, sopra il lungo lavello, aveva il suo scaffale pieno di boccette. I miei occhi si fermarono su una in particolare. Piccola, di vetro nero, con l'inconfondibile contrassegno di un teschio con le ossa incrociate sull'etichetta.

Cianuro di potassio.

Digrignai i denti e presi la boccetta dallo scaffale, sentendo la morte attraverso il vetro fragile. Accesi le luci della camera oscura e il coro di facce tetre appese al soffitto sbiancò nell'onestà della luce. Sí, l'onestà della luce. Mi venne un'idea. Ecco come sorprenderli.

Ridendo a quel pensiero, picchiettai la boccetta e feci cadere i granuli in un quadrato di carta che ripiegai a triangolo per poi infilarlo nella giacca. Che fosse solo per me o per tutti noi, il mio proposito finale esigeva sacrificio. Era qualcosa di efferato e distruttivo ma andava fatto e basta; sarei stato capace, però, di dominare le emozioni abbastanza da andare fino in fondo? Dovevo sapere, molto semplicemente, perché altrimenti come avrei fatto a ritrovare la mia dignità?

Si sentivano dei passi avvicinarsi dal corridoio. Mi asciugai gli occhi sui polsini, distesi il viso come fosse argilla, mi riassettai la camicia dentro i pantaloni, mi lisciai i capelli, poi sbucai nel corridoio come se niente fosse, ottimista e disinvolto come un gentiluomo che passeggia la domenica. Stoupe e il preside correvano verso di me a mani tese. Si bloccarono sul posto.

«William?» disse Stoupe. «Sei calmo?»

«Oh, ciao, Seamus» dissi. «Stavo cercando l'attrezzo per stare in posa del nostro ritratto. Quello che avevi usato per farmi stare fermo. Avevo solo bisogno di vedere com'eri riuscito a giocarmi il tuo scherzetto».

Stoupe strinse le labbra, i suoi occhi corsero lungo il corridoio. «Non sei arrabbiato con il tuo sciocco Seamus?» chiese.

«Arrabbiato?» dissi ridendo. «E perché mai dovrei essere arrabbiato? No, no, neanche un po'». Feci l'occhiolino al preside. «È stato davvero un gran birbante, non è vero, direttore Forth?»

«Sí... sí, Crawford. Molto crudele. E sarà ammonito per questo, te lo assicuro».

«Sí» disse Stoupe, avvicinandosi. «Me lo merito».

Io dondolai le braccia con noncuranza, mi girai verso la finestra, guardai dall'altra parte del cortile. «Sono calmissimo; non dovete preoccuparvi per me». La mia mente andò al piano che avevo ideato. Feci un respiro profondo, ingoiai la bile e inarcai le sopracciglia. «Preside Forth, spero che accetterà le mie dimissioni».

Il preside si accigliò. «Crawford, non è detto che sia necessario. Prenditi un po' di tempo, ragazzo mio. Rimarrai membro del corpo docente finché non ti sarai rimesso».

«Ah» dissi, tirando fuori la pipa e annuendo mentre la riempivo di tabacco. «E che dice, avrò un posto al tavolo d'onore?»

Il preside farfugliò. «Il tavolo...? Ah, be'... ehm... sí, magari l'anno prossimo, Crawford. Vedremo. Questi galà sono difficili, sai».

Gli andai incontro mentre lui si ritraeva. «Grazie per la fiducia che ha in me, preside Forth, gliene sono molto grato».

In tutto quel dolore, posso dire però che dicevo sul serio. C'è un senso di calma, di umile rassegnazione nel proprio annientamento. La nobiltà del vinto. Sorrisi, rendendomi conto che per la prima volta ero a mio agio a guardarlo negli occhi. Annuii e lui ricambiò il cenno. Questo fu il nostro addio. Mi girai, dal lungo corridoio imboccai le scale laterali e scesi verso l'ingresso dell'edificio.

La mia mente andò a quella notte di qualche anno

prima in cui Fforde mi aveva aiutato a spostare le statue. Il vecchio era stato gentile con me, mi resi conto, mentre io ero stato insofferente nei suoi confronti. Scossi la testa e mi diressi verso l'atrio, assaporando il familiare odore di gasolio, pietra e polvere. La caldaia rimbombava giú di sotto, mentre davo in silenzio l'addio al mio laboratorio. Al mio caro Istituto. Non l'avrei piú rivisto. Avere riposto cosí tante speranze nella pietra e nei mattoni di un luogo. Avere la propria fugace esistenza che riecheggia tra i muri alti. Ripensai a quando, giovanotto, ero rimasto lí ad aspettare il colloquio con il preside. Ripensai a Blithe che entrava baldanzoso, con i denti scintillanti, facendo battute. Guardai il corridoio che portava all'aula magna. Elizabeth che mi sonnecchiava sulla spalla dopo il galà. Sorrisi nel rivedere ogni piccola scena nella mente. In realtà, è proprio questo che significa essere infestati. I fantasmi non sono che ricordi di vite passate cui è stato concesso un aldilà rassicurante, che si manifesta nell'immaginazione implorante, avida e timorosa della nostra mortalità. Arrivai alle porte e, mentre spingevo per aprirle, sentii dei passi risuonare sopra di me. Mi fermai, a testa china.

«William, ti prego!» Era Stoupe che mi chiamava dal balcone. «Ci fai paura, girati cosí posso guardarti in faccia. Potrai mai perdonare il tuo povero, malaccorto Seamus? Mi dispiace tantissimo».

Non potevo girarmi, perché se avesse visto la mia faccia in quel momento, avrebbe avuto buoni motivi per avere paura. Calmai la voce, addolcendola e ingentilendola come quella di un'infermiera. «Carissimo Stoupe» dissi, «ti prego di non far parola con nessuno della tua burla, dobbiamo tenercela per noi».

«Come vuoi, William. Qualsiasi cosa».

«Verrai in Ormeau Road, domani pomeriggio?»

«In Ormeau Road?» disse Stoupe. «Un'altra seduta spiritica? Un altro esperimento?»

«Esatto» dissi. «Mi aspetto che questo sia molto... illuminante».

42.

Li guardai a turno, legati alle sedie. Oh, che fremito nocivo, la possibilità feroce, stomachevole e violenta di quanto stava per accadere. Avevano acconsentito del tutto spontaneamente a partecipare a un'altra seduta spiritica, ciascuno per le proprie ragioni egoistiche. Stoupe tormentato dai rimorsi, Adelia dalla solitudine, Elizabeth dall'afflizione e i Goligher dall'avidità.

Kathleen, contrariamente al suo solito, si era dimenata al momento di legarle le caviglie, ma si era calmata abbastanza in fretta grazie a una dose di whisky che le avevo versato tra i denti stretti dalla mia bottiglietta tascabile e a qualche *sst, sst* sussurrato con gentilezza. Le accarezzai i capelli, le diedi qualche buffetto benevolo sulla testa, le cantai una canzoncina all'orecchio mentre irrigidiva le spalle sotto le mie mani. La imbavagliai e le nascosi la faccia sotto il velo, facendo i gesti di sempre, prima di chiudere la tenda sul giorno che svaniva e prendere posto nel buio dietro la lampada color rubino.

«Cari operatori» dissi. «Grazie per esservi uniti a noi. Mi avete regalato cosí tante ore. Ve ne sono sinceramente grato». Mi grattai la guancia. «Adesso capisco quanto dev'essere stato faticoso per voi tutti». Posai la pipa sul tavolo. «Credo sarete dispiaciuti di sapere che questo sarà il nostro ultimo esperimento».

Rebecca ed Elizabeth si scambiarono occhiate nervose, Kathleen mi rivolse una domanda inintelligibile, soffocata dal bavaglio. Presi qualche appunto finale, le pagine del mio libro mi scorrevano davanti agli occhi.

«Sí, l'ultima seduta spiritica per tutti noi» dissi. «Ci sono voluti quasi sei anni per arrivare a questo punto. Ho condotto ogni esperimento possibile e immaginabile e sono giunto all'inevitabile conclusione che tu, Kathleen, sia di un candore immacolato, proprio come dice Conan Doyle». Sperai che fosse vero; che Stoupe fosse l'unico impostore del gruppo; che gli spiriti fossero reali e l'unico farabutto a essere smascherato dal mio esperimento finale sarebbe stato il sospettoso e paranoide William Jackson Crawford. Avevo perso le fotografie, ma potevo pur sempre conservare gli spiriti. «Che conforto è stato trovare la mia cara madre nell'aldilà» dissi. «E il povero piccolo Robert, naturalmente, ovunque egli sia».

Mi avvicinai al caminetto, dove strisce di seta nera erano stese sulla mensola. Le strinsi di scatto tra i pugni. «Avvicinarmi cosí tanto al velo, premere l'orecchio sulla membrana celeste e origliare l'aldilà. Ho ricevuto altre lettere da genitori in lutto, questa settimana. Alcune storie sono davvero commoventi. Nel dolore riusciamo a vedere il male che abbiamo fatto ai morti. È una cosa divertente». Mi girai verso il cerchio, i nastri neri che penzolavano sul pavimento. «Abbiamo paura dei morti quando, in realtà, dovremmo avere assai piú paura dei vivi. Non credete?»

Mi accostai a Stoupe e abbassai gli occhi su di lui. Lui alzò lo sguardo, inerme come un bambino, le mani legate alla sedia, le corte gambe grassocce che scalciavano contro i legacci, mentre lo imbavagliavo. Gli altri potevano ancora essere scagionati, ma lui... lui aveva già ammesso i suoi crimini. Un condannato in attesa dell'esecuzione, che capisce troppo tardi di essere finito. Piangeva mentre lo azzittivo e gli legavo una benda sugli occhi. La vecchia signora Goligher scosse la testa mentre la imbavagliavo e la bendavo, facendo un doppio nodo. Era cieca o quei suoi occhi erano un altro trucco? Lenti di vetro, magari, o fori per vedere senza dichiararlo attraverso la cataratta. Poi fu il turno di Adelia.

«William, caro» disse. «Caro, intelligente William. Ti ho sempre tenuto in grandissima considerazione. Devo proprio essere bendata? Non mi sembra certo appropriato». Le strinsi il bavaglio sui denti, poi le feci scivolare la benda sugli occhi, prima di fare un passo indietro per godermi la vista di quella donna impossibilitata a parlare e a vedere.

«Al contrario, zia Adelia» dissi. «È la cosa piú appropriata che abbia mai visto».

Rebecca prese il fatto di essere legata con la sua tipica insolenza, facendo sbattere le gambe della sedia contro il pavimento. Che protestassero pure, tutti quanti, non c'era nulla che potessero fare. Se erano innocenti, sarebbero stati liberi. Altrimenti... be'. Feci il giro del cerchio.

«Che esperimento è questo, William?» chiese Elizabeth. «Le nostre figlie mi hanno implorato di non venire».

«Non serviva che si preoccupassero, Elizabeth. Conoscono il loro papà».

«Non ne sono cosí sicura».

«Silenzio, adesso. Stai ferma».

«Sia lodato il Signore, non sono sola a lottare contro la paura; ho lo Spirito Santo e gli angeli».

«Gli angeli» dissi. «Sí».

Accolse benda e bavaglio con tutta la dignità di una regina condannata. Tremebonda, prese da me un bacio a fior di labbra e rabbrividí. «Su, su, cara» dissi, accarezzandole il braccio. «Arthur sarà felice di vederti presto. Forse cercheremo Robert insieme, tu e io».

A quel punto, il rumore dei miei amici che si divincolavano, strattonando mani e gambe e invocando aiuto attraverso i loro bavagli, riempí la stanza di colpi e borbottii. Non c'era nessuno a sentirli, avevo pagato bene Noah per assicurarmene. Sorrisi benevolo alla fidata Rose, che stava seduta accanto alla porta e mi guardava a bocca aperta. Le andai vicino e le avvolsi una benda intorno alla testa, stringendola con forza.

Terminato il lavoro, tornai al mio posto e li osservai mentre riempivo di nuovo la pipa. «Il mio ultimissimo esperimento dimostrerà una volta per tutte che i fenomeni cui abbiamo assistito sono reali. Dobbiamo, tutti quanti, sperare in un esito felice». Sventolai la mano davanti al velo di Kathleen e guardai la lampada color rubino, la fiamma che guizzava dietro il vetro luminoso.

La medium girò la testa. Era strano, nonostante fosse nascosta sotto strati di stoffa nera, sembrava piena di un carattere piú forte che mai. Spaventato dalla possibilità che potesse ancora vedermi, mi sfilai le scarpe dai piedi e le sgattaiolai di fianco in silenzio. Non girò la testa quando mi avvicinai. Che brivido, non avevo mai progettato una condizione di potere cosí assoluta. Mi avvicinai ulteriormente, le andai cosí vicino che le nostre teste quasi si toccarono. Si accorgeva di me? No. Inspirai il suo profumo, accarezzai l'aria intorno al suo corpo. Era completamente immobile, l'unico movimento visibile era il pulsare di una vena nella mano sinistra.

Lentamente sgattaiolai di nuovo al mio posto, la sedia di legno scricchiolò sotto il mio peso. Kathleen girò la testa con uno scatto. Finalmente soddisfatto, potevo cominciare.

«Benissimo» dissi, rimboccandomi le maniche. «Siamo pronti, credo. Che la verità risplenda luminosa attraverso le tenebre». Intonai un inno, la mia voce squillante modulava le note della melodia, le lacrime mi gonfiavano gli occhi. Con che disperazione il mio cuore esausto, che batteva tumultuoso, sperava di dimostrare proprio all'ultimo giro che Houdini si sbagliava. Cantai commosso un secondo inno, poi un terzo, rimanendo sospeso sulla nota finale il piú a lungo possibile, con la paura di finire perché davanti non avevamo altro che una resa dei conti; nient'altro che l'indicibile gloria o l'infinita miseria della verità. Alla fine, la canzone mi morí in gola e chiusi gli occhi, feci un lungo respiro tremante. Ci tenemmo per mano.

Aspettammo.

Nessun suono.

Nessun respiro di spiriti.

Nessun piede che raschiava.

Nessuna voce.

Mi era già capitato. Spesso gli spiriti si facevano timidi vedendo la loro preziosa medium in pericolo. Guardai Rose, che muoveva le labbra in un muto incantesimo. Il momento era arrivato; eravamo giunti a questo punto. Lanciai un'occhiata per la soffitta buia, immaginando che sotto di noi non avessimo la città di Belfast ma la gola cavernosa di un'immensa bestia che aspettava per inghiottirmi nell'oblio o proclamarmi salvo. Per celebrare o condannare un uomo che non chiedeva altro che la verità.

«Signore e signori, adesso spegnerò la luce. Saremo in un buio completo e totale». Guardai le loro stupide teste e intanto allungai la mano verso la lampada, poi, al sibilo scoppiettante della fiamma rossa, aumentai la luce fino a far scintillare la stanza di un rosa brillante.

Questa volta non c'erano ombre illusorie, né angoli oscuri, né spazi invisibili. La soffitta era piena di un chiarore bruciante, inesorabile, sbiancata come un obitorio e, che fossero una compagnia di angeli o di delinquenti, ero pronto a cominciare la mia dissezione.

43.

Una stanza illuminata a giorno, anche se lo sapevo solo io. Per quanto li riguardava, eravamo avvolti nel buio piú totale. Erano tutti legati e bendati e tutti, a eccezione di Rose, imbavagliati. Soffocai tra me una risatina, mentre mi guardavo intorno in cerca della prima traccia d'inganno.

«Amici» intonai, con la voce che rimbalzava contro il soffitto inclinato. «Ci siete?»

Guardai sotto il tavolo per controllare i piedi dei presenti, ma nessuno si mosse. Mi raddrizzai con un sospiro smanioso, esaminando la soffitta con estrema attenzione, quando sentii un lieve bussare.

Toc. Toc. Toc.

Kathleen si mosse e, all'istante, spostai lo sguardo su di lei. Stoupe sobbalzò sulla sedia, girò la testa, le sue piccole dita corrotte si contorsero. Elizabeth era irrigidita, le lacrime le inzuppavano la benda, mentre Adelia, la vecchia signora Goligher e Rebecca si allungarono il piú possibile sulle sedie, tendendo le orecchie. Guardai di nuovo sotto il tavolo, avevo percepito qualcosa che si muoveva intorno alle nostre gambe.

«Ci siete, spiriti?» dissi, attento a mantenere il trucco. «Chi c'è? Al buio non possiamo vedervi».

Toc. Toc. Toc.

Osservavo gli stivali, ma non c'erano tacchi che tichettavano; nessuna contrazione muscolare. Con la luce che per la prima volta brillava forte, ebbi piú che mai la certezza che il suono fosse in qualche modo al di là della soffitta. Mi immobilizzai, chiudendo gli occhi speranzoso. Anche in una fase cosí avanzata, avrei dato qualsiasi cosa per credere di nuovo.

«Mamma» sussurrai. «Sei lí?»

Si sentí un lieve grattare dal battiscopa in fondo alla stanza. Stoupe ed Elizabeth, che erano piú vicini, si contorsero, mentre io, tendendomi in alto sulla sedia, fissai la parete perfettamente illuminata, ipnotizzato dall'innegabile vuoto dello spazio.

«Robert, mio caro, sei tu, forse? Non avere paura».

Toc.

«No? Non Robert? Mamma, allora devi essere tu».

Toc.

«Non mamma. Allora chi?»

Sentii le dita di Kathleen rigirarsi nella mia stretta. L'odore di mare riempí l'aria.

William.

Il petto mi s'indurí. Com'era strano sentire la voce alla luce.

«Sí, Arthur» dissi, con la testa girata a guardare Rose per vedere la sua bocca che era sempre aperta.

William, sei pronto?

Le parole provenivano da lei, non avevo dubbi, eppure nel chiarore della luce vedevo che le sue labbra e la sua lingua erano incolpevoli del suono. La voce dello spirito rise di me, rauca, secca e gracchiante.

Che cos'è questo? A che gioco stai giocando?

Gemetti dentro di me, strisciando dalla sedia per sbirciare nella bocca di Rose mentre lo spirito parlava.

Sei proprio uno sciocco, William Jackson Codardo!

«Non mi tradire, Arthur» implorai sottovoce. «Non mi hai pregato nel fonografo di dimostrare che sei vero?»

Toc.

Il cuore mi si fermò mentre mi giravo.

Nell'angolo opposto della stanza, dietro Stoupe ed Elizabeth, c'era una perturbazione nell'aria. Aguzzai gli occhi. Era alta un metro, uno spazio in mezzo all'aria non disturbato dalla polvere galleggiante. Una specie di vuoto nell'atmosfera, come se qualcosa occupasse quell'angolo con un'energia soprannaturale. Guardai meglio, trattenendo il respiro. Sí. Era inequivocabilmente apparsa una figura a forma di bambino.

Papo? Sei tu?

«Robert». Non osavo muovermi, per non spaventarlo. «Ragazzo mio, ti vedo» dissi, tendendo la mano. Elizabeth emise un grido lamentoso mentre si girava alla cieca, stringendo le dita contro le corde per cercare suo figlio. Le avrebbe toccato la pelle della mano? Tornai verso il tavolo, ma non feci in tempo a farlo che quell'idea di bambino cadde attraverso le assi del pavimento, e i granelli di polvere vagarono liberamente nel punto in cui era stato. Guardai Rose e vidi la sua bocca chiusa. Scossi la testa, pregai di essere perdonato. Ero stato sorpreso a giocare un perfido scherzo agli spiriti. Sarei stato punito. Stoupe era un farabutto, lo sapevamo tutti, ma come avevo potuto dubitare di Kathleen?

«Perdonami, Kathleen» dissi, prendendo la sua mano secca. «Adesso vedo tutto con grande chiarezza».

Ed era vero. La crudeltà degli uomini, la nostra gelosia, i nostri sospetti, la nostra astuzia nel tramare inganni. Alzai gli occhi mentre il suono fievole di un canto scendeva dal soffitto.

«Mamma?»

The Elfin knight stands on yon hill,
Blow, blow, blow winds, blow
*Blowing his horn, so loud until**.

Scorsi le pareti con gli occhi. «Mamma, ti prego» dissi, controllando la faccia di Rose mentre la voce le saliva dal ventre, saltando e conficcandosi in gola.

* Il cavaliere degli elfi sta sulla collina, / soffiate, soffiate venti, soffiate. / Soffia nel suo corno cosí forte (*N.d.T.*).

The wind has blawin has blawin has blawin has blawin has blawin
*My boy, my sorry child**

Dall'angolo della stanza arrivò un rumore goffo. Guardai nel punto dov'era stato Robert, aspettandomi di vedere il corpo di una donna bianca emergere dal pavimento, ma non c'era niente. Girandomi di nuovo verso Rose, la vidi muoversi alla cieca sulla sedia, con le labbra che continuavano a muoversi sulla base della voce dello spirito che cantava, un momento assecondando la forma di una parola, il momento dopo pronunciando qualcosa del tutto diverso.

The Elfin knight stands on yon hill,
Blow, blow, blow winds, blow
Blowing his horn, so loud and gay.
*The wind has blawin his mind astray***

«Chi?» chiesi, tirandomi i capelli. «Mamma, di chi è la mente smarrita?»

Hai permesso che io morissi, William. Hai lasciato la mia bambina. Aveva bisogno di te. Robert è perso nel mare, con le ossa appese. L'ho visto affondare. Non lo troveremo mai.

Toc.

Rose gracchiò, le dita tese in avanti.

Papo?

Le strappai via la benda e lei strizzò gli occhi per la luce, sorpresa dalla luminosità della stanza.

Le feci segno di fare silenzio. «Stanno usando di nuovo la tua voce, Rose, li senti?»

Fece di sí con la testa, contorceva le mani legate, tendeva le dita come per supplicarmi di seguire il suo sguar-

* Il vento ha soffiato ha soffiato ha soffiato ha soffiato ha soffiato /il mio ragazzo, il mio povero figlio (*N.d.T.*).

** Il cavaliere degli elfi sta sulla collina, / soffiate, soffiate venti, soffiate. / Soffia nel suo corno cosí forte e allegro. / Il vento ha smarrito la sua mente altrove (*N.d.T.*).

do. Girai gli occhi e colsi un movimento nel camino. Sbattei le palpebre, poi guardai di nuovo. Qualcosa si muoveva nel focolare. Sgranai gli occhi incredulo perché lí, dove ci sarebbero dovute essere le braci, c'erano il busto e la testa di un bambino, la faccia cinerea rivolta in su verso la canna fumaria. Indietreggiai, con le mani sul viso. «Spirito!» dissi. «Demone!»

Il bambino picchiettava la cenere, poi si passava la sporcizia nei ricci neri. Lanciai un'occhiata a Kathleen e vidi la sua mano ricadere dalla sedia come l'arto imbottito di una bambola, una seconda serie di dita le spuntava dal davanti della camicetta come un viticcio che le cresceva dal cuore.

«Mamma?» mormorai. «Mamma, sei tu? È cosí che compari?»

Con estrema lentezza, le dita oltrepassarono i bottoni della camicetta, indicando il camino, e il bambino nel focolare alzò il viso e sbatté le palpebre.

Era Samuel Goligher. Lo riconobbi all'istante. La sua piccola faccia inconfondibile era tutta ricoperta di cenere nera come uno spazzacamino. Non appena i nostri sguardi si incrociarono, rimase a bocca aperta, una voragine rosa acceso, poi sparí di nuovo attraverso il camino in uno sbuffo di cenere.

Rimasi lí, sconvolto, incapace di elaborare quello che avevo visto. Kathleen si mosse, il braccio nel petto cercava, pizzicava, stringeva l'aria. La testa della medium si girò lentamente sotto il velo. Una raffica di cenni impazienti, come se chiamasse qualcuno. Guardai il braccio destro che le pendeva morto al fianco, la punta delle dita che sbatteva contro le assi del pavimento. Un rozzo braccio di gomma, con dita solide, color pesca.

Dunque eccoci, William. L'ingegnere degli spiriti è finito, vedi? È tutto falso, in tutto e per tutto, come quella mano da manichino. Il gioco è finito.

M'immaginai il preside, Houdini, Fforde, Beadnell, tutti che scuotevano la testa increduli. Un coro di giornalisti che battevano allegri a macchina la mia storia ridicola mentre le pagine si propagavano per il mondo come nubi temporalesche. Vidi Adelia esultare, Elizabeth e le ragazze vergognarsi. Robert sottoterra, abbandonato, imputridito, solo. La mia stessa tomba anonima in qualche cimitero dimenticato, l'ignominia incisa su una lapide invisibile.

Adesso la mia strada era sgombra. Non c'era niente da perdere.

Girandomi verso Rose, mi portai un dito alle labbra e strisciai fino al camino, facendo attenzione a non tradirmi. Mi accovacciai per ispezionare il pannello nascosto dietro il focolare, dissimulato in modo piuttosto ingegnoso a uno sguardo superficiale, mimetizzato con pezzi di carbone e cosparso di cenere. Premetti il dito contro il pannello, che scivolò verso l'interno grazie a una molla silenziosa. Sbirciando, riuscii a vedere il pavimento di legno di uno spazio triangolare, grande sí e no come un piccolo ripostiglio. Era l'angolo della soffitta, delimitato da un finto comignolo fatto di assi sottili. Visualizzai l'esterno dell'edificio. Il comignolo. Era proprio sopra il falso camino, eppure l'avevo visto fumare, o no? Sorrisi mesto, ricordando le corazzate fantasma di Churchill al cantiere, i fuochi nascosti in falsi fumaioli per ingannare i tedeschi. Oh, Noah, quanto ti avevo sottovalutato. Infilai dentro la testa: investito da un odore fin troppo familiare, ebbi un conato di vomito. Era una caverna di Aladino con dentro palle di vimini, maschere, lenzuola, bastoni, campanelle e trombe. Un vero e proprio museo della mia stupidità: ogni maledetto oggetto era una condanna, nella sua familiarità. Tre tavoli da seduta spiritica identici erano accatastati contro il muro, la famigerata campana era appesa a un fil di ferro sopra un mucchio di mani finte riunite a mo' di applauso. Vidi rotoli di stoffa nera, spago appeso a ganci. Un ragno grande come un piatto... no anzi, non era un ragno, ma un granchio in decomposizione, dipinto di nero, la polpa putrefatta che trasudava dagli snodi. E poi carta vetrata, una sega e una quantità di cavicchi. Era stato fatto un buco al centro del pavimento, da cui spuntavano i pioli piú alti di una scala. Ricordai la prima volta che ero entrato nel negozio, mentre scappavo da Noah ero finito nella stanza che stava proprio lí sotto. L'avevo vista, quella stramaledetta scala.

A quel punto il cuore mi si spezzò del tutto. «Robert» sussurrai. «Mamma. Non siete mai stati voi».

Le gambe di Samuel Goligher mi sfrecciarono davanti, i suoi piedi nudi saltarono sulla scala. Rimase in piedi sui gradini piú alti, sghignazzando maligno mentre si tirava via una parrucca riccia dalla testa. Era in mutande, le gambe sudice avvolte in calze grigie spalmate di grasso. Rabbrividii, immaginando il tocco della sua pelle. Da rettile. Quindi era quella la mia leva plasmatica? Ogni diagramma in ogni libro nient'altro che un viscido ragazzino con le unghie dei piedi da tagliare.

Mi ricordai in quel momento del cianuro che avevo in tasca e pensai di vuotarmi l'intero incarto in bocca seduta stante, di sgranocchiare i cristalli amari come fossero zucchero. Sarei morto in meno di un minuto. No. Troppo presto. Perché quei ciarlatani dovevano vivere?

Tornai con la testa nella soffitta: Rose batteva le nocche sul bracciolo della sedia e tendeva la faccia muta verso Kathleen. Guardai la medium muoversi lentamente, inclinandosi abilmente all'indietro, i cappi di corda intorno alle caviglie passare sotto le gambe della sedia, il puntone che avrebbe dovuto ostacolarla saltare via su un cardine nascosto. Incantato, la vidi alzare i piedi sfilandoli dai cappi e portarli velocemente contro l'interno del tavolo, proprio come aveva fatto vedere Houdini. Intanto, le sue dita continuavano ad allungarsi verso il camino gesticolando impazienti.

Mi girai verso la botola appena in tempo per scorgere la testa del ragazzo scendere nel buco. Afferrai un bastoncino dalla soffitta prima che la botola mi si richiudesse dietro con un forte botto. Kathleen si bloccò, il suo velo ruotò alla cieca, mentre io le spinsi in fretta il bastoncino contro le dita tese. Lei lo agguantò con un cenno di assenso, facendolo oscillare sopra il tavolo come una canna da pesca, e un campanellino di ottone cosparso di polvere luminescente tintinnò sopra il tavolo. Elizabeth drizzò la testa di scatto. Io tornai al mio posto e presi le dita della vecchia signora Goligher: mi resi conto che anche lei aveva fatto un piccolo trucco con l'angolo del polso, liberando le dita per combinare qualche birbanteria. Mi schiarii la voce, sforzandomi di controllare il panico crescente, perché di sicuro il ragazzo era scappato in cerca di Noah e avevo poco tempo.

«Spiriti» dissi. «È tremendamente buio, come sempre». Mi mancavano le parole, tenevo la testa ciondoloni. «Cosí tremendamente buio».

Che male mi faceva vedere il bacino di Kathleen ruotare in modo ipnotico e il tavolo ballonzolare in aria sulle sue gambe tese.

«Cari operatori» dissi. «Non siete intelligenti? Non avevo mai avuto la piú pallida idea. Vi ammiro per questo, nonostante tutto. Penso che guarderò in basso».

Non appena parlai, Rebecca ebbe un sussulto, batté frettolosamente gli stivali slegati contro il tavolo con un tonfo sordo, Kathleen abbassò i piedi con delicatezza sul pavimento mentre la vecchia faceva ruotare una cordicella nera intorno ai suoi artigli, tirando fuori un viticcio bianco dalle gonne della medium. Veniva fuori in spasmi serpeggianti, aumentando ogni volta che l'anziana donna ruotava le nocche.

«Affascinante» dissi. «Operatori miei, finalmente posso vedervi».

Raccogliendo le poche forze rimaste, decisi di smascherare una volta per tutte le voci degli spiriti per quello che erano, curioso di sapere come erano state create. Kathleen era riuscita a togliersi il bavaglio sotto il velo con la mano nascosta? O c'era qualche altra spiegazione per il canto di mia madre e il pianto di Robert? Forse un fonografo nascosto nel soffitto o addirittura un altro complice appostato dietro una seconda parete segreta. Impossibile, di sicuro, perché le voci erano arrivate chiare e vicine quando Rose era sembrata il loro strumento.

Stavo per parlare quando si sentí un colpo pesante contro la porta della soffitta, seguito da una cacofonia di battiti.

«Ehi, aprite la porta. Rebecca, Kathleen, presto, il gioco è finito! Vi ha beffate!»

44.

Le donne si drizzarono sulle sedie. Mi voltai e vidi la maniglia girare e la porta sbattere contro lo schienale della sedia di Rose.

«Rose, resisti!» gridai, mentre lei opponeva resistenza. Scattai in piedi, spinsi la spalla contro il legno che si scheggiava.

«Professore, pazzo bastardo, fammi entrare o sei morto, capito? Kat, Rebecca, vi ha preso in trappola!»

Andai nel panico, mi precipitai verso la botola nel camino, strisciai sulla pancia ma era troppo stretto per passare. «Vattene!» urlai. «Stai lontano, maledizione, o le ammazzo tutte! Non credere che non lo farò».

La porta rimbombò, il legno si staccò dall'intonaco, il pomello d'ottone volò per la stanza mentre Noah urlava: «Sfiorale con un dito e ti butto giú dalla finestra!»

Mi rimisi in piedi, mi girai intorno frenetico e afferrai la lampada. «Indietro, ti ho detto, vattene!» Con un grido, fracassai il vetro della lampada contro il muro, la fiamma tremolò, schegge di vetro cremisi si sparsero sul pavimento, la puzza di gas pervase con un sibilo la stanza. Corsi alla finestra ad aprire la tenda con uno strattone mentre Adelia ed Elizabeth tossivano, Stoupe tratteneva il fiato, quell'anguilla scivolosa di Kathleen si era liberata completamente e, accucciata dietro Rebecca, le stava slegando le mani.

«Smettila» dissi, frugando nelle tasche. «Accidenti, Rose, dove sono i miei fiammiferi?»

Lei indicò i miei taccuini ammonticchiati nell'angolo opposto. La sua schiena vibrò con violenza in avanti, mentre la porta si apriva di botto mandando in frantumi la sedia. Noah era in cima alle scale, madido di sudore, il petto che ansimava. Afferrai i fiammiferi e indietreggiai verso il camino rovesciando il tavolo con un calcio. «Fermo dove sei, Noah! Giuro sulla mia vita che se metti un piede nella soffitta accendo questo fiammifero. Andranno a raccogliere i tuoi denti sul tetto. E tu, Kathleen. Via da Rebecca o ci faccio saltare tutti per aria».

Noah alzò le mani. «Va bene, professore» disse ansante. «Calma, su, non ci agitiamo. Possiamo farci due parole tranquilli, eh».

«Ti ho smascherato, Kathleen. Vi ho smascherato tutti. Mi avete ingannato per sei anni, ma alla fine ho vinto io».

«Cosa significa?» disse Kathleen, scivolando verso la finestra. «Che cosa ho fatto?»

Afferrai il campanellino dal tavolo e glielo scaraventai addosso; il metallo andò a sbattere contro il muro. Lei cacciò uno strillo, coprendosi la faccia. «L'hai sentito, Kathleen?» urlai. «Hai sentito il campanello tintinnare?» Agitai le braccia in aria, danzando sulle punte dei piedi come un folletto, sollevai il tavolo e lo scagliai contro Noah. «Hai visto il tavolo levitare? Spiriti grandi e potenti, grazie di esservi uniti a noi. Maledetti diavoli bugiardi e truffaldini!»

«È impazzito» disse Rebecca, liberandosi le mani dalla corda e rincantucciandosi in un angolo. «Noah, fa' qualcosa, brutto stupidone che non sei altro».

«Noah se ne andrà da questo diavolo di soffitta, ecco cosa farà» dissi, pronto ad accendere il fiammifero. «Ha fatto fin troppo, e anche tu. Tornatene giù per quelle scale, amico, o l'intero edificio andrà in fiamme».

Lui camminò all'indietro, con le mani tese. «D'accordo, professore, non c'è bisogno di agitarsi. Me ne vado, visto?»

Io sollevai il fiammifero mentre scendeva le scale, poi mi rivolsi a Kathleen.

«Ammettilo. Confessa. Ogni manifestazione, ogni voce, ogni colpo e levitazione è stata una bugia».

«Non posso farlo».

«Fallo o ti brucio». Emisi un grido soffocato e la picchiettai con il fiammifero. «Strega!»

«Non sono una strega» disse Kathleen. «Gliel'ho detto, non so cosa sono».

«Permettimi di illuminarti, allora! Sei una bugiarda, una ladra e una donnaccia mostruosa, subdola e senza cuore».

«No...»

Feci un verso di scherno. «E invece sí. Non l'hai capito? La lampada è rimasta accesa tutto il tempo. Ti ho visto sollevare il tavolo con i piedi. Ah! Guarda che faccia hai fatto adesso». Elizabeth, Stoupe e Adelia emisero guaiti di sorpresa, mentre la vecchia signora Goligher lottava per liberarsi. «Sí, amici!» dissi, liberandoli dai bavagli e dalle bende sugli occhi mentre danzavo per la soffitta con il fiammifero tra i denti. «È esattamente quello che ho visto». Agitavo le dita. «Il ragazzo è entrato strisciando dal camino e lei muoveva un campanellino appeso a un bastoncino, pensando di essere nascosta dal buio. Be', stavolta non eri nascosta, Kathleen: ho visto tutto, per cui puoi smetterla con le bugie e puoi finalmente dirmi la verità. Gli spiriti non fanno levitare i tavoli. Dillo!»

Lei abbassò gli occhi. «Non lo fanno».

«Né fanno suonare le campanelle».

«Nemmeno».

«O battono colpi».

«È cosí, professore».

Mi avvicinai, puntandole il dito contro. «E non parlano».

Mi guardò, afferrando le mani della sorella. «Non saprei».

Mi sfregai il naso, la testa mi si riempí di aria tossica. «Non sapresti? Perché no? Hai già detto cosí tanto. Canta per noi la canzone di mia madre, per piacere. Di' alla mia accorata moglie che hai paura dell'uomo con le ossa appese. A questo punto, tanto vale».

Kathleen scosse la testa. «Sarebbe una falsa confessione. Le voci non hanno niente a che fare con me, lo sa. Dall'anno scorso sono stata imbavagliata a ogni seduta, lo sa».

Un dolore lancinante mi si diffuse dietro gli occhi. «Chi è stato, allora? Tu?» Puntai il fiammifero contro Rebecca.

«Eh, io?» disse quella con una risata, gli occhi che guizzavano tra la mia mano e la lampada. «No, io no».

«William, ti prego» disse Elizabeth. «Stai attento, ci ucciderai tutti. Pensa alle nostre figlie».

«Alle nostre figlie? E le nostre figlie a me ci pensano, ti chiedo?»

«Ti vogliono un gran bene. Si preoccupano per te. E questo vale per tutti noi».

«Non m'importa piú. Sono rovinato. Forse sarà meglio per tutti quando sarò morto».

«Oh, bravo, William» disse Adelia. «Un'osservazione accurata, finalmente».

Elizabeth strinse i pugni sui braccioli della sedia. «Sta' zitta, zia Adelia. Sta' zitta, per una volta».

Giunsi le mani in preghiera, rischiando quasi di far cadere il fiammifero. «Elizabeth, non vuoi morire anche tu, adesso che sai la verità?»

La vecchia signora Goligher fece un verso di fastidio, guardandomi torva. «Noi forse bruceremo qui qualche minuto, professore, ma, oh, tu brucerai per l'eternità se accendi quel fiammifero».

«Vederti bollire sarebbe meraviglioso, brutta megera. E tu, Stoupe. Non avevo mai avuto un amico come te e adesso so perché».

Lui fece scivolare la sedia verso il muro, la voce stridula di paura. «William caro, cosa sei diventato? È tutta colpa mia».

Elizabeth allungò le braccia verso di me, gli occhi fissi sul fiammifero. «William, non serve che tu lo faccia. Mettilo giú».

«Ha ragione lei» disse Stoupe, tossendo. «Potresti scrivere un altro libro. Il piú grande esperimento dell'ingegnere degli spiriti. Mistero risolto! Gli imbroglioni smascherati». Fece una smorfia, sentendo le proprie parole. «Non volevo dire *smascherati*... la maschera è stata un errore. Oh, è tutta colpa mia».

Kathleen annuí. «L'ha detto lei stesso, professore, che ha vinto. E ha fatto quello che le avevo implorato di fare. Adesso è tutto finito per me, non è vero?» Si scostò dalla sorella, scivolò oltre, lungo il muro. «Il segreto è svelato. Posso vivere tranquilla».

«Dirai ai giornali che sei una bugiarda, Kathleen?» dissi, abbassando il fiammifero. «Dirai a tutti che ti ho scoperto?»

Lanciò un'occhiata nervosa a Rebecca. «Ho sempre solo fatto quello che dovevo fare».

«Era Samuel a cantare, giusto? Era Samuel a fingere di essere mia madre?»

Rebecca scoppiò a ridere, prima di piegarsi in due in un accesso di tosse, stringendosi la gola. «Pensa che sia stato Sammy» gracchiò. «No, è uno scherzo migliore di cosí; aspetta che lo scopra!»

La ignorai. «Smettila con le bugie, Kathleen, so che sei una brava ragazza, in fondo. Puoi scendere le scale se confessi. Potrai andare nella casa rifugio, proprio come mi avevi detto. Dimmi chi di voi è stato».

«Se lo facessi, sarebbe la piú grande bugia che abbia mai detto».

La soffitta gorgogliò, il gas illuminante fluttuava nell'aria. Il fiammifero mi tremava tra le dita. Premetti la punta contro la scatola, minuscoli sprazzi di fumo e scintille mandarono Stoupe in escandescenze, a contorcersi sulla sedia. Il fiammifero sbuffò e sfrigolò mentre l'aria pesante tremava, sul punto di esplodere.

«Fermo!» disse Kathleen, e si rivolse alla madre. «Lascia che glielo dica, per favore. Devo dirglielo o bruceremo tutti».

«Non puoi, Kat» disse la vecchia signora Goligher. «Lo

accenderà di sicuro, quel fiammifero, se gli diciamo la verità. Guardalo».

Fissai Elizabeth, la mia mente s'incrinava come un guscio d'uovo. «Che cosa devono dirmi, cara moglie? Tu lo sai?»

Lei mi fissò a sua volta, scoraggiata. «Che importanza ha? Non puoi lasciar perdere?»

Non potevo. Se non erano Samuel né Kathleen a parlare simulando gli spiriti, allora forse era Rebecca o la vecchia signora Goligher? Adelia, persino? Chiesi a quella donna odiosa, ma lei scosse la testa. No, non lei e nemmeno Stoupe. Guardai mia moglie. Fissava alle mie spalle, i suoi occhi posati su qualcuno che si muoveva dietro di me, la cui ombra si arrampicava sul muro.

William.

Mi voltai di scatto, in un rantolo, e vidi una figura massiccia con in mano una scheggia di legno che stava per ficcarmi nella schiena. La cuffia le era caduta a terra, i lunghi capelli le ricadevano sulle spalle ampie, le braccia spesse pronte a sferrare il colpo.

«Tu!» urlai, girandomi verso Rose con un urlo furibondo.

Non appena i nostri sguardi s'incrociarono, lei si spaventò e fuggí dalla soffitta emettendo un grugnito, quasi cadendo giú dalle scale nella foga di scappare. Cercai di agguantarla per il braccio, ma fu troppo veloce per me e, mentre mi gettavo all'inseguimento, sentii qualcosa afferrarmi la caviglia e vidi Noah allungarsi attraverso il camino. Caddi a terra, mentre Kathleen mi fu addosso in un balzo, con un urlo tremendo, e lottò contro la mia mano.

«No!» gridai, cercando disperatamente di accendere il fiammifero mentre la mia gamba veniva strattonata all'indietro. «Vi brucerò tutti! Lasciatemi andare!» Scalciai piú forte che potei, il mio piede andò a colpire il naso di Noah che ululò e allentò la presa. Diedi una gomitata a Kathleen e, guadagnata la porta, mi girai a fronteggiarli.

Fissai Elizabeth con in cuore tutto il dolore del mondo, ma non riuscivo a non pensare che al tradimento. «Bruciate all'inferno, tutti quanti!» tuonai. «Soffia, soffia, soffia vento, soffia!» Accesi il fiammifero e lo lanciai nella stanza, mentre Elizabeth cacciava uno strillo e Stoupe si rovesciava di lato. Adelia emise un gemito basso, ciuffi di capelli bianchi guizzarono in una vampata di scintille arancioni; Rebecca e la vecchia signora Goligher urlavano e un sibilo di fiamme crepitò nell'aria. Caddi dalle scale mentre il calore improvviso m'investiva, bruciandomi la gola. Mi schiantai sulla schiena e poi su, balzai in piedi, aggrappandomi al mancorrente e poi giú, di corsa fino al negozio e da lí in strada, buttando giú boccate d'aria fredda nei polmoni, aria benedetta.

Attraversai la strada camminando all'indietro, lo sguardo in alto verso la finestra, incorniciata dal cielo che si stava rabbuiando, il fumo nero che si gonfiava fra le tegole del tetto. *Addio, soffitta. Malgrado tutto, mi mancherai.* Sorridendo della mia opera, intravidi un viso a forma di mandorla tra la cenere che vorticava dietro il vetro e ripensai a una sera buia e umida di parecchi anni prima, quando mi ero accucciato dietro i barili. Se solo allora avessi saputo quale porta dell'inferno stavo fissando. *Giovane e innocente William Jackson Crawford, era un demone a guardarti da lassú quella sera, non una ragazza.*

Un uomo corse fuori da un negozio vicino agitando le braccia. «Ehi, che succede lassú, c'è un incendio? È ferito?»

In lontananza, dove la strada curvava allontanandosi dal fiume, vidi una figura distante rincorrere un tram e issare la sua massa corpulenta a bordo. «Ferito?» dissi, con un sapore amaro in bocca. «Piú di qualunque altro essere umano».

Rose. Era ora di parlare.

45.

La porta d'ingresso era stata lasciata socchiusa. La aprii con delicatezza ed entrai. Donna silenziosa e corrotta, avrebbe parlato o l'avrei fatta tacere per sempre. La casa scricchiolava mentre le mie scarpe ticchettavano sulle assi verniciate. Lanciai un'occhiata lungo il corridoio verso la cucina vuota, poi mi fermai ad ascoltare. Dov'era? Nascosta da qualche parte in un angolo pieno di ragnatele che mi sbirciava con un'arma in mano, senza dubbio. Entrai in salotto, agitando il braccio oltre la porta, prima di spalancarla. «Rose, dove sei?» La mia fedele assistente, ogni sua azione un velato atto di tradimento. Era riuscita a intrufolarsi nella nostra famiglia e ad annidarcisi, un demone sotto il nostro tetto, che lappava dettagli e progetti come una mosca. Doveva aver rovistato nella mia scrivania centinaia di volte e doveva avermi ascoltato pronunciare dei nomi nei miei sogni. Ecco come facevano a sapere i miei segreti! Quando ero malato e cuocevo nel brodo della mia febbre, non avevo forse parlato in lingue sconosciute? Ripensai alla figura d'ombra che si muoveva nel mio ufficio. La signora in bianco che si aggirava per la casa spaventando i bambini. Sempre Rose.

Mi avvicinai alla finestra e guardai verso i cantieri navali, le gru sparite, gli scafi dimenticati, i rimorchiatori nell'estuario come insettini nelle loro scie d'argento. Un rumore di passi veniva dalla sala da pranzo. Mi avvicinai alle tende e le spalancai di scatto con un urlo, ma trovai la stanza deserta.

«Papà, sei tu?» La voce di Margaret arrivava dal pianerottolo; un sussurro spaventato. Uscii, scrutando il corridoio, e vidi mia figlia in piedi in cima alle scale con un'espressione di paura, come se in qualche modo sapesse che sua madre stava morendo tra le fiamme. «Papà, cos'è successo?»

«Lascia stare, ragazza. Vai nella stanza dei bambini. Porta tua sorella, non è sicuro».

«Dov'è la mamma?»

«Ti ho detto di andare».

Helen comparve di fianco a lei con la sua bambola, strattonando le dita di Margaret. Le guardai tutte e due. Che cosa ne sarebbe stato di loro, adesso? Un orfanotrofio, immaginai.

Margaret guardò verso la stanza di Rose, mentre dalla soffitta proveniva un tonfo sordo. «Perché Rose sta impacchettando le sue cose, papà?»

Salii le scale, mettendomi il dito alle labbra. «Zitta adesso, porta subito Helen nella stanza dei bambini. Fa' come ti ho detto».

Margaret si allontanò. «Papà, hai gli occhi strani».

«Lo credo bene; vedono per la prima volta» mormorai, girandomi nel sentire scatole e mobili scivolare sul pavimento di sopra. Ripresi il controllo, strinsi i pugni prima di gridare: «Rose, sto venendo da te, adesso! Non hai scampo!»

Nessuna risposta.

Salii le scale fino alla soffitta, facendo una pausa attenta tra un gradino e l'altro. «Puoi parlarmi adesso, Rose, a questo punto, tanto vale. È il mio turno di rimanere senza parole, in fin dei conti. Raccontami tutto, me lo devi».

Il movimento di scatole si fermò quando mi avvicinai. Aprii la porta con una spinta, entrai e la vidi, infagottata in tutti i vestiti che possedeva, incurvata da due valigie pesanti, una per braccio.

«E adesso eccoci qui, dopotutto. Il gioco è finito, temo. Niente piú teatrini, per favore, lo so che non sei muta».

La stanza era bollente, le tubature gorgogliavano mentre le foglie secche grattavano sulle tegole sopra le nostre teste. Le ragazze avevano ragione. Aveva pianto, rivoli di sudore misti alle lacrime le gocciolavano dal mento.

«Rose, puoi smettere di recitare, adesso. È tutto abbastanza chiaro». Annuii, tirandomi i baffi. «Sei la tirapiedi dei Goligher. Ti hanno infiltrato in questa casa. Ah! Pensavo che tu fossi la mia assistente, invece sei stata la loro per tutto questo tempo».

Lei scosse la testa, con gli occhi fissi al pavimento. Si era presa cura di mio figlio mentre era morente e poi gli aveva rubato la voce. Aveva parlato come mia madre, per l'amor di Dio. Si era camuffata da Arthur per tormentarmi, estorcendo ogni minimo dettaglio dalle mie involontarie confessioni. Sí, era questa la risposta a tutto. Feci un passo verso di lei, scuotendo la testa per lo stupore di non averlo capito prima. Come avevo fatto a credere a spiegazioni tanto straordinarie per i fenomeni di Kathleen? Certi uomini sono propensi a farsi ingannare, e non c'è creatura piú credulona dell'uomo certo.

«Eri lí quella notte, a Lismarra House?» Lei fece un passo indietro, scuotendo il suo cranio da pecora dagli occhi sporgenti. Glieli avrei fatti scoppiare, quei maledetti occhi, se avesse insistito. «Sí» dissi, avanzando verso di lei. «Certo che c'eri». Con l'occhio della mente la vidi sgattaiolare fuori da Park Avenue mentre i bambini dormivano, salire sul carretto di Noah, bisbigliare e cospirare tra le risate soffocate, sgattaiolare oltre le porte del balcone a Lismarra House, mimetizzata tra l'edera, ascoltarci con un sorriso risoluto, esercitarsi a fare le voci per la sua grande entrata in scena. In una notte cosí cupa, con il vento che sferzava i vetri dal mare, qualunque malintenzionato avrebbe potuto aprirli senza farsi notare. Era sgattaiolata dentro, vestita come un annegato, spalmata di polpa di granchio decomposta. Certo, era stato Samuel, non Robert, a nascondersi nella pendola. Vedevo tutto con una tale chiarezza. In tutte le sedute nella soffitta, era stata lei a parlare con le voci degli spiriti dalla porta. Un brivido freddo mi corse lungo la schiena. Una cospirazione contro la mia disgraziata infelicità, architettata nelle fogne di Belfast con la complicità dei miei stessi amici. Mi costrinsi a guardarla dritta in faccia, a esigere che incrociasse i miei occhi. Meritava di essere guardata. «Quindi, qual era il piano, Rose? Se è davvero cosí che ti chiami?»

Lei scosse la testa, con gli occhi come uova sode, stringendosi nelle spalle sotto il peso delle valigie. Sorrisi. «Me l'avevi fatta, questo è certo. Un buon piano, devo ammettere. Mi hai ingannato facendomi credere agli spiriti di Kathleen, sapendo che il mio onesto lavoro avrebbe reso la famiglia ricca e famosa». Battei le mani, nell'avvicinarmi, ma lei continuava a scuotere quella sua dannata testa. «Mi chiedo, quanti uomini avete selezionato prima di scegliere me? Sei stata tu a sorvegliarmi all'Istituto? O forse Kathleen, oppure Samuel. Tutti e tre, per quanto ne so io. Vi avrò dato l'idea di essere un uomo impressionabile, immagino, che scappa da cigolii e rumori strani». Dannazione, continuava a scuotere freneticamente la testa. «Perché non vuoi parlare?» dissi, pestando il piede. «Hai troppa paura, povera disgraziata. Cosa ti ha fatto, quella famiglia? Ti hanno picchiata, forse? O peggio, non mi stupirei».

Il suo volto si lacerò, misero gargoyle dalla bocca spalancata, mentre lasciava cadere le valigie e i suoi ricordi si sparpagliavano sul pavimento. Cadde in ginocchio, raspando tra ammassi di biancheria.

«Hai mai provato pena per noi?» dissi, calpestando quella confusione. «Posso capire perché hai usato me, ma Elizabeth? Ha perso il fratello, ha perso il figlio e adesso...» Mi tastai la giacca in cerca della pipa, per poi vedere che lei teneva il maledetto oggetto in mano e me lo stava porgendo. Glielo strappai al colmo del disgusto e le sputai addosso. «Elizabeth li perderà tutti e due per la seconda volta, e tutto per i tuoi piccoli intrighi. Che il tuo cuore se lo ricordi». Annuii. «E continui a rifiutarti di parlare? Sei proprio crudele. L'essere piú brutto che abbia mai visto».

Formò qualche parola con le labbra, poi si fermò. Trattenni il fiato, in attesa, sbigottito al pensiero che stavo per incontrare la vera Rose. Lei si leccò le labbra, con lo sguardo che guizzava verso la porta, poi fece un respiro profondo.

«Sí, Rose?» sussurrai. «Adesso parla. Ti perdonerò».

Chiuse gli occhi con un gemito basso, appoggiò le spalle al muro mentre io mi avvicinavo fino a sentire il suo respiro in faccia.

Formulai le parole lentamente, guardandola negli occhi. «Rose, fai le voci o te le spremerò fuori». Le portai le mani al collo, premendo i pollici teneramente sotto la sua mascella viscida, le mie dita che s'insinuavano verso il fondo del cranio. «Voglio sentire mio figlio. Voglio sentire mia madre. Fallo. Fallo adesso, o che Dio mi aiuti, infilerò la mano fino ai polmoni e te li strapperò via». Lei spingeva per liberarsi, ma io la sbattei contro il muro mentre lei mi stringeva i polsi scavandomi nella pelle con le dita robuste. Lei stringeva, ma io stringevo piú forte. Si contorceva ma io mi contorcevo piú in fretta, mentre lei strattonava e implorava con gorgoglii e colpi di tosse, graffiando e raspando contro la furia di sei anni di vergogna. Ogni tendine e articolazione del mio corpo si fece d'acciaio e premeva, e premeva, come pistoni contro la gomma, mentre la punta dei pollici si serrava in una morsa, il suo battito cardiaco martellava contro i miei polpastrelli ma lei continuava a stare in silenzio con la bocca spalancata. Alla fine, i suoi occhi si fissarono nei miei, tremolanti tra le palpebre, e qualunque cosa stesse pensando non fu rabbia né dolore, perché c'era pace in quei vasti globi putridi. Pace e accettazione, come se in quegli ultimi secondi finali avesse capito che il mondo voleva liberarsi di lei. Alla fine, con un calcio e un rantolo, mi rimase appesa, senza vita, tra le mani.

Tutto si era concluso in un attimo. Possibile che una vita si estingua cosí facilmente? Cosí in fretta? Sí, con un proiettile, ma con la mia stessa forza? Con la pressione delle dita o addirittura solo con il guizzo di un fiammifero? Feci un passo indietro, tirai via le dita tremanti dal suo collo e lei scivolò a terra, la sua testa sbatté sulle assi del pavimento con un tonfo sordo. Il viso, irrigidito in quell'ultima espressione di placida accettazione, si girò da un lato, la bocca fissa per sempre a formare una W.

«Che cos'avresti detto?» le chiesi. «Vieni a perseguitarmi se ne hai il coraggio, non resterò qui ancora per molto. Un moribondo non può farsi spaventare dai morti».

Si sentí correre qualcuno su per le scale. La stanza si rabbuiò per una figura che bloccava la luce nel vano della porta. Ansimò. «William, che cos'hai fatto?»

Alzai gli occhi, la testa che sguazzava nell'adrenalina, le dita fredde che ancora stringevano l'aria vuota. Era Elizabeth, con i capelli sciolti, increspati e bruciacchiati sulle punte, la pelle rosso vivo come scottata dal sole.

«Elizabeth, sei viva» dissi, guardando il cadavere riverso ai miei piedi. Lo indicai. «Ha fatto la figura della stupida fino alla fine» dissi ridendo. «Ho ridotto al silenzio una donna silenziosa».

46.

Elizabeth s'inginocchiò accanto al corpo, accarezzandole i capelli.

«Non ha voluto parlare» dissi.

«Certo che no, non poteva» disse Elizabeth, con la voce piatta.

Levai in alto le braccia, esasperato. «Oh, Elizabeth, stupida donna. Era tutta una bugia. Non capisci? Le voci le ha sempre fatte Rose».

«Povera, povera Rose. Non avremmo mai dovuto tenerti qui. William, t'impiccheranno per questo».

Risi. «Ah ah. Impiccare un professionista per aver smascherato una banda di truffatori? Non credo proprio». Indicai il corpo. «Quell'essere viveva in casa nostra, con i nostri figli, e si aggirava di notte in cerca di ghiottonerie con cui imboccare Kathleen. Mi sono difeso da lei, nulla di piú». Diedi un colpetto alla spalla della cameriera con la punta del piede. «Chiamala pure *povera*, ma sarà stata pagata davvero molto bene dai Goligher, suppongo».

Elizabeth si tirò su. «Voglio che mi ascolti, William, hai capito? Ho aspettato finché non è stato troppo tardi, Dio mi perdoni, ma è venuto il momento di dirti la verità. Rimarrai zitto a sentire? Ti puoi fidare di me?»

«Non credo di potermi fidare piú di nessuno, Elizabeth, nemmeno di te. Sapevi che le fotografie di Stoupe erano false?»

«No, non in quanto tali, ma lascia che ti racconti tutto».

Sospirai. «Dimmi quello che vuoi, donna, oppure non

mi dire niente, non m'importa piú. Ho risolto il mistero; che lo pubblichino nei loro maledetti opuscoli. Sarò un uomo vittorioso anche se m'impiccheranno». Mi allungai in avanti facendo un occhiolino che rimase chiuso finché non lo riaprii con il pollice. «Ti rivelerò una cosa, moglie cara» dissi, mentre lei storse il naso al mio fiato. «Ho trovato la lettera di Hazel. Che ne dici di questo, quanto a segreti?»

Lei giunse le mani. «Oh, Signore, ma di cosa stai parlando, adesso? Sei proprio un caso senza speranza».

«Sarei io senza speranza?» Ridacchiai, mi precipitai giú per le scale fino allo studio, tirai fuori i cassetti e frugai freneticamente finché non trovai la lettera. «Eccola!» esclamai mentre Elizabeth correva davanti alla porta, chiamando le ragazze.

«Mamma!» gridò Margaret. «Siamo nella stanza dei bambini, presto».

Attraversai il pianerottolo a grandi passi per raggiungerle, sventolando la lettera in segno di trionfo. «Bene, allora, vediamo chi è senza speranza, che ne dite?»

Margaret e Helen stavano nella stanza dei bambini, abbarbicate alla madre, e Margaret mi guardava con fiera opposizione.

«Papà, ci fai paura, non ti avvicinare».

Strabuzzai gli occhi, mi frugai nelle tasche. «Come vuoi, vostra madre può sentirmi abbastanza bene anche da lí. Ma dove sono i miei stramaledetti occhiali, adesso?»

«Ce li hai sul naso, papà».

«Grazie, Margaret».

Helen fece capolino da dietro le spalle di Elizabeth. «Mamma, dov'è Rose, cosa le è successo?»

«Zitta, Rose sta facendo le valigie per andarsene».

«Ma è cosí silenziosa».

Sbuffai. «Non è sempre cosí?» Aprii la lettera. «Adesso, ascolta bene, Elizabeth». Lessi ad alta voce quel garbuglio di lettera, aggiustando la pessima scrittura di Hazel, quasi sopraffatto dalla ridarella. «*Cara signiora Crawford, mi spiace che devo dargli il preavviso. O pensato tantissimo alla mia decisione*».

«E questa cos'è, William?» chiese Elizabeth.

«Non la riconosci? Cosa c'è scritto dopo? Ah, sí: *Mia sorella a il posto per me, quindi vado li. Per piacere, non pensare male,* eccetera eccetera... oh, va avanti. Ah, sí, adesso ci siamo». Mi spinsi gli occhiali sul naso e lo arricciai, sforzandomi di leggere nonostante il crescente dolore alla testa. «*Deve decidere lei che cosa dire al signior C* – di certo l'hai presa in parola».

Elizabeth intrecciò le mani dietro la schiena. «L'ultima lettera di Hazel. Pensavo di averla bruciata».

«Non l'avevi bruciata, l'ho trovata io».

«Non capisco, perché me la stai leggendo adesso? Di sicuro non ha molta importanza. Rose ha bisogno di un medico».

«Ha bisogno delle pompe funebri, di nient'altro».

Margaret cacciò un grido stridulo, mentre io andai avanti, infastidito. «Oh, zitta, ragazza, sei peggio di tua sorella. Ascolta un po' questo, accidenti alla sua scrittura orrenda: *Non posso capire cosa o visto e sentito ieri sera e non mi pare giusto che una donna con timore di Dio come me si imischia di queste cose*». Tirai fuori la pipa e la feci roteare per aria. «Avrà saputo delle sedute spiritiche, presumo».

«Sí, presumo di sí» disse Elizabeth.

Scossi la testa guardandola, felicissimo della successiva frase di condanna. «*Io so che lei è stata tanto infelice signiora C ma poso solo compatire povero signior C che non sa niente di Angeli*». Le lanciai un'occhiataccia. «Suppongo che quella sciocca intenda gli spiriti. Vorrei non averne mai saputo niente». Elizabeth fece per parlare, ma io la zittii e andai avanti, alzando la voce. «Che altro dice. Aha! *O visto che incontrava quel uomo.* Be', mia cara, sappiamo chi è».

Annuí. «Noah Morrison».

«Corretto! Parla con sincerità, ragazze, riuscite a crederci? Il cielo sia lodato. Ecco, ascoltate qui, adesso. *Lei è una dona sposata signiora C, quando il signior C prima o poi scoprirà quelo che faceva con lei alora che cosa farà?*» Abbassai la lettera. «Avanti, ti ha visto con Noah, è cosí? Che si gingillava con i fantasmi, giusto? O che si gingillava con te?»

Elizabeth fece un lungo respiro, le sopracciglia aggrottate. «Non è quello che intendeva».

«Oh» dissi io, arricciandomi i baffi. «Ah, no? Allora illuminami, carissima, che cosa ti ha visto fare esattamente con Noah Morrison? Su, su, non essere timida».

«William, non davanti alle ragazze».

«Puttana».

«Smettila!»

Diedi con il dito un colpo cosí forte alla lettera che bucai la carta. «Guarda qui, lo scrive in modo molto preciso: *il signior C prima o poi scoprirà quelo che faceva con lei.* Che cosa stava facendo, esattamente? Dimmelo o, che Dio mi aiuti, ti spedirò con Rose».

Margaret si liberò con un urlo esasperato. «Non la stai leggendo bene, papà. La lettera vuol dire che tu avresti scoperto che cosa tu stavi facendo con la mamma. Ecco».

Rilessi perplesso le parole sul foglio, storcendo il naso e sbuffando. «Che sciocca» dissi, aspirando cenere amara dalla pipa spenta. «Stai dicendo che prima o poi io avrei scoperto le mie stesse azioni?»

«Precisamente» disse Elizabeth. «E adesso le scoprirai, se solo mi ascolti».

«Oh, che sciocchezze assurde. Non ha alcun senso».

«Niente di tutto questo ne ha» disse Margaret. «Ma è vero».

Digrignai i denti, strusciando i piedi mentre la mia famiglia si ritraeva indietreggiando. In quel momento me ne resi conto. La famiglia Crawford stava da un lato della stanza dei bambini, io dall'altro, estraniato da loro, non piú padre né marito.

Elizabeth si fece coraggio, le mani dietro la schiena. Fece per parlare, ma si fermò, dando istruzione alle ragazze di allontanarsi verso la libreria prima di chiudere gli occhi in preghiera. «Sii forte e coraggioso, non aver paura e non spaventarti, perché il Signore, tuo Dio, è con te, dovunque tu vada».

«Avanti, donna» dissi. «È chiaro che hai qualcosa da dire. Sputa il rospo».

«Tu cammini di notte» disse Elizabeth in uno slancio improvviso. «Questo intendeva Hazel nella sua lettera. Aveva paura di quello che sarebbe successo se tu l'avessi scoperto. Per anni e anni ci hai tormentato nel sonno». Riprese fiato e si ritrasse.

Scoppiai a ridere. «Che solenni sciocchezze! Io cammino di notte, dici? Impossibile».

«Ma è vero, papà» disse Margaret, con la schiena appoggiata alla libreria. «Mamma, non andargli vicina, guarda i suoi occhi».

«Sí» disse Elizabeth, con la voce contratta, fiocchi di pizzo bruciati che scivolavano per terra mentre lei veniva avanti con le mani dietro la schiena. «Cammini mentre sogni, terrorizzato dalle visioni del passato. Nel cuore della notte, quando la casa dorme, avvolto nelle lenzuola, gemi e strilli come una banshee, piangi come...» Annuí, con i denti che battevano. «Come...»

Helen si riparò la faccia con la bambola. «Come la signora in bianco».

«Mamma, non ti avvicinare di piú» disse Margaret. «È pericoloso».

Ma lei venne avanti, sorridendo, come il sorvegliante di un manicomio. «Quando i bambini erano piú piccoli li spaventavi, William. Entravi e uscivi dalle loro camere da letto, una notte dopo l'altra, ti nascondevi dietro le porte, cantavi la tua buffa canzone. Io cercavo di nascondergielo, ma alla fine l'hanno scoperto. Ti davo le medicine prescritte dal medico, ma di giorno ti procuravano una tale sonnolenza che temevo potessi perdere il lavoro, ed eravamo cosí poveri. A un certo punto io e Hazel abbiamo cominciato a chiudere a chiave la porta della tua camera, ma ti rendeva ancora piú confuso».

«Confuso? Si può dire cosí o forse che...»

«Silenzio! Vuoi la verità o no? Quando il povero Arthur è annegato, le cose sono diventate intollerabili e, Signore, mi accorgo adesso che avevi ragione a sentirti perseguitato da lui. Di giorno sembrava che non te ne importasse affatto, ma di notte... era un supplizio tremendo per te, e per noi anche peggio. Come piangevi e parlavi di strani ricordi. Quasi sempre di tua madre. Sempre sangue...» Alzò gli occhi al cielo. «Sangue e una bambina».

Ebbi un moto di scherno. «Mia madre è morta di parto, questo è vero. Una creatura storpia. Non glielo perdonerò mai. Immagino sia morta poco dopo, piccola bestiolina ammaccata».

«Smettila!» gridò Helen. «Sei crudele. Picchiavi la mamma!» Fece un balzo verso di me, ma fu agguantata per il colletto e tirata indietro.

«No, Helen, non farlo» disse Margaret. «Papà non sta bene».

Mi accigliai. «Come sarebbe? Che sta succedendo qui? Come ti permetti di inventare queste bugie?»

«Non sono bugie» disse Elizabeth tirando fuori un coltello da dietro la schiena: la lama d'acciaio brillò nella luce a gas. «Mi picchiavi, mi torcevi i polsi e mi spingevi giú per le scale notte dopo notte, mentre noi cercavamo di tenerti a letto. Ho sposato un santo con un demone intrappolato dentro, cosí dice Kathleen».

Guardai le ragazze. «Ascoltatemi. Non c'è niente di vero in tutto questo, mi sentite?»

«Stai indietro» disse Margaret. «Mamma, fermalo».

Helen mi tirò addosso la sua bambola, la faccia di gesso si spaccò sul pavimento. Un lampo di dolore mi colpí dietro gli occhi mentre una memoria vaga mi si affacciava alla mente. Buio, il mancorrente che fluttuava di fianco a me, la porta di una camera da letto che si apriva, Robert nel letto che piangeva mentre io lo fissavo. Scossi la testa. Fuori, una nuvola passò sopra lo scafo abbandonato di una nave condannata, le forme nere plasmavano una visione di ombre che lottavano con me nel mio letto, bloccandomi sul materasso. Elizabeth si muoveva in tondo nella stanza, il coltello che le tremava in mano. «William, devi credermi, sei un uomo che non sta bene».

Mi avventai su di lei con un ringhio, sperando di strapparle via il coltello, ma Elizabeth fece un salto e gridò con tutte le sue forze: «Scappate, ragazze, scappate, presto! Andate a cercare aiuto!»

Girai su me stesso mentre Margaret sbatteva contro la libreria e mi gettava libri in faccia, prima di scappare con Helen verso la porta. Un volume mi finí contro l'occhio e cacciai uno strillo, poi mi lanciai all'inseguimento, mentre loro scendevano le scale a precipizio per arrivare in strada.

Mi fermai, stringendo il mancorrente. Dovevo correre a riacciuffarle e trascinarle indietro? Vidi Elizabeth sul pianerottolo che veniva verso di me, reggendo in alto il coltello. «Moglie» dissi. «Hai intenzione di uccidermi?» In preda al panico, mi rifugiai in un balzo nella mia camera da letto, sbattendo la porta e infilandomi di testa dentro il letto, sepolto sotto le coperte.

La voce di Elizabeth mi arrivò al di là della porta, dura e amara. «Volevi la verità. Ora posso dirtela, dopo tutti questi anni». La porta si spalancò di scatto e lei era lí, brandiva il coltello in aria come una squilibrata, il vestito bruciacchiato, strappato sulle spalle. Sbirciai da sotto un cuscino mentre lei incombeva su di me, la fronte rosa corrugata in un cipiglio duro.

«No» dissi, rintanandomi ancora di piú. «Ti prego, non farmi del male».

«Sei sempre stato un uomo strano. Anche all'inizio avevi dei momenti di stranezza. Mia madre mi supplicò di non sposarti, mi implorò in ginocchio. E anche Arthur. Ma io dissi che eri dolce e gentile, non come la maggior parte degli uomini. Che eri onesto e timido, dissi. Ed effettivamente sei stato buono, all'inizio. Poi però hai cominciato con i mal di testa e una notte mi sono svegliata e tu mi stavi picchiando cosí violentemente da pensare che mi avresti ucciso, lí nel letto. Il mio stesso marito che mi schiacciava giú, piangendo come un bambino smarrito. Avrei dovuto lasciarti la mattina dopo, adesso lo so, ma Margaret era ancora in culla e forse... forse era stata solo una cosa momentanea, al mattino quando ti sei svegliato non ricordavi nulla, come se non fosse successo niente. Te ne stavi lí, seduto a imburrare il pane tostato al tavolo della colazione e a blaterare delle tue preziose pompe e dei tuoi preziosi pistoni, mentre io mangiavo con le dita rotte».

«Smettila».

«No. Non posso smettere. Non adesso. Andrò avanti finché non avrai sentito tutto. Allora potremo essere tutti liberi. È stata zia Adelia a presentarmi i Goligher, sai. Volevo avere notizie di Arthur, ma sapevo che tu non avresti approvato, cosí ci sono andata da sola, in segreto. Una sera mi hanno chiesto dei lividi e io ho raccontato tutto. Si sono impietositi, mi hanno offerto aiuto in cambio di pochi soldi. Dicevano che eri posseduto. Che dovevi essere esorcizzato. E in qualche modo sembrava che Kathleen ti conoscesse, che sapesse tutto di te, solo per aver toccato la mia mano. Ho spiegato che tipo di persona eri, che non saresti mai andato in Ormeau Road, ma Kathleen ha mandato i suoi spiriti a prenderti e alla fine non sei forse venuto? Io non riuscivo a crederci e poi... poi sono arrivati gli spiriti. Non avevano mai sentito voci del genere, nemmeno la vecchia signora Goligher».

«Diavoli!»

«Sí, diavoli, proprio come te. Ma il dottore minacciava di mandarti in manicomio, e allora cos'avremmo fatto? Io, una cameriera, i bambini pressoché orfani, segnati per la vita. Adelia ha pagato per le sedute spiritiche e hanno funzionato, William! Non appena sono arrivate le voci degli spiriti, i tuoi incubi sono cessati e io ho dormito un sonno profondo per la prima volta dopo anni».

«Bugie».

«Oh, tu e le tue bugie. Povero William! Sono state le nostre bugie a strangolare una domestica? Sono state le bugie a scaraventarmi giú dalle scale? Sono state le bugie a terrorizzare le nostre figlie? Ti avremo anche ingannato, ma lo abbiamo fatto per disperazione, per pena e per paura e tutto è andato meglio quando lavoravi con Kathleen. Il povero Robert ci parlava e tu eri guarito».

«Stai zitta. Non riesco a pensare, non riesco a dare un senso a tutto questo!»

«Allora non è cambiato niente». Tirò un ciuffo di capelli ramati, che le si increspavano sulla punta delle dita come zucchero filato. «Pensavo fossimo fuori pericolo, finché avessi continuato i tuoi esperimenti, poi però ho capito che non ci eravamo affatto liberati dal tuo demone. Non era scomparso, era piú forte che mai. Eri diventato lui. Non era piú intrappolato nella tua testa di notte, ti stava consumando nella vita diurna. Non riconoscevo piú mio marito. Legavi le donne, le molestavi, vendevi i tuoi esperimenti per denaro, parlavi in modo incomprensibile, ti aggiravi per l'Istituto sentendo voci, riempivi i tuoi libri di sogni. Con l'aiuto del cielo, avremmo tanto voluto tornare indietro, ma ormai era troppo tardi e...»

«Perché mi tormenti? Non ti voglio sentire, non voglio!»

«Sí, che mi sentirai!» Di colpo, i suoi pugni mi tempestavano, il coltello brillava mentre lei inveiva. «Mi sono morsa la lingua giorno dopo giorno! Ti ho sopportato mese dopo mese! Bene, adesso è a te che tocca sopportare. Io non ne voglio piú sapere, mi hai sentito? Basta! Ho visto donne con il collo pieno di lividi, le dita storte, incinte di bambini che non potevano tenere, con gli occhi gonfi e i sorrisi fragili, e scuse educate a proposito di sandwich e scarpe per i bambini. Mentre le loro facce raccontano sempre la stessa storia: a mio marito saltano i nervi, è molto teso, ha un caratteraccio, mio marito non mi lascia in pace, ha le sue pulsioni. Gli uomini sono fatti cosí, i ragazzi sono fatti cosí. Le mogli saranno picchiate. I bambini saranno terrorizzati. Be', in questa casa io sono stata terrorizzata a sufficienza, mi hai sentito?»

Sferrò una violenta coltellata allo specchio, il cui vetro s'incrinò di crepe. «E adesso il mio fiero e geloso marito ha strangolato a morte una donna. E per cosa?» Elizabeth si gettò su di me, mi strattonò via le lenzuola dalle dita serrate. «Per cosa, William? Dimmelo, perché una donna innocente giace strangolata nella nostra soffitta? Oh, non rispondere, per quale altro motivo? Non ha parlato quando le è stato ordinato, ecco perché. Dimmi, picchiatore di mogli e assassino, tua madre è orgogliosa di te, adesso?»

Mi trascinai sul materasso verso il muro, scalciandola via.

«Elizabeth, mi dispiace».

«Ti dispiace?» Si voltò verso lo specchio rotto, singhiozzando. «Ero certa che un giorno sarebbe toccato a me di ritrovarmi riversa sul pavimento». Tossí, e uno schizzo di muco color catrame le colò giú dal mento.

«Non ti farei mai del male» dissi, alzandomi dal letto. «Sono un uomo rispettabile, qualunque cosa tu sia arrivata a credere». Andai ad abbracciarla mentre lei si girava, la punta del coltello che vibrava fredda e tagliente all'altezza del mio cuore. Aspettai che l'acciaio mi scivolasse tra le costole. Le parlai, calmo e pronto. «Allora, fallo. Se sono colpevole di tutti questi crimini. Se sono cosí crudele. Fallo. Preferisco essere giustiziato da te piuttosto che dal boia». Tesi in fuori le braccia, parlando a denti stretti. «Ti amo, Elizabeth. Uccidimi e saliremo insieme quando sarai impiccata».

La luce delle lampade le indorava il viso, una lacrima le si formò tra le palpebre nude. Si preparò, il gomito pronto a spingere, ma proprio quando sentii il coltello pizzicarmi la pelle, il suo braccio si ammorbidí, la lama tintinnò sul pavimento. Fuori, un pipistrello strideva attraverso il giardino, piombava sui tetti tra i camini con abilità provetta, svolazzava intorno ai rami. Posai il mento sulla spalla di Elizabeth, la carta da parati che riluceva mutevole nella luce a gas.

«Non abbandonerò le nostre ragazze come hai fatto tu» disse Elizabeth, sconfitta. «E tu devi sapere i peccati che hai commesso in questa casa stasera. Dovrai risponderne». Si tirò indietro, prendendomi la faccia tra le mani. «Si chiamava Agnes».

Sospirai. «Agnes?»

«Nella lettera di Hazel. Quella che stavi leggendo. Quando diceva che ti compativa, non erano "angeli"; era Agnes».

«No» dissi, i suoi capelli mi facevano il solletico al naso. «Doveva essersi confusa, sciocca donna. Agnes era il nome di mia madre».

«Tua madre condivideva il nome con un'altra». Elizabeth si avvicinò al lavandino, grattandosi i polsi. «È arrivata come un animale da fattoria, coperta di sporcizia e con i vestiti stracciati. Stavo pulendo la casa quando hanno suonato il campanello e lei stava lí sulla soglia, con un biglietto al collo, come un gigantesco trovatello. Di pugno del pastore della sua chiesa di Dunedin. Agnes Jackson Crawford, c'era scritto. *Recapitata a William Jackson Crawford. Suo fratello. Si prenda cura di lei se possibile o la mandi in manicomio se lo consente la volontà di Dio. Beati i miti, perché erediteranno la terra*».

Elizabeth alzò gli occhi, mordendosi il labbro.

Io ebbi un moto di fastidio. «Che assurdità, Elizabeth. Mia sorella era una neonata con il collo storto quando ho lasciato la Nuova Zelanda. Quel piccolo demonio ha ucciso mia madre ed è probabile che sia morta poco dopo, che liberazione, e adesso ce l'hai sulla nostra porta di casa?»

Elizabeth abbassò la testa verso il lavandino, si spruzzò in bocca l'acqua fredda del rubinetto con la mano incurvata prima di sistemarsi il vestito a brandelli sulle spalle. «È morta piú di recente, William. Non c'è da stupirsi che non ti avessi detto chi era. Francamente, le cose che dicevi su quella povera bambina nei tuoi terrori notturni! Ma sai che, a modo tuo, sono convinta che ti piacesse molto? Lo sa il cielo, lei ti ammirava in modo sconfinato, povera cara. L'abbiamo nascosta per qualche giorno in camera di Hazel, senza sapere cosa fare di lei, finché a Margaret, dalla ragazza intelligente che è, non è venuta l'idea di chiamarla Rose e di travestirla da domestica. Pensavo che non l'avresti lasciata rimanere, dopo averla vista, ma hai buon cuore, William, è la tua mente a essere guasta. E poi, chi se lo sarebbe aspettato? Siete quasi diventati amici, giocavate insieme con i tuoi esperimenti. Lei ti adorava, come io adoravo Arthur». Alzò gli occhi, gonfi di lacrime. «Perché le sorelle amano i fratelli in modo cosí sconsiderato?» Stava ferma davanti allo specchio rotto ad accarezzarsi tra le smorfie la pelle coperta di vesciche e piangeva in silenzio, mentre un motore passava rombando all'esterno.

Indietreggiai verso la porta. «Rose?»

«Nei sogni minacciavi ogni notte di ucciderla. Avevo pensato che tenendotela nascosta l'avrei protetta, ma avrei dovuto immaginarlo. È un miracolo che ognuna di noi sia ancora viva, davvero».

La lasciai al lavandino, incapace di sentire un'altra parola, e mi diressi alla soffitta. Spinsi la porta in uno stato di trance. Era riversa proprio come l'avevo lasciata: quella strana faccia cerea mi salutò dal pavimento mentre entravo, vestiti e oggetti personali sparpagliati intorno alle gambe. Rimasi indietro, non riuscivo a respirare, perché lí, sotto la mascella storta, si trovavano le labbra gentili e sorridenti che ricordavo dall'infanzia. «Agnes» sussurrai, inginocchiandomi a sfiorare con le dita la sua fronte pesante, sotto la quale erano incastonati gli occhi di mia madre. «Agnes, sorella mia». Mi girai, notando una delle valigie aperte, con vestiti e ammennicoli rovesciati sul pavimento. Mi avvicinai, rovistai dentro, buttandomi alle spalle biancheria e cuffiette, finché trovai quello che sapevo di trovarci. Un fascio di buste legate con uno spago azzurro. Le tirai fuori e le sollevai alla luce, riconoscendo subito la calligrafia. Un indirizzo familiare di Dunedin. Le mie lettere, quelle che avevo spedito a Dunedin nel corso di tantissimi anni, credendole ignorate. Guardai di nuovo la sua faccia pallida, poi mi allontanai, cercando in tasca il cartoccio con il cianuro di potassio. Lo strinsi tra le dita, sfiorai la carta con la lingua e lo fissai con l'occhio sgranato, curioso.

Stavo per rovesciarmi tutto in gola, quando ebbi un pensiero improvviso. Guardai di nuovo il corpo, i segni delle mie dita ancora rossi sul collo. Non aveva mai pianto da piccola. L'ultima volta che l'avevo vista con le mie sorelle, mi salutava con le mani paffute e le gambe storte dalla riva del porto, in silenzio. Forse era davvero muta. Forse avevo frainteso tutto. Aggrappandomi al mancorrente, scesi di nuovo in camera da letto, dove Elizabeth tossiva e ansimava davanti allo specchio, il vetro macchiato di gocce di saliva nera.

«Elizabeth» dissi, mentre lei era in preda ai conati, con il muco color catrame che le pendeva in fili dalle dita. «Se mia sorella era muta, non poteva fare le voci». Rimasi dietro di lei, aspettando la risposta. Contrasse il collo. Le diedi un colpetto sulla spalla. «Le voci. Devi dirmelo prima che m'impicchino; non potrei sopportarlo, capisci? Hai promesso di dirmi tutto, devi dirmelo». La testa mi scoppiava. «Se non era Rose a fare le voci, allora chi era? Non Samuel, la sua voce è troppo particolare...»

Wiiiiiiilliam.

«Non Rebecca, né la vecchia signora Goligher, oggi le ho tenute d'occhio. Le avrei colte sul fatto».

Wiiiiiiilliam.

«Noah? Impossibile».

Elizabeth alzò la testa, il viso rifratto nei frammenti scheggiati dello specchio.

Wiiiiiiilliam.

«Oh, mio cara, no».

Il suo sguardo incrociò il mio.

Papo? Riesci a vedermi?

William, ti prego, trovalo.

Barcollai, il letto mi premeva contro il retro delle gambe.

William, sono Arthur, codardo.

«Elizabeth, cosa mi hai fatto?»

The Elfin knight stands on yon hill...

L'afferrai per le spalle mettendomi a singhiozzare, sfregando le dita tremule sul suo viso mentre i nostri piedi strisciavano insieme per terra. «Sei una pazza, sei sempre stata tu?»

Blow, blow, blow winds, blow...

«Avevi progettato di farmi impazzire! Volevi liberarti di me!»

Mi tremava tra le mani, i suoi occhi fissi sulle mie labbra. «William» disse, il suo respiro caldo in faccia, gli occhi che scivolavano a destra. «Guarda».

«Non fare uno dei tuoi giochetti» ringhiai.

William, salvami!

Papo!

Svicolò e riuscí a liberarsi, allontanandosi da me e sfrecciando via dalla stanza con un grido tremendo. «Lí!» strillò. «Eccoli i tuoi spiriti. Guarda!»

Blowing his horn, so loud until...

«Che stai dicendo? Dove sono i miei spiriti?»

Vedendo il mio riflesso, mi raggelai. Un teschio inumano mi fissava dallo specchio. Un selvaggio con gli occhi fuori dalle orbite e i capelli argentei arruffati. La bocca tutta smorfie, in uno stato maniacale spaventoso, e mentre le voci continuavano a parlare, mi resi conto – il mio tradimento tradito – che alle sedute spiritiche ero io. Io che mi aggiravo furtivo di notte, era la mia voce nel buio, le mie orecchie che ingannavano le mie labbra, il mio cuore freddo che raggelava il mio corpo tremante; unico spartiacque la mia povera mente smembrata.

«Papo?» dissi con la voce di bambino, arricciando le labbra.

«William?» fece la voce di mia madre, acuta e flebile, dalla mia stessa gola.

«Codardo» disse Arthur, la mia bocca che si ridisegnava in un ghigno vergognoso, disumano.

Corsi fuori dalla stanza, mi precipitai verso le scale mentre il dottore, al piano di sotto, entrava di corsa dalla porta d'ingresso, seguito dalle ragazze. Aveva le mani alzate. «Si calmi, signor Crawford» disse. «Non abbia paura, ho le medicine».

M'infilai nello studio e scavalcai la scrivania, spalancai la finestra e scivolai lungo la grondaia mentre un paio di braccia si allungavano dal davanzale per cercare di afferrarmi. Caddi sull'erba e alzando lo sguardo, vidi Elizabeth e il dottore affacciati.

«Fermati, William!» gridò Elizabeth. «Dove stai andando?»

«Traditori!» proruppi in una voce aliena, prima di tapparmi la bocca con la mano e correre via dal cancelletto posteriore con uno strillo sconvolto. Corsi sul davanti della casa mentre le ragazze mi fissavano dalla finestra della camera dei bambini, con le mani sul vetro. «Addio, figlie mie» mimai con le labbra, precipitandomi all'automobile. «Perdonatemi».

Il motore si accese borbottando mentre il dottore usciva di corsa dalla porta e si fiondava verso di me attraverso il giardino. Gli scagliai contro la manovella, che lo colpí in pieno alla tempia, poi saltai al volante e partii con uno stridio mentre Elizabeth accorreva in strada. Allontanandomi sentii la sua voce disperata che mi gridava di restare, ma non mi girai. Non volevo vederla cosí, a fissarmi come se fossi un mostro.

Dopo pochi minuti sfrecciavo lungo la costa, l'estuario mi oscillava accanto nel buio, le voci degli spiriti mi fischiavano ancora nelle orecchie, inseguendomi nel vento. Che cos'avevo scoperto, dunque? Che nessuno è piú disonesto di sé stesso? Che la certezza non è altro che credenza irragionevole? Che non ci può essere risposta alla morte? Che non dovrebbe esserci risposta, almeno per i vivi? Che in tutti noi, fatto della materia stessa di cui siamo fatti, c'è un divario insuperabile; e che se c'è un ponte tra questo mondo e quell'altro, allora di certo c'è un solo pedaggio da pagare.

QUINTA PARTE
L'INIZIO

La coscienza passa in un nuovo regno quando si avvicina la morte, che l'anima passi o meno. Rabbia, gelosia, odio, ambizione, rimpianto, nulla di tutto questo conta, alla fine.

È ora? Devo fare questa cosa orribile?

Un'onda si schianta sulle rocce. Mi ritraggo, le scarpe raschiano sulla pietra umida. *Prendilo, William. Bevilo in fretta.* Rabbrividisco mentre la luce del sole scintilla nelle pozze tra le rocce, brilla in monete di licheni d'oro. Morire è un atto di coraggio.

Tremando, pesco con due dita la busta dalla tasca, faccio scendere con qualche colpetto i cristalli di cianuro di potassio in una bottiglia di whisky, agito la miscela finché il veleno affoga e si dissolve.

Uno spirito per creare uno spirito.

Gemo, affondando la faccia tra le ginocchia. L'acqua sussurra dalle pozze tra le rocce, sbatte tra spuntoni di pietra aguzza. Sono un fallito, un impostore. Ho viaggiato molto per non arrivare in nessun posto, per diventare niente.

Prendilo, William. Bevilo in fretta.

«È ora?» chiedo. «L'esperimento finale sta per cominciare?»

Sfrego il pollice sull'imboccatura della bottiglia, do tre colpetti.

Toc. Toc. Toc.

Dunque, ho finito.

Non c'è scampo ormai.

Bevo il whisky fino all'ultima goccia, leccandomi quella roba disgustosa dai baffi, per buona misura. Faccio una smorfia per il sapore amaro e aspetto, mi gira la testa. Dov'è il veleno in mezzo al bruciore del liquore? Le onde gonfie mi sfiorano la suola delle scarpe. Penso alla nostra piccola casa affacciata sui cantieri navali e all'Istituto. Penso alla soffitta sopra il negozio. A mia moglie. Alle mie figlie. A mia madre. A mia sorella. A Kathleen. Le sedute spiritiche si susseguono, una sull'altra come impronte mutevoli su lastre di vetro. Nient'altro che una confusione di tavoli, campanelle e il mio inconsapevole chiacchiericcio.

Un dolore sordo mi si diffonde tra le dita delle mani e dei piedi. Le braccia si appesantiscono, i muscoli sono stretti dai crampi. Mi manca il fiato quando il petto mi si stringe. Un dolore mi attanaglia le costole. «Oh, cielo» sussurro. Il dolore mi pervade in fretta, simile a ragni che mi corrano sulle ossa. Sento me stesso gridare mentre le dita si piegano e le nocche schioccano. Un sipario viene tirato davanti al mare, oscurando la luce. Tossisco sangue, la mia esistenza consumata in un'agonia bruciante, e di colpo sono lontano...

Scrollandomi di dosso la pelle, vago allegramente nella brezza, tiepida e gentile come il fumo di una pipa. In un balbettio, come se ogni battito di ciglia fosse il felice trascorrere dei minuti, mi scopro, qualunque cosa io sia, a fluttuare tra i gabbiani. Guardo un morto riverso sugli scogli accanto all'unghia di un'onda che spinge, la bocca piena di schiuma, una bottiglia che cade sulla ghiaia della battigia. C'è un pacchetto di fianco alla sua anca storta. Una lettera scivola in una pozza d'acqua limpida vicino alla sua scarpa, una scrittura azzurra trasuda dalla carta. Un poliziotto scende sulle rocce dal sentiero per andargli vicino, allunga la mano mentre il cielo bianco mi si avvolge sulla faccia come un fazzoletto umido, e non ci sono piú...

«William, ci sei?»

Mi giro e vedo una luce tremolare nel buio.

«William, mi senti? Vieni da noi».

Sono in piedi in una soffitta. Due figure sono sedute a un tavolo, illuminate dal bagliore di una lampada color rubino. Le osservo attraverso il buio. Una è una donna familiare, con i capelli color rame e profonde rughe intorno agli occhi. Si strofina nervosamente i polsi mentre prega, girando la testa a scrutare il soffitto. «C'è?» sussurra, chinandosi verso la sua compagna seduta sotto un lungo velo nero.

«Sí» arriva la risposta. «Sí, è qui». La figura scosta il velo rivelando una donna dal viso a forma di mandorla; gli occhiali le incorniciano gli occhi grigi e profondi. «Benvenuto, professore» dice. «È tornato da noi, finalmente; la stavamo aspettando. Lo vede, adesso?» Mi fissa attraverso la penombra. «La morte è soltanto un inizio».

Ringraziamenti

Ringrazio Matt Casbourne, editor visionario che ha creduto in me e nella mia storia vera e spettrale quando altri erano scettici. La tua fede, la tua saggezza e il tuo instancabile sostegno dimostrano che l'impossibile si può raggiungere.

Enorme gratitudine va anche a chi mi ha aiutato nelle ricerche e nella stesura del libro. Gli amici e i primi lettori, Andrew Goff, Pauline Morris e William Hollinshead, l'esperta di Irlanda del Nord Catherine Millar, gli storici Henry V. Bell e Gareth Russell, la bookblogger per eccellenza Victoria Hyde, la famiglia e le persone care, voi sapete chi siete. Grazie anche a mio marito, Nicholas, per avermi sempre sostenuto.

Un ringraziamento speciale alle famiglie di Kathleen Goligher e William Jackson Crawford, in particolare alla generosa Bronwyn, pronipote di William, appassionata di storia, a Clare, sua bis-bis-bisnipote e alla pazientissima e gentile Cathryn, che ricorda Kathleen come una nonna molto gentile, anche se forse misteriosa.

Per interviste con i discendenti di William e Kathleen e per saperne di piú sulle mie ricerche sulla loro storia: ajwestauthor.com.

Nota dell'autore

Ho incontrato per la prima volta la strana storia di William nel libro di memorie di Harry Houdini, *A Magician Among the Spirits* (1924). Sarebbe eccessivo affermare che mi sono subito fissato su di lui, ma in qualche modo il nome di William Jackson Crawford mi tormentava. Nel corso del tempo, tra una visita d'archivio e una piccola indagine curiosa, mi sono reso conto che uno dei piú grandi misteri paranormali della storia moderna era stato quasi completamente dimenticato, relegato a una frivola e maniacale parentesi in un'epoca edoardiana assediata da eventi ben piú rumorosi e violenti.

Ho fatto del mio meglio per raccontare la sua storia, quella di Kathleen, di Elizabeth, dei loro figli, di Stoupe e di tutti i personaggi che sono esistiti nella vita reale. Per farvi risparmiare tempo, posso dichiarare che tutti i personaggi principali del libro si basano – con gradi diversi d'infedeltà storica – su persone reali, a eccezione di Lady Adelia Carter e di Albert Blithe, che sono entrambi frutto della mia immaginazione.

Per saperne di piú sulla storia vera dell'ingegnere degli spiriti e per entrare in contatto con A.J. West: www.ajwestauthor.com.

Indice

Questo libro è stampato col sole

Fabbricato da Grafica Veneta S.p.A. con un processo di stampa e rilegatura certificato 100% carbon neutral in accordo con PAS 2060 BSI

Stampato per conto di
Neri Pozza Editore, Vicenza
da Grafica Veneta S.p.A., Trebaseleghe (PD)
nel mese di ottobre 2023
Printed in Italy